高职高专系列教材

兽医生物制品生产与检验

SHOUYI SHENGWU ZHIPIN SHENGCHAN YU JIANYAN

朱善元 主 编
王 涛 陆 辉 副主编

中国环境出版社 · 北京

图书在版编目（CIP）数据

兽医生物制品生产与检验 /朱善元主编．—北京：中国环境出版社，2006.8（2013.7 重印）

（高职高专系列教材）

ISBN 978-7-80209-321-8

I. 兽…　II. 朱…　III. 兽医学—生物制品—高等学校：技术学校—教材　IV. S859.79

中国版本图书馆 CIP 数据核字（2006）第 107784 号

出 版 人　王新程
责任编辑　孟亚莉　任海燕
封面设计　玄石至上

出版发行　中国环境出版社
（100062　北京东城区广渠门内大街 16 号）
网　　址：http://www.cesp.com.cn
联系电话：010-67112765（总编室）
发行热线：010-67125803

印　　刷　北京市联华印刷厂
经　　销　各地新华书店
版　　次　2006 年 8 月第 1 版
印　　次　2013 年 7 月第 3 次印刷
开　　本　787×960　1/16
印　　张　17
字　　数　330 千字
定　　价　22.00 元

高职高专系列教材
编写委员会

前　言

兽医生物制品生产与检验是一门突出生物制品的生产技术及其应用的学科，在动物传染性疫病的预防和控制方面具有极其重要的作用。随着生物化学、分子生物学、免疫学的发展，生物制品的种类越来越多，生产技术水平也越来越高，应用范围也越来越广泛。因而，近年来，许多高等农牧职业院校的畜牧兽医、动物医学、动物养殖与疾病防治、畜牧生物技术、生物工程、动物药品生产与检验等专业相继开设了《兽医生物制品生产与检验》课程。

为了适应畜牧业集约化、规模化发展的需要，提高常用兽医生物制品的质量，做到安全高效，并促进新技术的应用和新产品的开发，我们编写了《兽医生物制品生产与检验》一书。本书理论与实践并重，既可作为高等农牧职业院校相关专业学生的教材，也可作为从事兽医生物制品研究和应用等领域工作者的参考资料。

本书由江苏畜牧兽医职业技术学院朱善元任主编，王涛、陆辉任副主编，参加编写的人员有谢静、刘玉华和黄银云。在本书编写过程中，力求保证其科学性、系统性、先进性及时效性。在注重实用的前提下，注意收集新知识、新技术，由于时间仓促，加之近年来该学科发展速度较快和作者水平有限，书中错误和不妥之处在所难免，恳请广大读者批评指正，以便再版时修正。

编　者

2006 年 7 月

目　录

第一章　兽医生物制品的免疫学基础

【知识目标】

- 熟悉免疫学诊断与检测的常用技术；
- 理解免疫耐受及免疫应答的机制；
- 掌握体液免疫应答和细胞免疫应答；
- 了解动物早期（胚胎）免疫应答机理。

【能力目标】

- 能进行血球凝集（HA）与血球凝集抑制（HI）试验、琼脂免疫扩散试验、补体结合试验、病毒中和（VN）试验等操作；
- 能应用免疫荧光抗体技术、酶联免疫吸附试验（ELISA）、单克隆抗体技术、PCR技术等进行免疫检测。

兽医生物制品即动物免疫学制品，是动物传染病的特异性免疫预防、免疫诊断和免疫治疗制剂，而免疫学的传统概念就是研究抗传染免疫的一门学科，因此说免疫学是生物制品的理论基础。

兽医生物制品主要是从细菌、病毒、寄生虫及其组成成分或代谢产物本身，或从免疫的动物机体所得到的抗体制剂。因此，要了解、掌握生物制品的研究与使用方法，必须了解免疫学的一般知识。

第一节　免疫应答

免疫应答是动物机体免疫系统识别各类异物，并将其杀死、降解和排除的过程。其中包括体液免疫应答和细胞免疫应答两方面。

一、体液免疫应答

当巴斯德发现用疫苗接种可以预防某些家畜、家禽的传染病后，不久便弄清了提供这种抵抗力的物质存在于血清之中，并证明，应用接种过疫苗的动物血清可以将这种抵抗力被动地传递给未接种的动物。如用经过疫苗接种而对破伤风毒素产生了抵抗力的马血清，再以适当剂量注射给正常马，可产生暂时的抵抗力。这种从免疫马采集的血清称为破伤风抗毒素血清，广泛应用于破伤风的预防和治疗。这种血清中存在的抗病因子称为抗体。因此抗体是介导体液免疫效应的免疫分子。在正常马血清中是没有这种抗体的，只有经过疫苗注射的马才产生这种抗体，而刺激马产生抗体的物质称为抗原。抗体只能与相应的抗原结合产生免疫反应，其结果是被中和了的抗原失去致病力，从而使动物获得抵抗力。

动物机体初次和再次接触抗原后，引起体内抗体产生的种类、抗体水平等均有差异（图 1-1）。从未接种过抗原的动物，第一次注射抗原（破伤风类毒素或其他抗原物质）以后，在数日之内检查不出反应，这叫做延缓期。约在第一次注射后 1 周左右，开始从血清中检查到抗体，并在第 10～14 d 上升到最高水平，以后又迅速下降。一般来说，初次应答期间，所产生的抗体数量以及提供的保护作用，都是较小（少）的。但如果是在第一次接种后经一定时间，对同一动物实施第二次抗原注射，并再次研究其所产生的抗体数量时，其延缓期不超过 2～3 d，然后其抗体数量就迅速上升到很高水平，持续一定时间后开始缓慢下降。如果给同一动物实施第三次抗原注射，那么就会形成一个更短的延缓期和更高、更持久的抗体免疫应答。这种通过多次注射抗原刺激来提高抵抗力的方法，构成了通用的预防传染病的疫苗接种技术的基础。

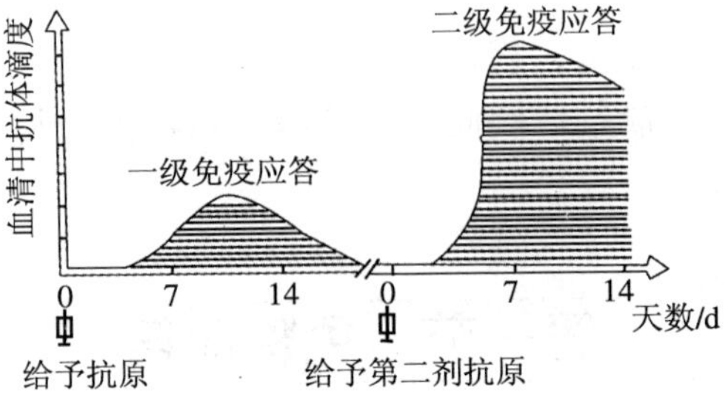

图 1-1　用血清抗体含量测定对抗原免疫应答过程

实践证明，动物对第二次抗原的应答与第一次应答是大不相同的，其效果比第一次快而强烈得多。这种再次的应答是有特异性的，它只能由与第一次相同的抗原所引起。而再次免疫应答常发生在第一次注射抗原数月或数年之后，其反应的强烈程度随时间的流逝而逐渐减弱。而且即使动物对第一次抗原注射的应答微弱到不能测出的程度，也仍然可激发起再次的应答。这说明抗体形成的细胞对已接触过的抗原具有“记忆能力”。所以还应当注意，反复注射抗原并不一定能使免疫应答无限地扩大，血清抗体总水平保持良好，所以，即便是多给予抗原或接触许多不同抗原，动物血清中的抗体仍然保持相对稳定和常态平衡。

二、细胞免疫应答

如果将皮肤移植物从一个供体移植给与供体无关的另一个同类受体动物，该移植物大约只能存活 10 d 左右。开始时移植物表现健康，而且在移植物与宿主之间会建立起血管联系。但大约在 1 周左右的时间里，这些新生的血管会发生变性，终止了对移植物的血液供应，最后移植物发生死亡并脱落。这种缓慢的排异过程称为“第一次应答”（图 1-2）。如果再从原来的供体采取第二个移植物，再将其移植到同一个受体上，第二个移植物存活不超过 1～2 d 就会被排斥掉。这种快速的排斥过程称为“第二次应答”。这样，我们看到在移植物的排斥过程中，动物对第一个移植物的应答和一级抗体应答相似，是较微弱和缓慢的，而第二个移植物则引起快速而有力的第二次反应，在众多方面也与二级抗体应答相类似。移植物排斥和抗体生成同样具有特异性，只是当第二个移植物与第一个移植物都是来自同一供体时，才会发生第二次反应，最后与抗体生成一样，移植物的排斥过程也具有“记忆能力”。所以在第一个移植物脱落后的许多年里，第二个移植物仍可以被迅速排斥掉。

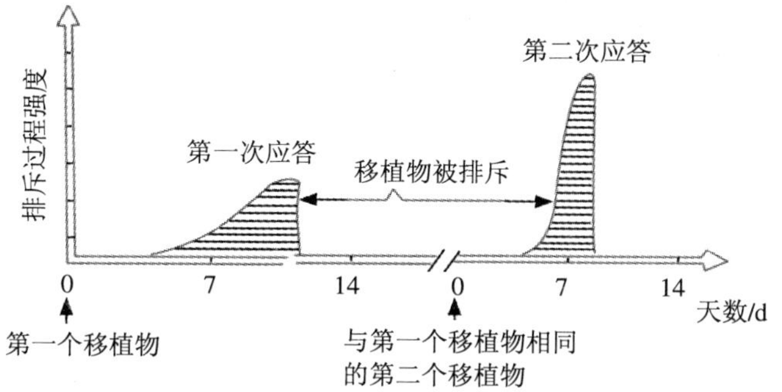

图 1-2　对异体皮肤移植物的免疫应答过程

然而，移植物的排斥过程与抗毒素的保护作用并不完全相同，因为前者不能用血清抗体从致敏动物传递给正常动物对移植物发生第二次反应，只能用活细胞从一个动物传递给另一个动物。可执行这种传递作用的细胞，通常是脾、淋巴结及外周血液中的 T 淋巴细胞，而不是血清抗体。

三、免疫耐受

免疫系统能将外源性抗原（微生物性抗原和异体移植物）识别为异物，这对免疫系统来说是非常重要的。那么我们必然会推论出，免疫系统还必须能识别本身的细胞抗原为“非异物”，所以不去发动对其免疫应答。也就是说，免疫系统必须“耐受”其自身的抗原。如果这种耐受性遭到破坏，抗体或淋巴细胞就会去消灭这种抗原，同时破坏自身的细胞，引起自身免疫性疾病。在细胞或抗体免疫系统中都存在着耐受性，而且可以认为耐受性是另外一种正常的免疫应答形式。如可以给动物以适当剂量的抗原去引发耐受性，其表现就是对特异性抗原无应答力，和其他形式的免疫应答一样，耐受对引发其产生的抗原也是有特异性的，而且只能因再次接触同一抗原而加强。如果不能再次接触同一抗原，那么免疫耐受性就会逐渐消失。

综上所述，免疫应答是抗体与细胞的免疫应答和免疫耐受性。动物机体应有自身监视和抵抗入侵微生物的免疫系统。可以认为，细胞免疫应答是免疫监视功能的反应，而抗体免疫应答则是预防功能的反应。然而，这样的区分并不是绝对的，因为抗体的存在有助于移植物的排斥，而细胞免疫应答也参与抗体防御各种传染病。至于耐受性则代表着另一种必不可少的保护机制，它能保护动物免遭免疫应答不加选择的伤害作用。

四、免疫应答的机制

可以将动物机体的免疫系统比作成一个集权的国家，在这个国家里，对入侵者加以消灭，对自己的合法公民包容，而“越轨”者则被消除。当然这种比拟是有限的，但显然这种社会制度有许多独特之处，是可以与一个动物体的免疫系统相对比的。

同样，当抗原性物质入侵机体之后，它首先被识别为外源性的并被捕获。然后这种信息被传递到抗体生成系统或细胞免疫系统，随后这些系统开始发生反应，产生特异性抗体或致敏性淋巴细胞去消灭侵入的抗原。免疫系统还可以将这种信息“记忆”储存起来，以便以后再遇到同一抗原时作出更有效的反应。所以，可认为免疫系统包括以下的基本构成：捕捉与处理抗原的系统（图 1-3）；与抗原发生特异性反应的机构——抗原敏感细胞；产生抗体及参与细胞免疫的细胞；保持对信息的“记忆”并在将来的遭遇中与抗原发生特异性反应的细胞；以及最终消灭抗原的细胞。捕捉、处理与最终消灭抗原的细胞是巨噬细胞；无论是初次应答开始时的抗原敏感细胞，还是发动再次应答的记忆细胞之类的抗原敏感细胞，以及细胞免疫应答的效应细胞，都是小淋巴细胞；而抗体生成细胞是浆细胞。

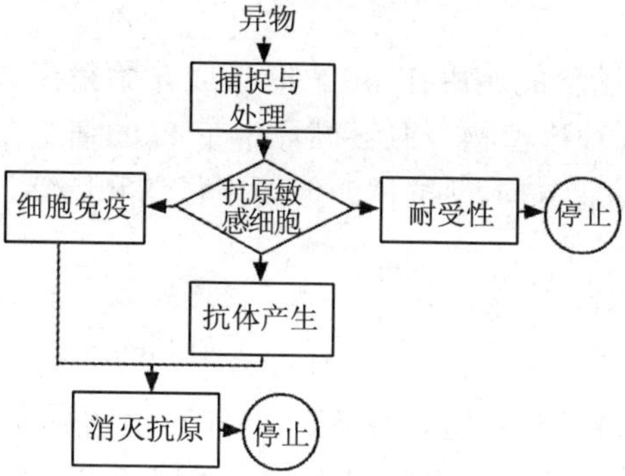

图 1-3 捕捉与处理抗原的系统流程

五、动物早期（胚胎）免疫应答

胚胎对抗原的应答能力在淋巴样器官出现以后很快就形成了。但各种抗原刺激胎儿淋巴样组织的能力有所不同，并不是对所有抗原都能产生应答。已证明，随着胎儿的发育，能引起其形成的抗体也逐渐增多。发动细胞免疫应答的能力大约在抗体生成的同时形成。

（一）常见动物免疫系统的个体发生

1. 犊牛

犊牛的免疫系统在胚胎早期即已形成。虽然母牛的妊娠期是 280 d，但胎儿的胸腺在受胎后 40 d 即可出现。骨髓和脾脏在 55 d 时出现，淋巴结在 60 d 可以见到，但 peyer 氏淋巴集结要到 75 d 才出现。因为淋巴集结的发生较晚，说明它们可能不是一级淋巴样组织，所以不能将它们看作是相当于禽类的法氏囊器官。在胎犊 45 日龄时可见到外周血液淋巴细胞，59 d 可见到带 IgM 的细胞，135 d 时可见到 IgG 的细胞出现。血清抗体的检出最早时间，依赖于所用方法的灵敏程度。所以应用极其敏感的病毒中和试验，一定能最早检出针对病毒的免疫应答。

2. 羔羊

母羊的妊娠期为 145 d，胸腺和淋巴结分别于受胎后 35 d 和 50 d 可以认出，但 peyer 氏淋巴集结到 80～90 d 才出现。外周血液淋巴细胞可见于 35 日龄的胎羊。在第 41 d 它们能产生对 ΦX174 噬菌体的抗体；77 d 时可排斥不同种皮肤移植物；90 d 时能对 SV40 病毒产生抗体；105 d 时能产生抗 T4 噬菌体抗体；122 d 时可产生抗蓝舌病毒抗体；140 d 时产生抗淋巴细胞性脉络从脑膜炎病毒抗体。

3．仔猪

母猪妊娠期为 114 d，胎猪的胸腺在 40 d 时形成。胎猪在 42 d 时可产生对细小病毒的抗体，与此同时能排斥同种移植物。血液循环中带 Is 的细胞在 70 d 和 80 d 之间急剧增加。胎猪对抗原的应答主要是 IgM 型抗体。但新生仔猪和胎猪还生成一种没有轻链的 4S 免疫球蛋白。

4．仔狗

母狗的妊娠期为 60 d，在受胎后 20 d 前后胎狗胸腺分化。胎狗在 40 d 时对噬菌体 ΦX174 产生应答。外周血液淋巴细胞在受胎的 45 d 对植物凝集素产生应答。在 45～50 d 前后可在淋巴结中检出淋巴细胞，在脾脏中是 50～55 d。在 45 d 前后还形成了排斥同种移植物的能力，但排斥过程较为缓慢。在 42 d 以前，子宫内注射抗原可使仔狗获得耐受性。所以，狗的胸腺 T 细胞植入二级淋巴器官以及体液免疫应答能力的形成与其他家畜相比似乎较迟。

5．雏鸡

在孵化后 5～7 d，卵黄膜中的 T 细胞出现，并在趋化性的影响下迁移到胸腺和法氏囊。这些细胞在法氏囊中分化，并于孵化后第 12 d，在囊中形成滤泡。在 14 d，在法氏囊中可以查到带有 IgM 表面膜标志的淋巴细胞，这种 IgM 的表面膜标志能结合抗原。孵化后第 16 d 和第 18 d，可以分别产生抗钥孔血蓝蛋白的抗体和抗绵羊红细胞抗体。在第 21 d 出壳前后，形成带有表面膜标志 IgG 的淋巴细胞。而 IgA 阳性细胞在出生后 3～7 d 才首次出现于肠中。

（二）新生动物的免疫应答

新生动物基本上是在无菌的子宫环境中发育的，当降生到存在很多抗原的环境时，新生动物能充分地产生免疫应答能力。但是新生动物产生的任何一种免疫应答毕竟还是一级应答，其延续期长，所产生的抗体也是低浓度的。所以，如果不为其提供“免疫学的帮助”，新生动物就容易死于微生物感染，而这些微生物对成年动物却危害不大。这种“免疫学的帮助”就是通过初乳或卵黄从母体获得抗体，建立起被动性免疫。已知母体的淋巴样细胞也可以通过胎盘转移到胎儿的淋巴样组织，或通过初乳经肠输送给新生动物，但这种转移的生物学意义尚不明确。

母体抗体到达胎儿的途径取决于胎盘屏障的性质。人和其他灵长类动物的胎盘是血绒毛膜性的，也就是母体血液直接和滋养层相接触。这种类型的胎盘允许 IgG 通过，而不允许 IgM、IgA 和 IgE 转移到胎儿。母体的 IgG 可以经胎盘进入胎儿的血液循环，所以从母乳获得少量 IgG（5%～10%），但大部分是从母体中获取。

反刍动物的胎盘是结缔绒毛膜性的，即绒毛膜上皮直接与子宫组织相接触。而马与猫的胎盘是上皮绒毛膜性的，胎儿绒毛膜上皮和完整的子宫上皮相接触。具有这两种胎盘的动物，免疫球蛋白分子通过胎盘的通路全被阻断，这些动物的新生幼仔所需的抗体完全是通过初乳获得的。未吃奶的新生动物正常血清中只含极低水平的免疫球蛋白。成功地吸收了初乳免疫球蛋白的动物，立即得到免疫球蛋白供应，尤其是 IgG，使其接近于正常成年动物的水平。在生后的 12～24 h，血清中免疫球蛋白的水平达到高峰。在吸收终止后，这种被动获得的抗体水平，通过正常的降解作用开始下降，而下降的速度取决于免疫球蛋白的种类，而降到无保护力的水平所需的时间，也依赖于原有的浓度而不同。

从初乳中最早获得的 IgG 是幼畜抵抗败血性疾病所必需的。继续摄取 IgA 到肠管中则可以保护幼畜免于发生肠道疾病。以上任何一种免疫球蛋白吸收量小或吸收失败都会导致幼畜发生感染。

新生动物血清中免疫球蛋白的水平，可以应用测定血清中免疫球蛋白试验，如硫酸锌浊度试验或辐射状态免疫扩散试验等来检查。对缺乏免疫球蛋白的新生动物可以进行人工补给，如补给冷冻贮存的初乳，成年动物的正常血清以及粗制的免疫球蛋白制剂等。

虽然初乳转移的免疫对幼龄动物的防病与保健是重要的，但也会发生问题。如母畜被其胎儿的红细胞免疫，产生了抗红细胞抗体，而初乳中的抗体可以引起胎儿红细胞的大量破坏，造成新生动物的溶血性贫血等。

（三）新生动物免疫应答的产生

1. 局部免疫应答

在初乳转变成乳汁的时候，新生动物肠道的淋巴样组织已能对摄入的抗原充分地发生应答。如犊牛在出生时口服冠状病毒疫苗，经 3～14 d 即能抵抗强毒株的攻击。小猪出生后 3 d 口服接种传染性胃肠炎病毒疫苗。大部分早期的抵抗力应归功于干扰素，还有早期肠道中的 IgM 应答，后者大约在 14 d 时转变为 IgA 应答。生长中的动物，分泌性 IgA 应答出现较早，并在其他类型的免疫球蛋白之前达到成年动物的水平。无菌仔猪未接触过抗原的肠道，也可对抗原产生快速应答。这些动物肠道内合成的抗体，在感染大肠杆菌后 4 d 即可测到，而到第 10 d，肠道似乎已变成免疫学的“正常状态”。

2. 全身免疫应答

免疫应答水平部分地受负反馈作用的控制，即特异性抗体能抑制更多的相同特异性抗体产生。新生动物从母体被动获得的抗体也可以抑制新生动物的免疫应答。这种抑制作用的确切机制尚不清楚。如果犊牛未吃初乳，因而表现低丙种球蛋白血症，它们大约在 1 周龄时即能开始合成自己的免疫球蛋白；而已吃了初乳的犊牛，就有了血清免疫球蛋白，它们大约在 4 周龄时才开始合成自己的免疫球蛋白。未吃过初乳的仔猪生后 2 d 就能很好的对伪狂犬病毒产生应答；如果吃了初乳，到 5～6 周龄以前不合成免疫球蛋白。未吃初乳的羔羊在 1 周龄时能合成 IgG，3～4 周龄时合成 IgG2；如果吃过初乳，则于 5～6 周龄以前不能合成 IgG。

被动传递母源抗体不仅可以抑制新生动物合成免疫球蛋白，而且还能阻止新生动物有效疫苗接种。这种无效期可以持续几个月之久，其长短取决于转移到新生动物体内的抗体的量和所涉及的免疫球蛋白的半衰期。类似的情况也发生于通过卵黄获得母源性抗体的禽类（包括鸟类）。

在免疫力可疑的情况下，如需立即获得免疫保护则可以应用高免血清（或高免卵黄）抗体。但这种处理常常使分析变得复杂，因为它延长了在被动免疫衰退以前启动主动免疫有效作用所需的时间。

雏鸡从卵黄中获得母源抗体。在液相的卵黄中，IgG 的水平和母鸡血清中水平相等。当卵通过输卵管时，在获得蛋白的同时也获得了分泌型的 IgA 和 IgM。当胚胎发育时它吸收一部分卵黄 IgG，然后出现于血液循环中。在蛋白中的母体 IgM 和 IgA 也出现于羊水中而被鸡胚吸收。结果，当雏鸡被孵出时，血清中有了 IgG，而肠道中有了 IgM 和 IgA。新出壳的雏鸡，直至约 24 h 才将其卵黄中抗体吸收完毕。至孵出后 10～20 d，母源抗体才消失。

第二节　免疫血清学技术

一、概述

利用抗原与抗体在体内或体外均能发生特异性结合的特性设计的检测抗原或抗体的一系列检测技术，称之为免疫血清学检测技术。

抗原与抗体的反应根据抗原抗体性质、反应条件和参与反应物质的不同，表现为各种可见或不可见的反应，主要有凝聚性反应（凝集反应、沉淀反应）、标记抗体技术（荧光抗体、酶标记抗体、放射免疫）、有补体参与的反应（溶菌反应、溶血反应、补体结合反应、免疫黏附血凝、团集反应）和中和试验（病毒中和试验、毒素中和试验）。

免疫血清学检测技术具有特异性强、敏感性高、适应面广、方法简便、快速、制样简单等特点。各种血清学检测技术几乎均可用于动物传染病的诊断，但以凝集性反应和标记抗体技术应用最广。下面主要介绍一些常用的动物传染病血清学诊断技术。

二、血球凝集与血球凝集抑制试验

（一）原理

有很多禽类病毒如鸡新城疫病毒、流感病毒、传染性喉气管炎病毒、产蛋下降综合征病毒（EDS-76）及用酶处理后的传染性支气管炎病毒等，能使鸡或（和）其他动物的红细胞发生凝集反应，且这种凝集反应可被其特异性抗体所抑制。因此，可采用 HA 和 HI 试验检测血凝性的病毒及其特异性抗体。

（二）血球凝集试验

血球凝集试验（HA）主要用于新分离的具有血凝特性的病毒的常规检测（确定血凝、测定血凝效价）和确定 HI 试验时病毒的血凝单位。

1．材料

（1）被检材料：病料接种禽胚后收获的尿囊液或病毒细胞培养液。

（2）0.85%生理盐水。

（3）1%或 0.5%鸡红细胞。

2．操作

HA 试验有试管法和微量法，其中微量法在 96 孔微量血凝反应板上进行，由于其用量少，操作便利，目前使用较为普遍。

（1）用 25 μl（50 μl 亦可，原则是试验各步骤加量应保持一致）微量移液管（玻璃滴管或稀释板均可），在 V 型 96 孔微量血凝板上加入 0.85%生理盐水。

（2）取 25 μl 被检鸡胚尿囊液，从第 1 孔开始依次作倍比稀释，至第 11 孔，弃去微量移液管中的液体，第 12 孔作为不加病毒的红细胞对照孔。

（3）每孔加入 1%或 0.5%红细胞悬液 25 μl，立即在微量振荡器上摇匀，置室温 30 min 左右观察结果。

（4）以鸡红细胞凝集 50%时的稀释度作为该待检样品的血凝效价。

HA 试验中应根据所检病毒确定红细胞的种属。红细胞的浓度是影响 HA 试验结果的一个因素。一般来说，红细胞浓度越高，其血凝效价越低，反之则高，但浓度若低于 0.5%，凝集时间延长，结果不易观察。另外，稀释液、反应的温度及判定结果的标准也均会影响 HA 试验结果，因而应根据具体情况选定一个适合于自身实验室条件的试验标准。

病毒的血凝特性是由于病毒结构上具有血球凝集素抗原，因而是非特异性的，HA 反应阳性的材料应进一步利用已知的特异性抗体做血凝抑制试验。

（三）血凝抑制（HI）试验

HI 试验除可用特异性抗体鉴定新分离的具有血凝特性的病毒外，还可应用标准病毒抗原测定血清中的相应抗体。HI 试验操作简便，无需特殊的仪器设备，亦无需活的试验宿主系统，因而是诊断和鉴定某些禽病病毒及进行免疫监测和抗体流行病学调查的常用方法。其中以 NDV 和 EDS-76 的 HI 试验应用最普遍。

1．材料

（1）待检血清。

（2）血凝性病毒抗原：标准病毒接种鸡胚（NDV 等）或鸭胚（EDS-76）后收集的尿囊液作为血凝抗原。在进行 HI 试验时应预先进行 HA 试验，测定血凝效价，然后将血凝抗原稀释成含 4 个血凝单位病毒的病毒液，即以病毒的血凝效价乘以 4 作为其稀释倍数，如若测得血凝抗原的血凝效价为 1∶256，则应作 1∶64 稀释使用。

（3）1%鸡红细胞。

（4）病毒及血清稀释液：用 0.85%生理盐水或 pH 7.0～7.2 PBS。

2．操作（以新城疫 HI 试验为例）

（1）预先进行 HA 试验，测定新城疫病毒鸡胚尿囊液的血凝效价。

（2）根据血凝效价用生理盐水或 PBS 稀释病毒抗原，使之含有 4 个血凝单位。

（3）用微量移液管往 V 型微量反应板上加入稀释液，每孔 25 μl（或 50 μl，下同）。

（4）取 25 μl 被检血清加入第 1 孔，混匀后取 25 μl 移至下一孔，如此倍比稀释至倒数第 2 孔，最后 1 孔作为凝集抗原对照孔，每次试验均需设阳性血清对照和阴性血清对照。

（5）加入含 4 个血凝单位的 NDV 凝集抗原 25 μl/孔，然后把微量反应板置 37℃温箱中孵育 15～30 min。

（6）取出反应板，每孔加入 25 μl 红细胞悬液，在微量混合器上振荡 30 s。

（7）置室温下，直至阳性对照血清出现结果，即红细胞呈圆点沉淀孔底（30～45 min）。如果红细胞呈单层凝集覆盖孔底，则表明待检血清中不含 NDV 抗体，判为血凝抑制阴性。

（8）结果判定：以能完全抑制红细胞凝集的血清最高稀释度判断为该被检血清的 HI 效价。

HI 试验中所用抗原的浓度会影响其结果，一般来说，提高抗原的浓度会降低试验的敏感性。但是血凝病毒抗原血凝单位的微小变化（2～8 个血凝单位）对被检血清的 HI 效价影响不是很大。此外，红细胞的浓度、加抗原与加红细胞之间的时间间隔、反应的温度、判定结果的标准等均可影响 HI 试验的结果，因而需根据具体情况固定试验条件与判定标准。

三、琼脂免疫扩散试验

（一）原理

琼脂在高温时能溶于水中，1%的琼脂冷胶冷却后的孔径约为 85 nm，因此，能允许各种抗原抗体在琼脂凝胶中自由扩散。抗原抗体在琼脂凝胶中扩散，当二者在适当比例处相遇，即会发生沉淀反应，而形成肉眼可见的沉淀线。此种反应称琼脂免疫扩散，免疫扩散的方法有单向单扩散、单向双扩散，双向单扩散、双向双扩散。该项技术具有准确、经济、简便等优点，因而经常用于禽病病毒抗原和抗体的检测，如马立克氏病、传染性法氏囊病、传染性支气管炎、病毒性关节炎、新城疫、禽痘、支原体病等的诊断及免疫监测。

（二）材料

（1）1%缓冲琼脂（含 8%的 NaCl）。

（2）琼脂凝胶的支持物。清洁平皿、玻板或特制的塑料板（带盖）均可。吸取一定体积的融化琼脂浇于其中，琼脂凝胶厚度一般为 2～3 mm，如直径 100 mm 的平皿需 15～17 ml 融化琼脂，直径 60 mm 平皿需 6 ml 融化琼脂即可达到适当的琼脂厚度（约 2.8 mm），一个普通用显微镜载玻片或特制的琼扩塑料板，需加 4.5 ml 融化琼脂。

（3）需根据不同的疫病和不同的目的采取不同的待检样品。

① 检测抗原时，马立克氏病可取病鸡新换的羽毛或鸡的皮肤，传染性法氏囊病可采病鸡囊组织，匀浆后制成组织悬液。

② 检测抗体时，可取鸡血清或卵黄。检测卵黄中的抗体时，用等体积的生理盐水或 PBS 稀释卵黄，搅拌混匀，取卵黄混匀液检测即可。

（4）磷酸盐缓冲液（0.0l mol/L，pH 7.4）。

（三）操作

以检测血清中传染性法氏囊病病毒抗体的琼扩试验为例。

1．琼脂凝胶板打孔

取琼脂凝胶板，用打孔器在凝胶上打孔，一般是中央 1 个，周围 6 个，呈梅花形（可先在纸上画好 7 孔图形，将琼脂板置于图案上打孔），用针头或小镊子将孔内琼脂块挑出。为了防止抗原、抗体从凝胶的底部漏出，可用 1 小滴融化的琼脂密封孔底（用针头烧热后烫融孔底周边的琼脂也可）。一般载玻片可打 2 个梅花图，平皿可打 3 个。

2．加样

将已知传染性法氏囊病鸡囊组织提取物阳性抗原加于中央孔，外周 1、4 孔加阳性对照血清，其余孔加待检血清（检测病毒抗原时，则相反）。试验时，待检血清可做 2 倍比系列稀释，以测定琼扩效价。加样以满孔为度，勿使之溢出孔外。加样完毕，平皿和塑料板加盖，玻片可置湿盒中或装于带有湿纸巾的塑料袋中，然后置 37℃温箱中扩散数小时至 24 h 或置室温（15～30℃）1～3 d，观察结果。

3．结果判定

将平皿或玻板置于暗背景下观察，标准阳性血清与抗原孔之间应有明显致密的沉淀线。如若被检血清孔与抗原孔之间出现沉淀线，并与相邻的阳性血清沉淀线融合，判为阳性；如果沉淀线末端弯向待检孔，或者沉淀线有分支，则判为弱阳性；待检血清与抗原孔之间不出现沉淀线或出现的沉淀线与阳性血清沉淀线交叉，均判为阴性。

四、直接凝集试验

（一）原理

细菌菌体与全血或血清中的特异性抗体反应会发生凝集或形成聚团块。凝集试验是广泛应用于禽细菌性传染病的血清学诊断方法之一。常用凝集试验进行诊断的鸡病有传染性鼻炎、沙门氏菌病（鸡白痢、鸡伤寒）、鸡支原体病。试验操作有平板法（在载玻片、塑料板或瓷板上进行）、试管法（在试管中进行）或微量法（在微量反应板上进行）凝集试验，其中微量法可减少血清用量、降低费用和时间。

（二）操作

1．平板法

以快速全血平板凝集试验检测抗雏鸡白痢沙门氏菌抗体为例说明。

在玻板或塑料板上，加 1 滴结晶紫染色的雏白痢多价 K 抗原（荚膜抗原），然后取 1 滴（或一满接种环）待检鸡的全血与之混合，摇晃平板，并在 2 min 内判定试验结果。如果在 1 min 内出现可见的抗原凝块，则样品为阳性；如果抗原—全血混合物均匀无凝集，则样品为阴性。但需注意的是，雏白痢及鸡伤寒的快速全血试验可能出现假阳性反应，也可能出现假阴性反应。

该方法一般只作鸡血样本中细菌抗体的定性检测，若要进行新分离未知细菌的鉴定，需用已知的标准阳性血清与分离物做凝集试验。

由于快速全血法可在野外进行，且待检鸡仅需检测一次，因而在检测鸡白痢、鸡沙门氏菌阳性鸡群中使用最为广泛。

2．试管法

本法一般用于抗体的定量检测，用以比较不同的鸡群或不同个体之间的血清抗体水平。试验时先在小试管中将血清样本用 PBS 或生理盐水做 2 倍比系列稀释，然后加等量的一定稀释度的凝集抗原（雏鸡白痢试管凝集试验时抗原最常用的稀释度为 1∶25），充分混匀，置 37℃或室温作用 18～24 h，判定结果。阳性管出现致密的细菌凝块，上清液透明；阴性管混浊，不出现凝块。以出现 100%完全凝集（或 50%凝集）的血清最高稀释度判定为该血清样本的凝集效价。

3．微量法

本试验是在一次性的塑料微量试验板中进行。由于使用的血清和抗原的量很少，因而可降低试验成本，缩短试验时间。

五、间接血球凝集试验

（一）原理

将可溶性抗原（如细菌裂解物、浸出液、病毒抗原）或抗体吸附（称之为致敏）于比其体积大千万倍的红细胞表面，此致敏的红细胞与相应的抗体或抗原结合，即可产生肉眼可见的凝集现象。若用抗原致敏红细胞检测抗体，称为间接血凝（IHA 或 PHA）；而用抗体吸附于红细胞表面检测抗原，则称为反向间接血凝（RIHA 或 RPHA）。这种血清学技术具有快速、简便、灵敏、特异等优点，已广泛应用于鸡病的诊断与检测，如检测传染性支气管炎抗体、霉形体抗体的间接血凝试验，检测传染性法氏囊病病毒的反向间接血凝试验等。

（二）材料

1．醛化红细胞的制备

新鲜红细胞也可用于间接血凝试验，但由于新鲜红细胞质脆、易溶、保存时间短、重复性差等缺点，因而多将红细胞用醛类固定剂固定制成醛化红细胞。醛化红细胞可在 4℃下保存 6 个月以上，便于提高方法的重复性，也利于标准化。醛化后的红细胞仍可直接吸附抗原或抗体。

常用的红细胞醛化剂有甲醛、丙酮醛和戊二醛，分别采用 3%、3%和 1%的浓度。醛化 10 h、17 h 和 30～60 min。也可以两种醛（如甲醛与丙酮醛）重复固定，效果更好。双醛一次性固定的过程如下：将洗涤后的红细胞用 0.11 mol/L pH 7.2 PBS 配成 8%悬液，缓慢加入 3%丙酮醛、3%甲醛 PBS 液（取丙酮醛 15 ml、甲醛 8 ml、0.1 mol/L pH 7.2 PBS 60 ml，用 10% NaOH 调整 pH 至 7.2，再加同样 PBS 至 100 ml），在 20℃左右缓慢搅拌 17 h，醛化结束后，用缓冲液或生理盐水反复洗涤，最后用 0.11 mol/L pH 7.2 PBS 配制成 10%悬液，加入 0.1%NaN_3防腐，4℃冰箱保存备用。

2．醛化红细胞的致敏

（1）抗原和抗体

间接血凝试验时，致敏红细胞用的细菌或病毒抗原等应纯化以保证凝集效价及所测抗体的特异性。细菌抗原可应用其裂解物或浸出液；病毒抗原经纯化后即可使用。

反向间接血凝试验时，致敏用的抗体要求具有高效价，高特异性，高亲和力。一般情况下先用 1 次 50%、3 次 33%饱和硫酸铵盐析提取抗血清中的 γ 球蛋白组分用于致敏，若进一步用葡聚糖凝胶和离子交换色谱技术提取 IgG，可提高试验的敏感性。

在致敏红细胞时，需预先测定抗原或抗体含量。致敏抗原或抗体量不足时，凝集效价很低，敏感度达不到要求；抗原或抗体量过剩时，则容易出现红细胞自凝及非特异性凝集。

（2）红细胞致敏

10%醛化红细胞先用 0.1 mol/L 醋酸缓冲液（pH 值需通过预试验确定）洗 1 次，然后加 9 倍体积的该缓冲液，再加入 1 倍体积的抗原或抗体溶液（用相同的缓冲液稀释成一定浓度），混匀，37℃下作用一定时间（抗体致敏一般 30～60 min 即可，抗原致敏则需根据致敏材料的不同筛选合适的时间），其间需吹打血球数次，以不让其下沉。致敏结束后，用 PBS 洗涤红细胞 3～5 次，最后用样品稀释液配成 1%浓度使用。

（3）样品稀释液（供稀释致敏红细胞和检测样品）

$Na_2HPO_4 \cdot 12H_2O$	13.78 g
$NaH_2PO_4 \cdot 2H_2O$	1.79 g
NaCl	8.5 g
BSA（牛血清白蛋白）	0.4 g
或正常兔血清	20 ml
NaN_3（叠氮钠）	1.0 g
蒸馏水	加至 1 000 ml

（三）操作

血凝反应一般在 96 孔 V 型微量血凝反应板上进行。

（1）将 96 孔 V 型反应板横置，每孔中加入样品稀释液 25 μl（微量移液管、稀释棒或校准滴管均可）。

（2）在各排第 1 孔中加入样品（IHA 检测的是抗体样品，RIHA 检测的是抗原样品）25 μl，然后倍比连续稀释至倒数第 2 孔。最后 1 孔留作致敏红细胞对照。

（3）加入 1%致敏红细胞悬液 25 μl/孔。

（4）混匀后，置 37℃湿盒中或室温下静置 1～2 h，观察结果。判定标准与 HA 和 HI 一致。

为证实血凝结果的特异性，阳性标本应做中和抑制试验。方法是按上述操作步骤将待检样品稀释 2 排；第 1 排为测定排；第 2 排为抑制排。在检样稀释完结后，测定排每孔补加样品稀释液 25 μl，而抑制排每孔中加 25 μl 用稀释液稀释至最适浓度（预试选定）的标准抗原（间接血凝）或抗体（反向间接血凝），37℃孵育 30～60 min 后再加致敏红细胞。判定结果时，凡两排结果相同者判为假阳性；中和抑制凝集效价低于测定排 2 个稀释孔时判为真阳性。

六、补体结合试验

（一）原理

补体参与的试验可大致分为两类：一类是补体与细胞的免疫复合物结合后，直接引起溶细胞的可见反应，如溶血反应、溶菌反应、杀菌反应、免疫黏附反应、团集反应等。另一类是补体与抗原抗体复合物结合后不引起可见反应（可溶性抗原与抗体），但可用指示系统如溶血反应来测定补体是否已被结合，从而间接地检测反应系统是否存在抗原抗体复合物，如补体结合试验、团集性补体吸收试验等。其中补体结合试验最为常用，该试验以溶血反应作为指示系统，检测抗原抗体反应系统中是否存在相应的抗原和抗体。参与补体结合反应的抗体称为补体结合抗体。补体结合抗体主要为 IgG 和 IgM。通常是利用已知抗原检测未知抗体。

（二）材料

1．待检血清

试验前在温水浴中灭活 30 min，以破坏血清中的补体和抗补体物质。灭活温度视动物种类不同而异，牛、马和猪的血清一般用 56～57℃，羊血清为 58～59℃，驴骡血清为 63～64℃，兔血清为 63℃，人血清为 60℃。灭活温度高的血清应事先用稀释液稀释成 1∶5 或 1∶10，再行灭活，以免凝固。

2．补体

采正常健康豚鼠血清作补体，为避免个体差异，一般将 3～4 只以上的豚鼠混合使用。目前市面上有冻干补体作为商品出售。补体结合试验中补体的量是十分重要的影响因素，补体用前需滴定效价。

在 2 单位溶血素条件下能使标准量红细胞全部溶血的最小补体量为 100%溶血单位（CH_{100}），能使 50%红细胞溶血的补体量称为 50%溶血单位（CH_{50}）。溶血的程度与补体的量呈 S 形曲线，在 20%～80%溶血时，溶血率与补体量呈直线关系，超过 80%时，虽补体量剧增，但溶血率递增平缓。因此以 CH_{50} 作为补体单位更为精确，反应时用 4～5 CH_{50} 的补体。

3．红细胞悬液

通常用 2%～2.5%悬液，用稀释液配制。

4．溶血素

通常由绵羊红细胞免疫家兔制备，即抗红细胞的抗血清。抗血清经 56℃ 30 min 灭活后，加等量甘油于 4℃保存，或不加甘油于–20℃冻结保存。用前需测定溶血效价。在补体充足的条件下，能使标准量红细胞悬液全部溶血的最小溶血素量，为该溶血素的效价。补体结合试验中用 2 个溶血单位。将每单位容积 2 单位的溶血素与红细胞悬液等量混合即成致敏红细胞。

5．致敏红细胞悬液

按需要取 2%红细胞悬液加入等量的溶血素（2 单位/0.1 ml），室温或 37℃温箱放置 15 min，保存于 4℃备用。

（三）操作

补体结合试验主要用于检测抗体，试验分两步进行。

（1）反应系作用阶段，由倍比稀释的待检血清（4～6 个稀释度）加最适浓度的抗原和 2 个 CH_{100} 单位或 5 个 CH_{50} 单位的补体。混合后 37℃水浴作用 30～90 min 或 4℃冰箱过夜。

（2）溶血系作用阶段，在上述管中加入致敏红细胞，置 37℃水浴 30～60 min。反应结束时，观察溶血度，用数字记录结果，以 0、1、2、3、4 分别表示 0%、25%、50%、75%和 100%溶血。0、1 为阳性，大于 2 为阴性。

每次试验应设置对照：

① 补体对照：2 单位、1 单位、0.5 单位补体+致敏红细胞。

② 抗原抗补对照：2、1、0.5 单位补体+标准抗原+致敏红细胞。

③ 正常抗原抗补对照：2、1、0.5 单位补体+正常组织抗原+致敏红细胞。

④ 阳性血清对照：倍比稀释的血清（4～6 个稀释度）+标准抗原+2 单位补体+致敏红细胞。

⑤ 阳性血清和正常抗原对照：最大浓度的血清+正常组织抗原+2 单位补体+致敏红细胞。

⑥ 阳性血清抗补对照：最大浓度的血清+2 单位补体+致敏红细胞。

⑦ 阴性血清的各组对照：同阳性血清。

⑧ 稀释液对照：稀释液+致敏红细胞。

补体结合试验已有一些改进的方法，如微量补体结合试验、间接补体结合试验和改良补体结合试验。

七、病毒中和试验

（一）原理

根据抗体能否中和病毒的感染性而建立的免疫学试验称为中和试验（NV）。中和试验极为特异和敏感，主要用于病毒感染的血清学诊断、病毒分离株的鉴定、不同病毒株的抗原关系研究、疫苗免疫原性的评价、免疫血清的质量评价和检测动物血清中的抗体等。根据测定的方法不同，中和试验可分为两种。

（二）操作

1. 终点法中和试验

本法是通过滴定使病毒感染力减少至 50%的血清中和效价或中和指数。有固定病毒稀释血清及固定血清稀释病毒两种滴定方法。

（1）固定病毒稀释血清法

将已知的病毒量固定而血清作倍比稀释，常用于测定抗血清的中和效价。

① 病毒毒价的滴定：毒力或毒价单位过去多用最小致死量（MLD），即病毒接种实验动物后，在一定时间内全部致死的最小病毒剂量。此法比较简单，但由于剂量递增与死亡率递增的关系不是一条直线，而是呈 S 形曲线，在愈接近 100%死亡时，对剂量的递增愈不敏感；而死亡率愈接近 50%时，剂量与死亡率呈直线关系。故现基本上采用半数致死量（LD_{50}）表示毒价单位，而且 LD_{50} 的计算应用了统计学方法，减少了个体差异的影响，因此比较正确。以感染发病作为指标的，可用半数感染量（ID_{50}）；以体温反应作指标者，可用半数反应量（RD_{50}）；用鸡胚测定时，可用鸡胚半数致死量（ELD_{50}）或鸡胚半数感染量（EID_{50}）；在细胞培养上测定时，则用组织培养半数感染量（$TCID_{50}$）。半数剂量测定时，通常将病毒原液 10 倍递进稀释，选择 4～6 个稀释倍数接种一定体重的试验动物（或细胞培养、鸡胚），每组 3～6 只（管）。接种后，观察一定时间内的死亡（或出现细胞病变）数和生存数。根据累计死亡数和生存数计算致死百分率。按 Reed-Muench 法、内插法或 Karber 法计算半数剂量。其中以 Karber 法最为方便。以测定某种病毒的 $TCID_{50}$ 为例，病毒以 10^{-4}～10^{-7} 稀释，记录其出现细胞病变（CPE）的情况（表 1-1）。按 Karber 法计算，$TCID_{50}$ 用对数计算，其公式为：

$$\lg TCID_{50}=L+d(S-0.5)。$$

式中，L——病毒最低稀释度的对数；

d——组距，即稀释系数，10 倍递进稀释时，d 为－1；

S——死亡比值之和（计算固定病毒稀释血清法中和效价时，S 应为保护比值之和），即各组死亡（感染）数/试验数再相加。

上例中，$S=6/6+5/6+2/6+0/6=2.16$，代入上式：

$$\lg TCID_{50}=-4+(-1)\times(2.16-0.5)=-5.66$$

$$TCID_{50}=10^{-5.66}$$

表 1-1　病毒毒价滴定（接种剂量为 0.1 ml）

病毒稀释	CPE		
	阳性数	阴性数	致死百分数/%
10^{-4}	6	0	100
10^{-5}	5	1	83
10^{-6}	2	4	33
10^{-7}	0	6	0

$TCID_{50}$为毒价的单位，表示该病毒经稀释至 $10^{-5.66}$ 时，每孔细胞接种 0.1 ml，可使 50% 的细胞孔出现 CPE。而病毒的毒价通常以每 ml 或每 mg 含多少 TCD_{50}（或 LD_{50} 等）表示。如上述病毒的毒价为 $10^{-5.66}$ $TCID_{50}$/0.1ml，即 $10^{-4.66}$$TCID_{50}$/ml。

② 正式试验：将病毒原液稀释成每一单位剂量含 100～200 LD_{50}（或 EID_{50}，$TCID_{50}$），与等量递进稀释的待检血清混合，37℃下放置 1 h。每一稀释度接种 3～6 只试验动物（或鸡胚、细胞），记录每组动物的存活数和死亡数，同样按 Reed-Muench 法或 Karber 法计算其半数保护量（PD_{50}），即该血清的中和价。

（2）固定血清稀释病毒法

将病毒原液作 10 倍递进稀释，分装两列无菌试管。第一列加等量正常血清（对照组），第二列加待检血清（中和组），混合后 37℃下放置 1 h，分别接种实验动物（或鸡胚、细胞培养），记录每组死亡数、累积死亡数和累积存活数，用上述 Reed-Muench 法或 Karber 法计算 LD_{50}，然后计算中和指数。中和指数＝中和组 LD_{50}/对照组 LD_{50}。通常待检血清的中和指数＞50 者即为阳性，10～400 为可疑，＜10 为阴性。

2．空斑减少试验

空斑减少试验系应用空斑技术，以使空斑数减少 50%的血清量作为中和滴度。试验时，将已知空斑单位的病毒稀释成每一接种剂量含 100 空斑单位（PFU），加等量递进稀释的血清，37℃下放置 1 h。每一稀释度接种 3 个已形成单层细胞的空斑瓶，每瓶 0.2～0.5 ml。37℃下放置 1 h，使病毒吸附，然后加入在 44℃水浴预温的营养琼脂（在 0.5%水解乳蛋白或 Eagles 液中，加 2%小牛血清、1.5%琼脂及 0.1%中性红 3.3 ml）10 ml，平放 1 h 后凝固，将细胞面向上 37℃培养。同时用稀释的病毒加等量 Hanks 液同样处理，作为病毒对照。数天后分别计算空斑数，用 Reed-Muench 或 Karber 或内插法计算血清的中和滴度。

八、其他检测技术

（一）免疫荧光抗体技术

1．原理

免疫荧光抗体（IF）技术是利用抗原抗体反应的特异性与荧光显微技术的精确性、敏感性相结合的免疫学标记技术。其基本原理是，荧光色素（常用异硫氰酸荧光素）与抗体分子结合后，并不影响抗体蛋白分子的免疫活性，当标本涂片（或切片）中有特异性抗原存在时，荧光素标记的抗体可与之特异性结合，且这种结合较为牢固，用缓冲液浸洗时不会洗脱，在荧光显微镜下检查时，可见到荧光，从而判断抗原或抗体的存在、定位和分布情况。IF 技术已用于多种禽病抗原或抗体的检测，成为禽病诊断的常用血清学手段。

2．操作

（1）染色标本片的准备

① 检测抗原的标本片：细菌检样如血液、脓汁、粪便、分泌物或细菌培养物可进行直接涂片或压印片，也可以将病毒材料接种细胞培养，做成单层细胞盖片或飞片。

② 检测抗体的标本片：检测细菌抗体可将标准菌株做成涂片；检测病毒抗体可将标准毒株接种细胞培养，做成单层盖片或飞片。

（2）标本片的固定

标本的固定有两个目的，一是防止被检材料从玻片上脱落；二是消除抑制抗原抗体反应的因素。标本固定最常用固定剂为丙酮和 95%乙醇。固定的温度和时间要凭经验确定，一般用 37℃ 10 min、室温 15 min 或 4℃ 30 min。固定后应随即用 PBS 反复冲洗，干后即可用于染色。

（3）染色方法

荧光抗体染色法分为直接法和间接法两种。

① 直接法：本法是用荧光素标记抗体直接染色标本片，以检测相应的禽病细菌或病毒的抗原，如用于传染性法氏囊病、传染性支气管炎、喉气管炎等疫病病原的检测和诊断。直接法操作的基本程序如下。

a．直接滴加 2～4 个单位荧光标记抗体于标本片（涂片、切片或细胞单层盖片）的标本区，然后置湿盒中，37℃染色 30 min。

b．用大量 0.01 mol/L pH 7.0～7.2 PBS 漂洗 3 次，每次 5 min。

c．吹干标本，滴加 1 滴缓冲甘油，加盖玻片封片。

d．荧光显微镜下镜检。

直接法染色时应设以下对照：标本自发荧光对照、阳性标本对照和抑制试验对照。

② 间接法：本法是用荧光素标记抗鸡球蛋白（如兔抗鸡或羊抗鸡）抗体，制成荧光抗抗体。先将阳性血清（检测抗原）或待检血清（检测抗体）加到标本片中，与相应抗原结合，再加荧光抗抗体，形成抗原—抗体—荧光抗抗体复合物，在荧光显微镜下即可见荧光。本法既能检测鸡病病原的抗原又能检测其相应抗体，如用于传染性支气管炎病毒及其抗体的检测。间接法的另一个优点是只需制备一种标记的抗鸡抗体即可用于多种抗原抗体系统的检测。间接法操作的基本程序如下：

a．在制备好的标本片（涂片、切片或细胞单层盖片）上滴加阳性血清（检测抗原时）或待检血清（检测抗体时），置湿盒中，37℃孵育 30 min。

b．用 0.01 mol/L pH 7.0～7.2 PBS 漂洗 3 次，每次 5 min。

c．吹干标本，滴加荧光素标记的兔抗鸡（或羊抗鸡）IgG 的抗抗体，置湿盒中，37℃染色 30 min。

d．同 b，漂洗标本片。

e．吹干标本，封片（同直接法）。

f．荧光显微镜下镜检。

间接法操作时除设自发荧光、阳性和阴性对照外，还应设中间层对照（标本+标记抗抗体）和阴性血清对照（中间层用阴性血清代替阳性血清或待检血清）。

（二）酶联免疫吸附试验

1．原理

酶联免疫吸附试验（ELISA）是将抗原抗体反应的特异性与酶促反应的敏感性相结合而建立起来的免疫学标记技术。其基本原理是，酶分子[常用辣根过氧化物酶（HRP）]与抗体或抗抗体分子可共价结合，这种结合既不改变抗体的免疫反应活性，也不影响酶的生物化学活性。这种酶标记抗体可与标本中的抗原或抗体特异性结合后，在底物溶液的参与下，产生肉眼可见的颜色反应，颜色反应的深浅与标本中抗原或抗体的量成正比。

免疫酶标记技术有免疫酶组化染色法（主要用于抗原或抗体的定位）、固相免疫测定技术（抗原或抗体的定量测定）等多种类型。在禽病的血清学诊断中应用最广的是固相法中的 ELISA 试验。ELISA 法具有简便、敏感、快速、特异等优点，已被广泛应用于禽病诊断与监测。

2．操作

ELISA 是将抗原（或抗体）吸附于聚苯乙烯酶标反应板等固相载体，在载体上进行免疫酶染色，加底物四甲基联苯胺（TMB-H_2O_2）或邻苯二胺（OPD-H_2O_2）显色后，用肉眼或分光光度计判定结果。在禽病的诊断和血清抗体检测上，常用的 ELISA 法有间接法 ELISA、双抗体夹心 ELISA 和斑点 ELISA。

（1）间接法 ELISA

间接法 ELISA 主要用于检测禽群抗体和抗体动态监测，如传染性法氏囊病、新城疫等抗体的检测。其基本程序如下：

① 抗原（一般需提纯）包被聚苯乙烯酶标反应板，4℃过夜或 37℃放置 2～4 h。

② 用 10%小牛血清或 1%牛血清白蛋白（BSA）封闭，37℃放置 1～2 h。

③ 加待检血清，一般应作适当稀释，同时每块反应板应设阳性血清和阴性血清及空白对照，置湿盒中，37℃孵育 1 h。

④ 加酶（HRP）标记兔抗鸡 IgG，置湿盒中，37℃孵育 1 h。

⑤ 加底物溶液 TMB-H_2O_2，37℃或室温下显色 10～30 min。

⑥ 用 2 mol/L H_2SO_4 终止反应。

⑦ 酶标测定仪上测定吸收值 OD_{450}（用 TMB-H_2O_2 显色）或 OD_{490}（用 OPD-H_2O_2 显色），计算 P/N 比值（P 为阳性对照血清及待检血清的 OD 值，N 为阴性对照血清的 OD 值），若 $P/N \geq 2$，则样品判为阳性。

在进行 ELISA 试验时，需经方阵法滴定选择包被抗原、酶标抗体等反应物的最佳工作浓度。另外，在上述基本程序①～⑤各步骤之间，需用 PBST（含 0.05% Tween-20 的 PBS 溶液）充分洗涤。

（2）双抗体夹心 ELISA

本法主要用于检测病毒抗原，如传染性法氏囊病病毒等。夹心法的基本程序如下：

① 病毒特异性抗体（IgG）包被酶标反应板，4℃过夜或 37℃放置 2～4 h。

② 加待检病料（应根据病的不同选用合适的病料，如诊断传染性法氏囊病时可取病鸡法氏囊组织匀浆上清液）置湿盒中，37℃孵育 1 h。

③ 加酶标抗病毒特异性抗体（IgG），37℃孵育 1 h。

④ 加底物显色，2 mol/L H_2SO_4 终止反应。

⑤ 酶标测定仪测定 OD_{450} 或 OD_{490} 及结果判定均同间接法 ELISA⑤～⑦。

同间接法一样，夹心法 ELISA 的各反应物最适工作浓度需经方阵法滴定选出，各反应步骤之间亦应用 PBST 充分洗涤。

（3）斑点 ELISA（Dot-ELISA）

Dot-ELISA 是由常规 ELISA 发展而来的一种新型 ELISA，其原理及步骤与常规 ELISA 基本相同，不同点在于：一是吸附抗原抗体的固相载体用硝酸纤维素滤膜、硝酸-醋酸纤维素混合滤膜等固相化基质膜代替；二是用于显色的底物为不溶性的 3,3-二氨基联苯胺（DAB），结果以在固相化基质膜上出现的有色斑点来判定。Dot-ELISA 既可检测抗体，也可检测抗原，方法可用直接法、间接法及夹心法。它不仅继承了常规 ELISA 的优点，而且还弥补了常规 ELISA 中抗原或抗体对固相载体包被不牢的不足。此外，Dot-ELISA 测试样品用量少，无需特殊设备，结果用肉眼可判定且能长期保存。本法已用于新城疫、传染性支气管炎、传染性喉气管炎、传染性法氏囊病及霉形体等病毒与细菌抗原的检测。

（三）单克隆抗体技术

传统的血清学诊断技术中使用的含抗体血清均为多克隆抗血清，即是由多个淋巴细胞克隆产生的，具有高度的异质性，因而影响了血清学诊断方法的特异性和敏感性。1975年英国学者首次提出了单克隆抗体杂交瘤技术，它是将产生特异性抗体（针对单个抗原决定簇）的 B 淋巴细胞与能无限生长的骨髓瘤细胞融合，形成 B 淋巴细胞杂交瘤，由该杂交瘤细胞所分泌的抗体即是单克隆抗体，简称单抗。由于单抗在分子结构、氨基酸排列顺序等方面都是一致的，因而其纯度高，特异性强，重复性好，并可以大量、快速、连续地在动物体内或体外产生同质性单抗。正由于此，使用单克隆抗体替代多克隆抗血清进行疫病的检测将更有利于各种血清学诊断方法的标准化和规范化，因而单抗已被广泛地用于疫病的诊断、毒（菌）株鉴定、检疫、治疗及预防等各个方面。

十几年来我国在动物用单抗研究方面发展迅速，其中包括国内流行较广、危害较严重的大多数鸡病毒性和细菌性疫病病原的单抗，如抗鸡马立克氏病病毒、新城疫病毒、传染性法氏囊病病毒、传染性支气管炎病毒、传染性喉气管炎病毒、禽痘病毒、产蛋下降综合征病毒及沙门氏菌 OH 抗原的单抗等，这些单抗多能替代多克隆抗血清，用于有关疫病的诊断和检疫。抗鸡 IgMμ 链（重链）单抗的成功研制为鸡疫病的早期诊断提供了快速、特异、灵敏的方法。

（四）核酸探针技术

核酸探针技术是 20 世纪 80 年代中期才异军突起的一种新的诊断技术。其基本原理是将某种微生物特异的核苷酸序列与样品的核苷酸序列互补时，发生杂交，形成双股核酸，不发生杂交的单股核酸被去除。杂交的探针可用放射自显影（放射性分子标记）检测或比色（非放射性分子标记）测定。

核酸探针是以病原体的核酸为检测目标，其诊断原理与以抗原抗体特异性反应为基础的血清学诊断原理有着明显的区别。与各种血清学诊断方法相比较，核酸探针可以检出样品中极微量的病原体，极其敏感（结合 PCR 技术），并具有特异、快速、结果可靠、核酸探针便于大批量生产等优点，它在畜禽疫病诊断上已显示了极大的优越性，它既可检测临床或病理标本中的病原，也能用于特定病原的鉴定，还能区分疫苗株和野毒株。

在禽病诊断方面，国外已报道了应用核酸探针检测新城疫、马立克氏病、传染性支气管炎、传染性喉气管炎、传染性法氏囊病、鸡痘、鸡霉形体病、鸡传染性鼻炎、大肠杆菌、多杀性巴氏杆菌等。国内研制的禽核酸探针已见报道的有大肠杆菌、沙门氏菌和巴氏杆菌及马立克氏病病毒、传染性支气管炎病毒核酸探针。

（五）多聚酶链式反应

多聚酶链式反应（PCR）也是 20 世纪 80 年代中后期兴起的一项新技术。聚合酶链反应模拟体内 DNA 复制过程，它利用两个引物，经过高温（模板 DNA）变性、低温（模板 DNA—引物）退火和适温（在 DNA 聚合酶催化下发生引物链）延伸反应，形成一个周期，进行模板 DNA 的合成，新合成的产物再经高温变性后又可作为与引物退火的模板，并再发生引物链延伸反应，如此循环数次，可使靶 DNA 序列成几何级数量倍增。PCR 技术具有操作简便、快速、高度特异性、选择性和敏感性等特点，且对样品要求不高，无论新鲜组织或陈旧组织、细胞或体液、粗提或纯化 RNA 和 DNA 均可，加之 TaqDNA 聚合酶的使用促进了 PCR 技术自动化，因而 PCR 非常适合于感染性疫病的监测和诊断。PCR 已成功地用于传染性支气管炎病毒、传染性喉气管炎病毒、传染性法氏囊病病毒、马立克氏病病毒、鸡败血霉形体、贫血病毒和禽流感病毒等的诊断和研究。

复习思考题

1. 试述免疫应答的基本过程。初次应答和再次应答的抗体产生有何特点？
2. 常用的免疫血清学技术有哪些，其基本原理是什么？

第二章　兽医生物制品概述

【知识目标】

- 熟悉兽医生物制品命名的一般原则；
- 理解重组 DNA 技术；
- 掌握兽医生物制品的概念、分类；
- 了解兽医生物制品的研究方法和发展方向。

【能力目标】

- 能进行兽医生物制品的命名。

第一节　兽医生物制品的概念、分类与命名

一、兽医生物制品的概念

兽医生物制品是根据免疫学原理，利用微生物、寄生虫及其代谢产物或免疫应答产物制备的一类生物制剂，用于动物传染性疾病或其他相关疾病的预防、诊断和治疗。狭义上讲，生物制品主要指疫苗、免疫抗血清及诊断制剂；广义上讲，生物制品还应包括各种血液制剂、肿瘤免疫、移植免疫及自身免疫病等非传染性疾病的免疫诊断、治疗及预防制剂，以及提高动物机体非特异性抵抗力的免疫增强剂等生物制品。由此可见，兽医生物制品的含义和内容也将随着科学技术的发展而成为兽医保健制品。

二、兽医生物制品的分类

（一）按生物制品的性质和作用分类

1. 疫苗（vaccine）

由病原微生物、寄生虫及其组分或代谢产物所制成的，用于人工自动免疫的生物制品称为疫苗。

（1）常规疫苗

由细菌、病毒、立克次氏体、螺旋体、支原体等完整微生物制成的疫苗。

① 灭活苗：又称死苗。一般灭活苗菌、毒种应是标准强毒或免疫原性优良的弱毒株，经人工大量培养后，用理化方法将其杀死（灭活）后制成灭活苗。灭活苗一般要加佐剂以提高其免疫力。灭活苗可分为自家灭活苗和脏器灭活苗。

自家灭活苗：是指从患病动物自身病灶中分离出来的病原体经培养、灭活后制成的疫苗，再用于该动物本身，故称为自家疫苗。此种疫苗可用以治疗慢性的、反复发作而用抗生素治疗无效的细菌性感染或病毒性感染，如顽固性葡萄球菌感染症。

脏器灭活苗（组织灭活苗）：利用病、死动物的含病原微生物脏器制成乳剂，加甲醛等灭活脱毒所制成的疫苗。如兔病毒性出血症的肝脏中含毒量较高，因而可以制成肝组织甲醛灭活苗；再如水貂病毒性肠炎，可取病、死动物的肝、脾、十二指肠及肠系膜淋巴结等组织制成乳剂，加甲醛溶液灭活，制成组织苗。这些疫苗制法简单，成本低廉，在没有特效疫苗的情况下，用之作为一种应急措施，在疫病流行地区控制疫病的发展起到了很大作用。

② 活苗：又称弱毒苗。过去活疫苗可分为强毒活苗和弱毒活苗。强毒活苗曾在早年应用并发挥过一定作用，但因存在散播病原的危险性，故已不用。现今活疫苗主要指弱毒活疫苗，是通过人工诱变获得的弱毒株或者是筛选的自然减弱的天然弱毒株或者失去毒力的无毒株所制成的疫苗。

活疫苗又可分为同源疫苗和异源疫苗：用所要预防的病原体本身或其弱毒或无毒变种所制成的疫苗称为同源疫苗或同种疫苗；利用具有类属保护性抗原的非同种微生物所制成的疫苗称为异源疫苗，如火鸡疱疹病毒疫苗用于预防鸡马立克氏病，鸽痘病毒疫苗用于预防鸡痘，麻疹疫苗用于预防犬和野生动物的犬瘟热等均属异源疫苗。异源疫苗仅占活疫苗的极少部分。

③ 类毒素：有关细菌产生的外毒素，用适当浓度（0.3%～0.4%）的甲醛溶液使之脱毒而制成的生物制品，称为类毒素。细菌外毒素为蛋白质，兼有毒性及抗原性，能刺激机体产生特异性的中和其本身的抗体——抗毒素。外毒素经甲醛溶液脱毒后失去毒性，

但保留较强的免疫原性称为类毒素，类毒素比毒素更稳定。类毒素经过盐析并加入适量的磷酸铝或氢氧化铝胶等，成为吸附精制毒素，注入机体后吸收较慢，可较久地刺激机体产生高滴度抗体以增强免疫效果。

④ 寄生虫疫苗：由于寄生虫大多有复杂的生活史，同时虫体抗原又极其复杂，且有高度多变性，迄今仍无理想的寄生虫疫苗。多数研究者认为，只有活的虫体才能诱使机体产生保护性免疫，而死虫体则无免疫保护作用。国际市场上有抗球虫活苗出售，商品名为 Coccivac，这种疫苗是依靠所有致病种的低剂量的活球虫使鸡产生较好的免疫力。其缺点是可能将场地中不曾有过的球虫引进鸡舍。球虫的基因工程苗也正在研制之中。近年报道的寄生虫疫苗还有旋毛虫虫体组织佐剂苗、猪全囊虫匀浆苗、弓形虫佐剂苗和伊氏锥虫致弱苗等。

（2）新型疫苗

① 亚单位苗：利用微生物的一种或几种亚单位或亚结构制成的疫苗称为微生物亚单位苗或亚结构苗。由微生物的某些化学成分制成的疫苗又称为化学苗。此类疫苗没有病原微生物的遗传信息，但用之免疫动物能产生对感染微生物的免疫抵抗作用。亚单位苗可免除全微生物苗的一些副作用，保证了疫苗的安全性。

② 生物技术疫苗：主要有基因工程苗、基因工程亚单位生物苗、合成肽苗和抗独特型疫苗等。

生物制品中的疫苗，除上述分类方法之外，还可根据组织来源及制造方法分类，如动物培养疫苗（组织苗）、鸡胚培养疫苗（鸡胚苗）和细胞培养疫苗（细胞苗）；根据微生物是否完整分为全微生物苗和亚单位苗；按照投予途径分为注射用疫苗、口服苗、气雾苗和皮肤划痕苗等；按佐剂的有无分为佐剂疫苗和无佐剂疫苗等；按疫苗的物理性状又可分为液体疫苗和冻干疫苗等。

2．抗血清和抗毒素

动物经反复多次注射同一种病原微生物等抗原物质后，机体的体液中尤其血清中就产生大量抗此种抗原的抗体，采取此种动物的血液分离的血清，称为免疫血清、高免血清、抗血清或抗病血清，用于治疗或紧急预防。此种血清注入动物机体后，可以立即发挥抗病作用，即使该动物产生免疫力，此种免疫称为人工被动免疫。此种免疫持续期短，因而在注射免疫血清之后3～4周，应再接种相应疫苗，以保证免疫效果。

兽医生物制品中的抗菌血清目前仅有少数几个品种，如抗炭疽血清、抗气肿疽血清、抗猪丹毒血清和抗巴氏杆菌病血清。抗病毒血清早期应用效果尚好，但制备程序较繁，故应用不多，只有小鹅瘟免疫血清应用较广。目前应用较多的是抗毒素血清。动物经反复多次注射某种细菌产生的毒素（多用类毒素）后，产生多量抗毒素抗体，采血后提取血清，即为抗毒素血清（简称抗毒素），如人、畜用的破伤风抗毒素、人的白喉抗毒素、蛇毒抗毒素及人、畜用的肉毒梭菌抗毒素等。抗毒素用以中和体液中的游离毒素，以阻止毒素继续侵害组织细胞。若毒素一旦与组织细胞结合，则抗毒素无效，故抗毒素应用愈早，效果愈好。

3．诊断制品

利用微生物、寄生虫及其代谢产物，或者含有特异性抗体的血清制成的，专供诊断动物传染病及寄生虫病或检测动物免疫状态及鉴定病原微生物的生物制品称为诊断液或诊断制剂。诊断液包括两大类：一类为诊断抗原；另一类为诊断抗体（血清）。

4．血液生物制品

由动物血液分离提取各种组分，包括血浆、白蛋白、球蛋白、纤维蛋白原以及胎盘球蛋白等。此外，还包括非特异性免疫活性因子，如白细胞介素、干扰素、转移因子、胸腺因子以及其他免疫增强剂等。

5．微生态制剂

利用非病原微生物，如乳杆菌、蜡样芽孢杆菌、地衣芽孢杆菌、双歧杆菌等活菌制剂，口服治疗畜禽因正常菌群失调引起的下痢。目前微生态制剂已在临床上应用和用作饲料添加剂。

（二）按制法与物理性状分类

1．普通制品

指一般生产方法制备的、未经浓缩或纯化处理，或者仅按毒（效）价标准稀释的制品，如无毒炭疽芽孢苗、猪瘟兔化弱毒细胞培养冻干疫苗、普通结核菌素等。

2．精制生物制品

将普通制品（原制品）利用物理或化学的方法除去无效成分，进行浓缩、提纯处理制成的精品，其毒（效）价均较普通制品为高，从而增高效力、特异性和灵敏性，如精制破伤风类毒素、精制结核菌素等。

3．液状制品

与干燥制品相对而言的湿性生物制品。多数灭活疫苗（猪肺疫氢氧化铝菌苗、猪瘟兔化弱毒组织湿苗等）、诊断制品（抗原、血清、溶血素、豚鼠血清补体等）为液状制品。液状制品多数既不耐高温、阳光，又不宜低温冻结或反复冻融，否则均能影响效价，故只能在低温冷暗处保存。

4．干燥制品

生物制品经冷冻真空干燥后能保护活性、毒价很长，无论活疫苗、抗原、血清、补体、酶制剂和激素制剂均如此。将液状制品根据其性质加入适当冻干保护剂或稳定剂，经冷冻真空干燥处理，将 96%以上的水分除去后剩留疏松、多孔呈海绵状的物质即为干燥制品，如猪瘟兔化弱毒冻干苗、鸡马立克氏病火鸡疱疹病毒冻干苗等。有些菌体生物制品是经干燥处理后制成粉状物，成为干粉制剂，有利于运输、保存，且可根据具体情况配制成混合制剂，如羊梭菌干粉疫苗。

5．佐剂制品

为了增强疫苗制剂注入动物机体后的免疫应答反应，以提高免疫效果，往往在疫苗制备过程中加入适量的佐剂（免疫增强剂或免疫佐剂）制成的生物制剂即为佐剂制品。若加入的佐剂是氢氧化铝胶，即制成氢氧化铝疫苗，如猪丹毒氢氧化铝菌苗等；若于疫苗中加入的是油佐剂，则称为油乳剂苗，如鸡新城疫油乳剂疫苗等。

三、兽医生物制品的命名

目前，兽医生物制品命名主要遵循以下10项原则。

（1）生物制品的命名以明确、简练、科学为基本原则。

（2）生物制品名称不采用商品名或代号。

（3）生物制品名称一般采用“动物种名+病名+制品名称”的形式。诊断制剂则在制品种类前加诊断方法名称。如：牛巴氏杆菌病灭活疫苗、马传染性贫血活疫苗、猪支原体肺炎微量间接血凝抗原。特殊的制品命名可参照此方法。病名应为国际公认的、普遍的称呼，译音汉字采用国内公认的习惯定法。

（4）共患病一般可不列动物种名。如：气肿疽灭活疫苗、狂犬病灭活疫苗。

（5）由特定细菌、病毒、立克次氏体、螺旋体、支原体等微生物以及寄生虫制成的主动免疫制品，一律称为疫苗。例如：仔猪副伤寒活疫苗、牛瘟活疫苗、牛环形泰勒氏梨浆虫疫苗。

（6）凡将特定细菌、病毒等微生物及寄生虫毒力致弱或采用异源毒制成的疫苗，称“活疫苗”；用物理或化学方法将其灭活后制成的疫苗，称“灭活疫苗”。

（7）同一种类而不同毒（菌、虫）株（系）制成的疫苗，可在全称后加括号注明毒（菌、虫）株（系）。例如：猪丹毒活疫苗（GC42株）、猪丹毒活疫苗（G4T10株）。

（8）由两种以上的病原体制成的一种疫苗，命名采用“动物种名+若干病名+x联疫苗”的形式。例如：羊黑疫、快疫二联灭活疫苗，猪瘟、猪丹毒、猪肺疫三联活疫苗。

（9）由两种以上血清型制备的一种疫苗，命名采用“动物种名+病名+若干型名+x价疫苗”的形式。例如：口蹄疫O型、A型双价活疫苗。

（10）制品的制造方法、剂型、灭活剂、佐剂一般不标明。但为区别已有的制品，可以标明。

第二节　兽医生物制品的研究方法和发展方向

生物制品业随着免疫学理论及其相关技术的发展与突破，不断得到发展和提高。早期利用传统疫苗产品，并结合其他综合防治措施，某些动物传染病已在一些国家消灭，我国也消灭了牛瘟和牛肺疫。由于有些病原微生物所具有的特殊性质，对开发常规的疫苗有更大的困难和更高的技术要求。例如：（1）抗原性不断演变，同一致病原具有多种不同的血清型；（2）病毒的核酸基因组感染后能插入并整合到动物染色体中；（3）某些病原不能在体外大量增殖，因而无法制备常规疫苗；（4）病毒感染免疫器官或细胞而造成免疫缺陷。以基因工程、细胞工程、发酵工程和酶工程为主体的现代生物技术于 20 世纪 70 年代出现以后，极大地开阔了人们的视野，给人和动物医药产业带来了美好的前景，更为预防制品的研制和基础理论的发展注入了新的活力，大大拓宽了传统疫苗及非特异性免疫的概念。以反义核酸产品和直接免疫用核酸建立的“新核酸免疫”，以及对特异性传统疫苗及非特异性疫苗起增强作用的“副疫苗”制品，正在不断扩大免疫一词的内涵。在开发动物免疫预防产品中使用的生物技术包括重组 DNA 技术、聚合酶链反应（PCR）技术、基因缺失、转基因技术、人工合成多肽和寡核苷酸技术、在活体内释放转达技术，以及淋巴细胞杂交瘤技术等。如今，疫苗这一相对较为古老的制品，在现代理论与技术的武装下，正在以崭新的面貌向人们展示着风采。传统疫苗已由单价向多价、单用灭活疫苗或活苗向使用多种或多型（价）的联合疫苗、全菌体苗向纯化亚单位疫苗和提纯浓缩高效价疫苗过渡，寄生虫病疫苗也得到长足发展。同时由于诊断、监测和检疫疫病的需要，亦由于分子生物学的发展，核酸杂交诊断技术的广泛应用，诊断用配套的生物制品试剂盒已在生产与应用。另外，灭活技术、冻干技术和实验动物标准化，以及实施良好生产规范也得到了发展。

一、传统疫苗

传统疫苗是指以传统的常规方法，用细菌或病毒培养液或含毒组织制成的弱毒活疫苗或灭活疫苗。近百年来，人们研制与应用传统疫苗，在防制畜禽传染病中，有力地控制和消灭了多种传染病，对保障人畜健康、发展畜牧业生产发挥了十分重要的作用。但随着大规模集约化养殖业的蓬勃发展，畜禽数量剧增，各国之间畜禽及其产品贸易扩大，许多疫病时起时伏，新的疫病也时有发生。面对这样的形势，仅仅以传统的单一疫苗作计划免疫，显然有些不足，如同一养殖场内在同一时期有多种疫病需要免疫预防时，或某一种疫病需多次接种疫苗才能达到彻底控制，必然给实行计划免疫造成困难。同时还存在用人工致弱菌（毒）株生产活疫苗，在大面积使用中有可能由于弱毒株与同源强毒株发生重组，毒力变强；或弱毒株自身毒力返强等。用灭活疫苗虽可减少这些可能性，但也有使用剂量较大，免疫期较短的缺陷。为此，人们多年来一直为提高传统疫苗的安全性与免疫力，不断选育遗传性更稳定、使用更安全的弱毒活疫苗株，用纯化与浓缩抗原制备疫苗，制备多价疫苗或多联疫苗。尤其是冷冻真空干燥疫苗及其干燥技术的研究，保证了疫苗的质量。与此同时，对灭活疫苗的研究也在不断深入，如免疫佐剂的开发利用，除传统使用的无机盐贮存型佐剂和矿物油佐剂之外，研制的能代谢油乳剂佐剂，同样具有缓慢释放抗原的作用，一次接种疫苗，也能达到较高和较为持久的免疫水平。近年来还在应用免疫增强剂方面加强了研究，获得更为显著的效果，如分枝杆菌及其提取物、植物多糖、白细胞介素及免疫刺激复合物（ISCOMs）等，提高了动物体非特异性免疫水平，增强了免疫应答。此外，在疫苗的使用方法上，将活疫苗和灭活疫苗先后或同时接种，或先用灭活疫苗免疫，再用中等毒力弱毒活疫苗强化免疫，解决了某些单独使用低毒活疫苗或灭活苗不能达到的免疫效果的问题。总之，更进一步研究免疫原性良好的制苗菌（毒）株，改进生产工艺及自动控制培养抗原的方法，提高细胞培养技术，就可使传统疫苗质量不断有所改进，并使之继续成为预防畜禽传染病的有力武器。

二、基因工程亚单位苗

基因工程亚单位苗是将编码某种特定蛋白质的基因，经与适当质粒或病毒载体重组后导入受体（细菌、酵母或动物细胞），使其在受体中高效表达，提取所表达的特定多肽，加佐剂即制成亚单位苗。

基因工程亚单位苗制备程序大致是：

（1）取得目的基因，方法有三：①从供体细胞中分离；②利用反转录酶，以 mRNA 为模板合成 cDNA；③人工合成。

（2）选择合适载体。

（3）目的基因与载体结合（重组），载体质粒与基因分子均用内切酶处理，形成黏性末端，重组后形成重组 DNA。

（4）将重组 DNA 导入受体细胞，如大肠杆菌及酵母等。

（5）在受体菌（细胞）中高效表达。

（6）提取表达产物多肽。

（7）加佐剂，制苗。

（一）利用原核细胞表达保护性抗原制备亚单位苗

原核生物包括单细胞的细菌和蓝藻，其主要特征是没有明显的细胞核，没有核膜；DNA

分子是裸露的，不与蛋白质相结合。

在兽医基因工程亚单位苗中，研究较早的是口蹄疫病毒。口蹄疫毒属小 RNA 的病毒科，它主要结构蛋白有 4 种：VP_1、VP_2、VP_3 和 VP_4。一般认为 VP_1 是激发中和抗体的主要多肽，即主要的保护性抗原，并且与病毒株的变异有关。1981 年德国—瑞士、英国和美国的三个研究小组分别报道了他们独立进行的研究工作。1984 年，美国基因技术公司已开始销售安全、便宜、无需冷藏的口蹄疫新疫苗。

肠毒素性大肠埃希氏菌是引起新生幼畜（仔猪、犊牛和羔羊等）急性腹泻的主要病原菌之一。其致病性决定于它们在宿主小肠上皮细胞上定居的能力和产生肠毒素的能力，两者缺一不可。而定居宿主小肠上皮细胞的能力是由菌体表面菌毛介导的。通常称为定居因子或称黏附素，如 K_{88}、K_{99}、987P、F_{41}、CFA_1、CFA_2 等。它们在分子量、菌毛直径、遗传决定子、血球凝集反应、宿主特异性和受体性质等方面有较大差异。由于黏附素作用，使大肠杆菌附着于宿主小肠上皮细胞上，大量繁殖，分泌肠毒素，引起幼畜腹泻。将编码黏附素的抗原基因导入非致病性大肠杆菌载体中，使之产生大量菌毛，收获并将各类菌毛混合，加佐剂，免疫怀孕母畜，幼畜出生后可从母畜初乳中获得抗黏附素抗体而受到保护。荷兰首先用 K_{88}、K_{99}、F_{41} 和 987P 制备成单价、双价、三价基因工程苗。

鸡传染性法氏囊病毒中分子量为 3.2×10^4 的结构蛋白是主要诱发宿主产生保护性抗体的抗原。这种抗体可在体外中和病毒。目前这段目的基因经反转录酶的作用转化为 cDNA，经 PUR 载体表达为可溶性融合蛋白或用 FEX 载体表达为不溶性融合蛋白而制备成基因工程苗。

南京农业大学 1990 年和 1991 年分别将马立克氏病毒 A 抗原（引起宿主免疫抑制的抗原）和 B 抗原（产生中和抗体的抗原）分别在大肠杆菌中进行表达。A 抗原基因表达的主要过程为：首先根据已知 A 抗原基因序列，设计并人工合成了基因两端带有酶切点的引物，以 A 抗原基因 2 200 bp 亚克隆 DNA 片段为模板，进行体外多聚酶链式反应，将扩增的 DNA 片段分离纯化，用限制性内切酶消化后与 PBS 载体连接克隆，得到完整的 A 抗原基因，A 抗原基因大小为 1 360 bp，编码 452 个氨基酸的蛋白肽，与 PKK 223.3（Tac 启动子）构建表达载体，并在 JM 105 菌株中表达成功。B 抗原基因定位于基因文库中的 K_3 和 I_3DNA 片段中。经限制性内切酶消化提取出 720 bp 的 DNA 片段，含有 B 抗原基因主要部位，在大肠杆菌苗中获得了高效表达。

目前，已在大肠杆菌中克隆并表达的有：犬细小病毒、貂细小病毒、水泡性口炎病毒、狂犬病病毒、伪狂犬病病毒、牛白血病病毒、非洲猪瘟病毒、蓝舌病病毒、新城疫病毒、鸡 A 型流感病毒（血凝素基因）、猫泛白细胞减少症病毒、猪传染性胃肠炎病毒、鸡传染性喉气管炎病毒等的免疫原性蛋白抗原基因等。

但大肠杆菌并非是表达病毒抗原（尤其是膜糖蛋白）最理想的受体，其表达的主要缺点是不能糖基化，而病毒的保护性抗原多为糖蛋白，故不适于用大肠杆菌表达。另外，所表达的蛋白质构型往往也不正常，常会影响蛋白质的抗原性。有时蛋白质产物对受体菌有毒性，有时则会被受体菌的蛋白酶裂解和破坏。目前在克服这些问题方面已取得了显著进展，几种病毒基因已被克隆到大肠杆菌中，并合成了具有抗原性且能激发产生保护性抗体的病毒蛋白，但作为疫苗使用尚有一段距离。

（二）利用真核细胞作为表达载体制备亚单位疫苗

利用真核细胞（酵母菌、动物细胞等）作为表达载体比原核细胞优越。用酵母合成的蛋白可能被糖基化，最终构型更接近于正常构型。研究最多的是乙型肝炎病毒。

哺乳动物细胞用于基因表达，为基因工程苗应用开辟了新的前景。哺乳动物细胞表达的蛋白产物明显优于原核细胞表达产物，如易于合成，有效地分泌到培养液中，加工方式与天然蛋白质相似，能发生折叠，形成二硫键，从而避免细胞溶酶体的降解，能发生糖基化、多聚化、前体加工和修饰等。

把基因引入哺乳动物细胞的方法主要有：①直接转化受体细胞；②通过感染引入基因；③用显微注射法引入基因；④通过构建哺乳动物——大肠杆菌穿梭载体将外源基因引入动物细胞。

DNA 重组技术的发展可能使生物制品的制造和使用发生巨大变革。实际上任何基因都可能被克隆到某些表达载体中，因此，许多人预料未来的疫苗都将以这种方式获得。基因工程亚单位苗可以大量生产，产品性质稳定，便于保存。但是提纯较困难，制苗工艺较繁琐，成本较高，从目前水平来看难以推广应用。基因工程亚单位苗的体液免疫效应决定于表达蛋白与天然蛋白的差异程度，有关激发细胞免疫，以及除 IgG 以外免疫球蛋白的作用尚不清楚。一般基因工程亚单位苗，一个融合蛋白只连接一个有效抗原，且这种重组抗原不一定能正确折叠以保存有效决定簇的空间构象。目前正研究新的 DNA 重组技术来改善亚单位苗的免疫效果和多面性。

综上所述，今后研制和生产基因工程亚单位苗应考虑以下几点：①利用真核细胞高效表达；②产物能分泌和糖基化；③使之能聚合成带有多价保护性抗原决定簇的颗粒性抗原。

三、基因工程活载体苗

基因工程活载体苗是将外源目的基因用重组 DNA 技术克隆到活的载体病毒中制备的一种疫苗，可直接用这种疫苗经多种途径免疫动物，而亚单位苗则用表达产物经提纯后免疫动物。

病毒活载体苗其本质是杂交病毒，它既含有一种病毒复制所需的全部基因，又含有另一种病毒编码免疫原性蛋白质的基因片段。用这种杂交病毒免疫动物既能刺激宿主产生体液免疫，又能刺激宿主产生细胞免疫。目前研究最多的是重组痘病毒，其他作为候选的病毒载体还有乳多空病毒、口疮病毒、禽痘病毒等。虽然疱疹病毒、反转录病毒和腺病毒也可作为载体，但它们的癌基因或/和潜伏感染的可能性妨碍了对它们的应用。

1982 年美国国立卫生研究院（NIH）的 Moss 小组和纽约卫生局的 Paoletti 实验室最先从事把痘苗病毒作为外源基因载体的研究工作。

四、基因缺失苗

基因缺失苗是利用重组 DNA 技术去掉病毒致病基因组中的某一片段，使缺损病毒株难以自发地恢复成强毒株，但并不影响其增殖或复制，且保持其良好的免疫原性，从而制备成免疫原性好且十分安全的基因缺失苗。

某些病毒难以用传统的方法制备成弱毒活疫苗，因为在非正常宿主培养物上传代致弱的同时也部分地丢失了免疫原性，连续致弱传代的次数越多，其返祖现象的可能性越高，因此，有些病毒至今尚无满意的弱毒活疫苗。用重组 DNA 技术，去除强毒株的致病基因片段，使其毒力明显减弱，而其免疫原性不受影响，这种基因缺失的弱毒株有可能被制成优质疫苗。

伪狂犬病病毒疫苗的制备，传统方法是分离野毒株，经一系列体外传代致弱后，制成弱毒活疫苗。但在体外传代过程中常导致某些单一蛋白质丢失，而这些蛋白质往往是病毒的抗原决定簇，也会有其他方面的改变。因此，通过体外连续传代减弱病毒毒力的同时，也降低了病毒的免疫原性。这常常是制备弱毒活疫苗中难以克服的一对矛盾，所以，弱毒株的免疫力通常不如自然感染康复后动物所获得的免疫力。1989 年 S.Lens 报道，应用基因工程技术，去除猪伪狂犬病病毒中决定其毒力的显性胸腺激酶基因（thymidie kinase gene，TKgene），从而病毒完全失去对猪的致病力，但仍然完好地保留其免疫原性。为了能用血清学检测方法区分基因缺失苗和野毒株，他又用基因工程技术去除了基因缺失苗基因中的 Cx 基因，通过血清学方法检测血清中 Gx 基因表达产物，可以区分是接种了基因缺失苗，还是感染了野毒株，从而制备成功较理想的基因缺失苗。基因缺失苗是具有良好前景的疫苗。

五、合成肽苗

利用重组 DNA 技术根据病毒基因组的核苷酸序列，可推导出病毒蛋白质的氨基酸序列，从而可用人工合成方法制备病毒主要抗原相应的寡肽，制备合成肽苗。

蛋白质抗原的特异性取决于其表面有特殊空间构型的抗原决定簇，而不是整个蛋白质序列。某些免疫学家认为，合成肽不可能代替完整的病毒蛋白的天然抗原决定簇，并认为保护性决定簇可能是不连续性的，即决定簇中的一组氨基酸残基在一级结构上是相互分开的，必须通过一定的三级折叠才能聚集在一起，因而，即使合成很长的多肽，如果缺乏抗原分子的其余部分，就不能定向折叠成正确的三级结构，也就没有理想的免疫原性。

但许多研究认为，多数病毒的蛋白质抗原决定簇并不是构象决定簇，而是由相连的5～6个氨基酸残基组成的顺序决定簇，只要附近有几个氨基酸残基（支架氨基酸）的维持下，形成一定的二级盘曲或折叠，就能保证其特异性。因而，只需人工合成由抗原决定簇与其相连的几个氨基酸残基组成的短肽（一般 20 个氨基酸左右），模拟天然蛋白质抗原决定簇的空间构型，将其连接在载体上就能激发与完整病毒（蛋白质）所相应的反应抗体。因此，一般通过分离出与保护力有关的抗原后进行序列分析，用电子计算机预测特异性抗原决定簇，然后合成较短多肽。为了使其具有良好的抗原性，还必须与一种较大的蛋白质相连。合成肽苗的优点对于像传染性支气管炎病毒（IBV）和流感病毒等容易发生抗原漂移的病毒来说，可能更为重要。当出现抗原变异时，可从抗原决定簇氨基酸序列的变化中迅速查明抗原变异原因，针对性合成新疫苗，及时地控制疾病。

六、抗独特型疫苗

1974 年，Jeme 提出了免疫系统内部调节的网络学说后，人们对独特型和抗独特型逐渐有了认识，并发展了这种学说。在此基础上，发展了抗独特型抗体疫苗和诊断制品。

抗体分子上与抗原相互作用的部位称为抗原决定簇或对位，是由 6 个超变化环所组成，重链和轻链上各 3 个。超变化环被编排成数目不等的决定簇名为独特位，在一种免疫球蛋白上的各个独特位共同集合组成独特型。免疫球蛋白既然是蛋白质，自然可能在动物体内诱发产生抗体，即抗独特型抗体。一些文献上将由抗原诱发的抗体命名为 Ab_1，由 Ab_1 诱发的抗独特型抗体命名为 Ab_2，在这些 Ab_2 中有一部分与外来抗原决定簇同样能识别 Ab 上的同一对位，这部分 Ab_2 在构型上模拟抗原，所以称之为抗原的“内影像”。既然抗原可用于制作疫苗和诊断制品，模拟抗原的抗独特型抗体自然也可以用于制作疫苗和诊断制品。已有许多研究工作用抗独特型抗体制作的实验室疫苗，接种动物能抗拒病原的感染，如伪狂犬病病毒、牛疱疹病毒-1、新城疫病毒和弓形虫等。同样，抗独特型抗体已用于血清学检测的特异性捕获 ELISA 中来检测抗体诊断疾病。

抗独特型抗体疫苗目前尚处于实验室阶段，要达到实用阶段尚有很多工作要做。

七、副免疫及其制品

随着许多动物烈性传染病得到控制，越来越多新的疾病不断出现。动物养殖者为了应付这种局面，似乎求助的唯一办法就是免疫预防接种，然而在旧病未去新病又临之时，一只鸡或一头猪短短一生要接种几次甚至更多次的疫苗。尽管出现了各种各样的多价联苗，仍躲不过接种这一事实，不但给生产环节增加额外的负担，也增加了更多的生产费用。此外，许多因条件性微生物所致的呼吸道、消化道、生殖道、乳腺感染和非微生物因素引起的应激反应性疾病，发生没有规律，潜在的经济损失巨大，预防治疗又无从下手，常规特异性免疫又不能解决问题，这促使研究人员不得不重新考虑其他办法。

现代免疫学研究指出，动物体免疫系统是整体协调作用，无论特异性免疫或非特异性免疫、淋巴因子或淋巴细胞、细胞免疫或体液免疫，皆相互依存、相互作用才能产生动物整体抵抗疾病的免疫力，任何偏颇都将导致不良后果。长期以来，由于人们在烈性传染病防治中确实尝到了疫苗接种带来的好处，却忽视了动物体非特异性免疫。随着免疫学研究的不断深入，人们又开始重新考虑以至重视非特异性免疫的作用。

免疫学中把没有特异性作用于特定病原微生物的机体防卫组织、细胞、体液和小分子活性物质所构成的免疫力称为非特异性免疫。然而，在现代免疫学中许多非特异性免疫成分参与了特异性免疫反应，而特异性免疫的效应通常是靠非特异性免疫作用实现的。实验研究表明，特异性免疫可通过提高非特异性免疫而增强。为此，人们一直在努力寻找各种免疫增强剂来提高动物整体免疫力。人们把由免疫增强剂刺激动物体特异性和非特异性免疫后提高的免疫力称为副免疫，而把这类增强剂统称为副免疫制品。这类制品包括脂多糖和多糖及缓释特异性免疫原和增强免疫原的佐剂产品，它们包括油乳剂、脂质体、无机化合物、免疫刺激复合体、缓释微球等。

复习思考题

1. 兽医生物制品有什么作用？有哪些种类？
2. 简述生物制品的命名原则。
3. 结合我国兽医生物制品现状，试述我国兽医生物制品的研究方法和发展方向。

第三章　兽医生物制品生产的基本技术

【知识目标】

● 熟悉

❶ 兽医生物制品菌（毒）种的概念及保存；

❷ 病毒增殖方法；

❸ 实验动物的分类及特点；

❹ 实验动物的概念；

❺ 实验动物的正确选择。

● 理解

❶ 细菌的生长繁殖规律；

❷ 病毒的组织细胞培养。

● 掌握

❶ 细菌培养方法及培养基的制备；

❷ 禽胚培养技术；

❸ 掌握实验动物的捕捉、保定和采血技术。

● 了解

❶ 兽医生物制品菌种、毒种的分类及选育与鉴定；

❷ 细菌生长繁殖的营养要求；

❸ 实验动物的繁育与生产管理。

【能力目标】

● 能进行细菌培养、禽胚培养等操作；

● 能应用动物实验技术。

第一节　菌种与毒种选育技术

一、菌（毒）种的概念与分类

菌（毒）种是国家的重要生物资源，世界各国对这项资源都极为重视，并设置各种专业性保藏机构，现在不少国家的菌种与毒种中心都采用计算机进行管理。我国于 1980 年成立了兽医微生物菌种保藏管理中心，设在中国兽药监察所（简称中监所），专门从事兽医微生物菌种的收集、保藏、管理、交流和供应。

（一）菌（毒）种的概念

兽医生物制品的菌种与毒种是指应用于兽医生物制品生产、检定和研究的细菌菌种、病毒毒种以及分类地位在原虫以下的生物种，主要指兽医生物制品生产、检定用的菌种与毒种。

（二）菌（毒）种的分类

兽医生物制品用的菌（毒）种，按其在兽医生物制品生产、检定过程中的用途可分为四类：

1．生产用的菌（毒）种

（1）直接生产用的菌（毒）种

直接用本微生物或其产物制备疫苗、类毒素、诊断抗原等生物制品，参与制品的加工与处理，如制备新城疫油佐剂灭活疫苗的新城疫病毒，制造破伤风类毒素的破伤风梭菌，生产鸡白痢全血玻板凝集抗原的鸡白痢沙门氏菌等。

（2）免疫用的菌（毒）种

主要用于生产免疫血清和诊断血清，如制备小鹅瘟免疫血清的小鹅瘟病毒，制备炭疽沉淀素的炭疽杆菌。

（3）加工用的菌（毒）种

应用于兽医生物制品的加工过程，如制备沙门氏菌单因子血清时，先用某种沙门氏菌免疫家兔获得的免疫血清为群因子血清，再用与上述菌有类属抗原的沙门氏菌吸收掉血清中的类属抗体便获得单因子血清，后者（吸收菌）就是参与加工的菌种。

2．工具菌（毒）种

在兽医生物制品生产中作为工具使用，如生产痢疾杆菌噬菌体用的痢疾杆菌。

3．检定用的菌（毒）种

用于兽医生物制品某些项目的检验，如疫苗效力检验攻毒用的强毒菌（毒）种，因子血清效价及特异性测定用的菌（毒）种。

4．标准菌株或参考菌株

在研究或其他特殊问题鉴定等方面使用，一般不用于生产兽医生物制品。

二、菌（毒）种的一般要求

菌（毒）种是决定兽医生物制品质量的关键因素之一。制备的疫苗必须安全有效，诊断制剂必须敏感特异，所以必须按照要求进行严格的选择与鉴定，符合标准者才能用于生产兽医生物制品。

1．来源清楚，资料完整

由专门机构保管、分发的兽医生物制品用菌（毒）种，其来源、分离和传代的历史、生物学特性以及免疫学特性、安全与效力检定等资料，有关审批单位的鉴定、结论及审核批示材料均应清楚。任何来历不明或传代历史不清的菌（毒）种，不能用于兽医生物制品的生产。

我国现有用于生产疫苗的菌（毒）种都是由研究单位进行大量研究工作之后选出的。《兽医生物制品制造及检验规程》规定，凡经农业部或者省（自治区）局发给批准文号的产品，生产所需的菌（毒）种，由中监所或中监所委托分管的单位负责供应。除中监所和受委托的分管单位外，生物制品厂和其他任何单位不经批准，不得分发和转发生产用的菌（毒）种。

目前我国兽医生物制品菌（毒）种管理有三种情况：

① 中监所统一保管；

② 各地菌种由中监所统一鉴定，如大肠杆菌；

③ 中监所委托有关单位代管。如委托中国农业科学院哈尔滨兽医研究所管理猪丹毒 GC_{42} 菌苗株、布鲁氏菌羊种 5 号菌苗株等；委托中国农业科学院兰州兽医研究所代管口蹄疫 O 型Ⅱ系疫苗株。

2．生物学特性典型

生物学特性包括菌（毒）种的形态特征、培养特性、生化特性、毒力特性和免疫学特性等，应当符合相应的标准。

兽医生物制品主要是用于免疫预防、免疫治疗和免疫诊断的生物制剂，生产用菌（毒）种的筛选必须以抗原性优良为前提条件。如制造疫苗用的菌（毒）种，必须具有良好的免疫原性，生产诊断抗原的菌（毒）种应当具有很强的反应原性。

3. 血清型相符

在选择菌（毒）种制备兽医生物制品时，需特别注意菌（毒）种的血清型是否与使用地区流行疫病的病原血清型相符，相符者才能保证使用效果。

4. 遗传性状稳定纯一

菌（毒）种是一个相对群体，在保存、传代和使用过程中，受各种因素影响容易发生遗传性状的改变，这种改变主要表现在形态和培养特性、毒力和抗原性等方面，因此要求群体变异幅度必须有严格的限制。如果制备弱毒疫苗的菌（毒）种个体间产生较大的毒力和抗原性差异，那么制品的质量可能会受到严重影响。

为保证菌（毒）种的稳定性与纯一性，应经常对其进行挑选、纯化或克隆化，如羊痘鸡胚化毒种在经过羊体传 2～4 代复壮，纯化后方能用于制备疫苗。

5. 毒力在规定范围内

制备不同的兽医生物制品，所用菌（毒）种在保证良好的抗原性这一前提下，具有不同的毒力要求。制备灭活疫苗可选用强毒株，而制造弱毒疫苗所用的菌（毒）种毒力要尽可能弱些。通过保护力试验检验疫苗、免疫血清的效力，应当用强毒株进行攻毒。

三、菌（毒）种的鉴定

（一）致病力测定

菌（毒）种的致病力（或称毒力）常用易感实验动物、本动物（原宿主动物）、禽胚或细胞进行测定，用半数致死量（LD_{50}）、半数感染量（ID_{50}）、禽胚半数致死量（ELD_{50}）、禽胚半数感染量（EID_{50}）、组织细胞半数感染量（$TCID_{50}$）等来表示。测定致病力时，必须设阳性和阴性对照，否则结果不成立。设阴性对照的目的是阐明所用动物、禽胚或细胞等是否正常健康，设阳性对照的目的是阐明所用动物、禽胚或细胞对接种物的敏感性。具体的测定方法是：将培养物连续递进稀释，将不同的稀释度定量接种一定数量的动物（禽胚或细胞），统计被接种动物在规定时间内的发病或死亡数（细胞病变数），按 Reed-Muench 法、内插法或 Karber 法计算半数剂量，数字越小说明致病力越强。

以测定 LD_{50} 为例：将某病毒培养物进行 10 倍递进稀释后，取几个连续的稀释度分别接种小鼠 5 只，每只接种量为 0.1 ml，统计在规定日期内死亡、生存及其累积数（表 3-1）。以 Reed-Muench 法计算结果，公式为：比距（L）=（高于 50%的死亡率－50%）/（高于 50%的死亡率－低于 50%的死亡率），$\lg LD_{50}$=死亡率高于 50%的稀释度的对数－L×稀释倍数的对数。将数值代入公式：L=（86－50）/（86－33）=0.68，$\lg LD_{50}=\lg 10^{-8}-0.68\times 1=-8.68$。$LD_{50}=10^{-8.68}$，表示该病毒稀释至 $10^{-8.68}$ 时，每只小鼠接种 0.1 ml，能使 50%的小鼠死亡。

表 3-1　某病毒 LD_{50} 的测定

稀释度	结果		累积数			死亡率/%
	生存	死亡	生存	死亡	总数	
10^{-7}	0	5	0	11	11	100
10^{-8}	1	4	1	6	7	86
10^{-9}	3	2	4	2	6	33
10^{-10}	5	0	9	0	9	0

（二）抗原性测定

抗原性包括抗原与抗体发生特异性结合的反应原性和抗原刺激机体产生抗体或致敏淋巴细胞的免疫原性。反应原性测定，一般采用血清学方法，以抗体滴度或效价表示。免疫原性测定，通常采用的方法是将菌（毒）株制成疫苗，免疫动物，经 1～3 周后用致死剂量的强毒攻击，以保护率表示。抗致死量强毒越多，保护率越高者，免疫原性越好。抗原性的测定，也需设阳性和阴性对照，否则无效。

（三）稳定性测定

一般采用培养基或动物、禽胚、细胞对菌（毒）株进行传代培养，观察其生物学特性，测定其致病力和抗原性，以证明其遗传性状的稳定。

四、菌（毒）种的保存

冷冻真空干燥法是目前保存菌（毒）种最好的方法。通过鉴定符合要求的菌（毒）种经增殖后加入保护剂，分装后进行冻干。冻干的细菌菌种 4℃保存；冻干的病毒毒种–20℃以下保存，有条件的放在液氮中（–196℃）保存效果更好。冻干的菌（毒）种在上述温度条件下可保存多年，性状不发生明显改变。冻干的菌（毒）种不应再通过动物传代，以免混入动物内源性病毒。如果经过动物传代，应重新分离、检测和鉴定，合格后方能作种子用。

五、菌（毒）种的选育

（一）强毒菌（毒）种的选育

强毒菌（毒）种广泛用于制备灭活疫苗、诊断制剂、免疫血清等生物制品，也用于生物制品的效力检验以及人工育成弱毒株的原始毒株。在某一个疫病流行地区，在疫病流行初中期，症状及病理变化典型而又未经任何治疗的患病动物体内可分离到毒力强大、抗原性良好的毒株。然后，从各地分离的自然强毒菌（毒）株中筛选出符合标准的毒株，作为生物制品的菌（毒）种。如我国的石门系猪瘟病毒和多杀性巴氏杆菌 $C_{44\text{-}1}$。

强毒菌（毒）种的选育程序见图 3-1。

病料采集→病原分离→纯粹检验（证明不含其他微生物）

↓

鉴定（致病力、抗原性、稳定性）

↓

筛选出毒力强、抗原性好、性状稳定的菌（毒）株→增殖→冻干保存

图 3-1　强毒菌（毒）种的选育程序

（二）弱毒菌（毒）种选育

弱毒菌（毒）种主要用于弱毒疫苗、部分诊断制剂和抗血清的制造，其重要特征是致病力极微弱或无致病力，免疫原性优良。获得弱毒菌（毒）种有以下几种方法。

1．利用病原自然弱毒株

自然弱毒株是由自然强毒株在某些自然因素作用下发生基因突变形成的与祖代性状（特别是致病力和抗原性）不尽相同的生物株。这些自然因素包括异种非易感动物、温度、日光、干燥等。因此，往往有意或无意地从自然界中分离、筛选和育成一些弱毒株，作为兽医生物制品的种毒。例如，新城疫病毒 La Sota 株和 D_{10} 株是从自然鸡群和鸭群中分离得到的，然后再通过克隆、挑选等途径育成。但是，微生物的自发突变率很低，形成具有稳定遗传性状毒株的过程也长，因此获得自然弱毒株的几率不高。

2．选择异源毒株

异源毒株来源于另一种自然宿主，与相关病原有一定的亲缘关系，在分类上同属不同种，但具有共同抗原，对相关病原的自然宿主不致病。如火鸡疱疹病毒 FC_{126} 株分离于火鸡，对鸡无致病性，与鸡马立克氏病病毒有共同抗原，因而可用于制备疫苗预防鸡马立克氏病。

3．人工致弱强毒株

对天然强毒株进行毒力的人工致弱是培育弱毒菌毒种的主要方法，采用的途径主要有物理途径、化学途径和生物学途径，这些途径可以联合使用。

（1）物理途径

高温、干燥、射线等物理因素可导致核酸的突变从而引起遗传性状的改变。早在 1881 年，巴斯德将炭疽强毒菌在 42.5℃高温下长期传代培养，育成了炭疽弱毒菌株。后来，

巴斯德又将含有狂犬病病毒的脑脊髓置于干燥条件中处理，获得了狂犬病病毒弱毒株。日本乙型脑炎病毒强毒株经紫外线照射后能引起基因突变，从而出现遗传性状分离，再进行蚀斑挑选，育成弱毒株用于制造弱毒疫苗。

（2）化学途径

将微生物用化学诱变剂处理，可极大地提高其基因突变率，从而获得弱毒株。如通过亚硝基胍处理支原体已育成了鸡支原体疫苗株和肺炎支原体突变株；将猪副伤寒沙门氏菌强毒株在含有1/500～1/1 000醋酸铊的肉汤培养基中培养传50代后，育成了弱毒株。

（3）生物学途径

通过生物学途径育成的弱毒株生物稳定性极佳，是培育弱毒株的常用途径，但育成过程比较长。具体的方法有：

① 适应钝感动物（非自然宿主）：通常用兔、小鼠、地鼠、豚鼠、鸡、鹌鹑等实验动物进行。其优点是动物来源广，饲养管理方便，成本低，操作便利。接种途径多采取腹腔、静脉或脑内大剂量注射。我国的猪瘟兔化弱毒株，是将猪瘟病毒强毒株通过兔体传400余代后育成的。

② 适应钝感禽胚：强毒株经钝感的鸡胚、鹅胚或鸭胚等连续传代后，毒力可发生减弱。如，鸭瘟鸡胚化弱毒株，是将鸭瘟病毒强毒株经鸭胚传9代和鸡胚传23代后育成的。

③ 适应细胞：多采用同源或异源动物组织的原代细胞。如，日本的猪瘟 GPE 弱毒株是将猪瘟 ALD 强毒株通过猪睾丸细胞 142 代和牛睾丸细胞 36 代传代后，再经豚鼠肾细胞传 41 代后育成的；我国的马传染性贫血病驴白细胞弱毒株，是将马传染性贫血病驴白细胞强毒株通过驴白细胞传代育成的。

④ 杂交减毒：是让两种遗传性状不同的毒株在传代培育中进行自然杂交，以导致突变育成有使用价值的弱毒株。如，流行性感冒弱毒株的育成是将温度敏感株（毒力弱，抗原性弱）与流行株（毒力强，抗原性强）进行混合培养传代，两者毒力基因发生交换产生毒力低、抗原性强的毒株。

（4）基因工程途径

采用基因工程途径构建性状稳定的弱毒株制备基因缺失疫苗是疫苗研制的新途径之一。将强毒株的致病基因切除获得弱毒或无毒株，但保留免疫原性和感染能力，用此变异株制成的活疫苗安全性好，不易返祖。如伪狂犬病病毒，去除决定其致病力的TK基因获得伪狂犬病病毒 TK 突变株，用该突变株制成的疫苗是第一个商品化的基因缺失疫苗，预防伪狂犬病效果十分理想。

由于微生物变异的方向难以预测，所以只能在培育过程中对各个表现遗传性状的群体按照需要进行选择，以求筛选出目的变异株。这种选择首先从外表观察、检测开始，然后再作系统的检测筛选。变异株初选依据包括：

① 细菌菌落特征的变异，如菌落大小、形状、色泽、粗糙或光滑、荧光等；

② 病毒蚀斑的变异，如蚀斑的有无、大小、形状等；

③ 对温度敏感性变异；

④ 对药物敏感性变异；

⑤ 对营养要求变异，如对氨基酸的特殊需要；

⑥ 对宿主动物易感性变异。

弱毒菌（毒）种的选育程序见图 3-2。

自然弱毒株分离（同源株、异源株）

↓

强毒株人工致弱 → 初选 → 鉴定（致病力、抗原性、稳定性）

↓

筛选出毒力弱、抗原性好、性状稳定的菌（毒）株 → 增殖 → 冻干保存

图 3-2　弱毒菌（毒）种的选育程序

我国经长期研究，育成了一些弱毒株（表 3-2），作为疫苗种毒生产疫苗，在控制和消灭动物疫病中发挥了重要的作用。

表 3-2　我国一些弱毒株的育成线路与方法

弱毒株	致弱线路与方法
猪丹毒弱毒菌株（GC_{42}）	强毒株→豚鼠 370 代→鸡 42 代
猪丹毒弱毒菌株（G_4T_{10}）	强毒株→豚鼠 370 代→含 0.01%～0.04%吖啶黄血液琼脂培养基 10 代
猪肺疫弱毒菌株（EO_{630}）	强毒株→含海鸥牌洗衣粉培养基 630 代
口服猪肺疫弱毒菌株（679-230）	强毒株（C44-1）→在血液琼脂培养基上逐渐提高温度至 42℃连续传 39 代→恒温培养传 230 代
羊链球菌弱毒菌株（F_{60}）	强毒株→鸡 10 代→培养基 42～44℃传 10 代→鸽 10 代→培养基 42～44℃传 10 代→鸡 10 代→培养基 42～44℃传 10 代→鸽 10 代
马流产弱毒菌株（C_{39}）	强毒株→雏鸡 39 代
禽霍乱弱毒菌株（$G_{190}E_{40}$）	强毒株→豚鼠 190 代→鸡胚 40 代
布氏杆菌羊 5 号弱毒菌株	布氏羊型强毒株→鸡胚传代
牛肺疫兔化弱毒株	牛肺疫强毒株→兔传代
羊痘弱毒株	强毒株→鸡胚传代
鸡痘弱毒株	强毒株→鹌鹑传代
日本乙型脑炎弱毒株（53）	强毒株→地鼠肾细胞传代→鸡胚细胞传代

第二节　细菌培养技术

一、细菌的生长条件与繁殖规律

（一）细菌的生长条件

细菌进行生长繁殖需要合适的条件，这些条件包括营养、温度、酸碱度（pH）、渗透压和气体等。

1．营养

细菌生长所需要的最基本的营养物质是水、无机盐、碳源和氮源。某些细菌对营养的要求比较高，需要添加生长因子方能正常生长。

（1）水

是细菌的重要组成成分，占菌细胞重量的 70%～90%。细菌进行正常的生命活动，必须有水的参与。水是良好的溶媒，营养物质只有在水溶液中才能被细菌吸收，代谢产物的排出也必须依靠水性环境。水参与菌体内一系列化学反应，帮助维持蛋白质、核酸等生物大分子的天然构象。水的比热高，导热性良好，能有效地调节菌细胞内的温度。

（2）无机盐

是细菌生长必不可少的一类营养物质，提供细菌生长所需的常量元素和微量元素。无机盐具有重要的生理功能，它们参与菌体物质的组成，维持原生质体的胶体状态和渗透压，调节酸碱度，控制氧化还原电位，有些元素是酶的激活剂或活性基团的组分。细菌生长所需要的无机盐一般有磷酸盐、碳酸盐、硫酸盐、氯化物以及钠、钾、钙、镁、铁等金属元素的化合物。

（3）碳源

不仅可用于合成菌体的含碳物质，还能为细菌生长提供大量能源。自养菌能利用 CO_2、碳酸盐等无机碳源，而异养菌则以糖类、醇类、有机酸类等有机物作为碳源。一般来说，糖类是多数异养菌最理想的碳源，其中单糖优于多糖，己糖优于戊糖，尤其是葡萄糖能被多数细菌利用，于培养基中加入适量的葡萄糖能促进细菌的物质代谢，具有增加菌数的作用。

（4）氮源

主要用来合成菌体的含氮物质，一般不作为能源使用。能被细菌利用的氮源包括蛋白质及其不同程度的降解产物（胨、肽、氨基酸等）、铵盐、硝酸盐、尿素等。合成能力强的细菌既能利用有机氮源，也能利用无机氮源，合成能力弱的细菌仅能利用有机氮源。多数病原菌只有供给有机含氮源才能生长。实践中常用的氮源物质有蛋白胨、牛肉浸膏、酵母浸膏等。

（5）生长因子

是某些细菌生长所必需的而且需要量很少，但细菌自身不能合成或合成量不足以满足需要的有机化合物。细菌需要的生长因子有维生素、氨基酸、嘌呤及嘧啶三大类，主要作为酶的辅酶或辅基和合成菌体的某些组分。人工添加血液、血清、肝浸液、腹水、马铃薯汁和酵母浸出液等能供给细菌所需的生长因子。

2．温度

任何细菌都有其可生长的温度范围和最适温度，在最适温度下，细菌生长最快。高温对细菌具有致死作用；低温会使细菌的生命活动受到抑制，但条件适宜又会复苏。病原菌能够生长的温度范围是 10～45℃，最适生长温度多为 37℃，少数为 22～28℃。

3．pH

pH 对细菌的生长影响很大。虽然大多数细菌在 pH 6～8 之间可以生长，但多数病原菌生长的最适 pH 为 7.2～7.6，霉菌生长的最适 pH 为 5～6。细菌生长过程中，由于代谢产物的堆积会引起 pH 的改变，从而妨碍细菌的生长，所以往往需要在培养基中加入一定量的缓冲剂进行调节。

4．渗透压

细菌进行生长繁殖，需要适宜的渗透压。多数病原菌只能在等渗环境下生长繁殖，在低渗溶液中，细菌会吸水膨胀，引起菌体破裂，在高渗溶液中会发生质壁分离现象而死亡。由于细菌的细胞壁比较坚韧，所以对渗透压有一定的适应能力，少数细菌能够耐受高渗环境，如金黄色葡萄球菌。

5．气体

与细菌生长繁殖有关的气体主要是 CO_2 和 O_2。根据细菌对 O_2 的需求，可将其分为 4 种类型。

（1）专性需氧菌

在有氧的环境中才能生长繁殖，如结核杆菌。

（2）微需氧菌

如牛型布氏杆菌，生长需要少量的 O_2，一般为 2%～10%。

（3）兼性厌氧菌

在有氧或无氧的条件下都能生长繁殖，多数细菌都属这一类型，如大肠杆菌。

（4）专性厌氧菌

必须在无氧环境中才能生长，如破伤风梭菌。有些细菌生长时需要一定浓度的 CO_2，如布氏杆菌在初分离时，要在含 5%～10% CO_2 的环境中才能生长。

因此，在培养细菌时，应根据细菌的特点给予合适的气体环境。

（二）细菌的繁殖规律

细菌在适宜的环境中以二分裂法繁殖。将少量细菌接种到新鲜液体培养基中进行培养，在不补充营养物质或移去培养物，保持整个培养液体积不变的条件下，以时间为横坐标，以菌数对数为纵坐标，根据不同培养时间里菌数的变化，可以作出一条反映细菌在整个培养时间内菌数变化规律的曲线，称为生长曲线。一条典型的生长曲线可以分为四个时期（图 3-3）。

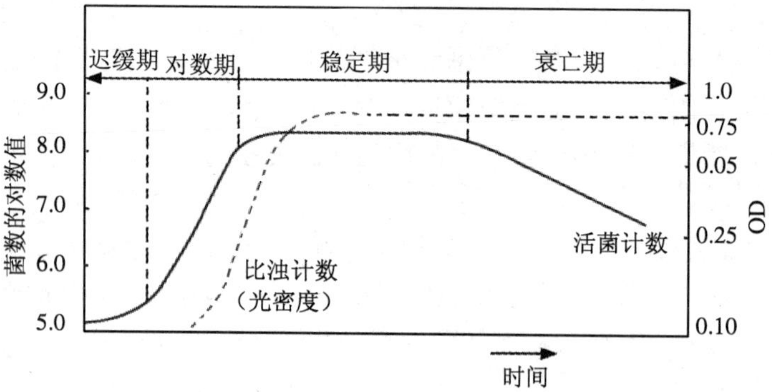

图 3-3　细菌生长曲线

1. 迟缓期

细菌接种到新鲜培养基而处于一个新的生长环境，需要一段时间进行适应。此时，细菌的数量基本不变，但菌体缓慢长大，为分裂繁殖做准备。在工业发酵中，迟缓期会延长生产周期而产生不利的影响。

2. 对数期

在这一阶段，细菌数量以 2^n 递增（n 为分裂次数），繁殖的速度取决于细菌的世代时间，多数细菌繁殖一代需要 20～30 min，有的长达 10 余小时。

对数期的细菌代谢活性高而稳定，大小比较一致，生活力强，因而广泛地在生产上用作种子，以缩短生产周期。

3. 稳定期

随着营养物质的消耗、代谢产物积累和 pH 等环境变化，细菌生长速度逐渐缓慢，新增加的细菌数与死亡细菌数大致相等，活菌数相对恒定。

在这一阶段，细菌的芽孢和外毒素等开始产生。如果及时采取措施，改善培养条件，如补充营养物，对需氧菌进行通气、搅拌或振荡等，可以延长稳定期，获得更多的菌体物质或代谢产物。

4. 衰退期

贫瘠的生长环境已无法满足细菌的生长需求，细菌死亡率逐渐增加，活菌数显著下降。

掌握细菌的生长规律，可以在人工培养细菌时，不断优化培养条件，从而提高细菌或其产物的产量和质量。

二、细菌培养的基本技术

细菌培养是让细菌在动物体外的人工培养基和人工控制的环境中进行生长的过程，是制造细菌性生物制品的中心环节，是检验制品纯粹与否或灭活是否完全的主要手段。

（一）细菌的分离培养

1. 一般分离方法

（1）平板划线分离法

是分离细菌最常用的方法，可以采用不同的培养基制备平板，用接种环沾取细菌在平板表面进行划线。划线的方法有多种（图 3-4），目的是为了将细菌作适当稀释，获得单个菌落，以便于根据菌落特性进行鉴别和挑选单个菌落进行纯培养，制备规模化生产所需要的种子。

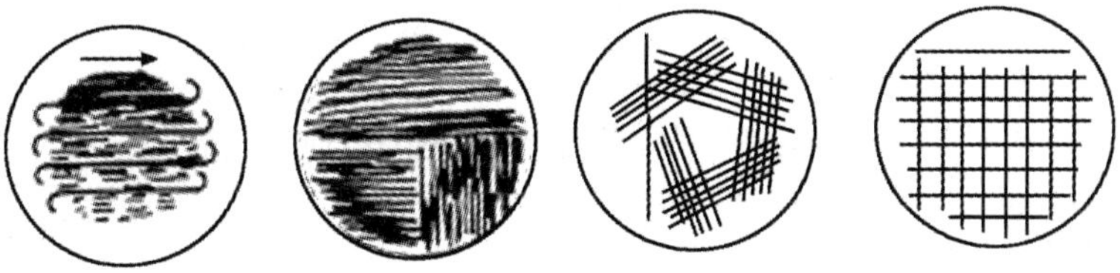

图 3-4 琼脂平板上的划线方法

（2）倾注平板培养法

适用于深层条件下生长良好的细菌的分离培养。先将营养琼脂加热融解，冷却至 45～50℃，取 12～15 ml 加入适度稀释的菌液 1 ml，混匀后倾入灭菌平皿制成平板，适温培养一定时间后，挑取典型菌落进行纯培养。

为了能从污染样品中分离到所需要的细菌，有时需要对样品进行预处理，如分离培养芽孢菌，可先将样品 80℃处理 15～20 min，杀灭非芽孢菌，再在 37℃增菌培养后用平板分离。有时也可将样品接种易感动物，再从发病死亡动物体内分离目的菌。

2. 厌氧菌的分离培养

厌氧菌在无氧的环境中才能生长，因此必须营造无氧条件来培养厌氧菌。厌氧菌的培养可采用生物学、化学和物理学方法，实际中常结合使用。

（1）厌气肉肝汤法

在培养液中加入动物组织块，再加入小块石蜡，灭菌后冷却至室温，然后进行接种并培养。本法是利用组织的呼吸作用或组织中的可氧化物质来消耗培养液中的氧气，同时石蜡固封液面可隔绝空气中的氧气。

（2）保险粉法

主要是利用连二亚硫酸钠和碳酸钠吸收空气中的氧气，其化学反应式为：$Na_2S_2O_4+Na_2CO_3+O_2 \rightarrow Na_2SO_4+Na_2SO_3+CO_2\uparrow$。将划线平板放入密闭容器中，平板上层放连二亚硫酸钠和碳酸钠，每 1 000 cm^3 空间的用量为 30 g，最后将容器置于温箱中进行培养。

（3）焦性没食子酸法

在碱性溶液中，淡棕色的焦性没食子酸能吸收大量氧气，变为深棕色的焦性没食子橙。每 100 cm^3 空间用焦性没食子酸 1 g 及 10%氢氧化钠或氢氧化钾溶液 10 ml。将划线平板放入密闭容器的上层，下层放入焦性没食子酸和碱液，37℃培养。

（4）硫乙醇酸钠法

此法是将还原剂硫乙醇酸钠加入培养基中，去除其中的氧，促使厌氧菌生长。培养基中加美蓝作为指示剂，在无氧条件下，美蓝被还原成无色。

（5）高层琼脂法

加热融化高层琼脂，冷至 45℃左右接种厌氧菌，迅速混合均匀，冷凝后 37℃培养，细菌在近底部生长。

3．需 CO_2 细菌的分离培养

通常用 CO_2 培养箱进行培养，可按需要调节箱内 CO_2 浓度。

（二）细菌的规模化培养

细菌的规模化培养又称细菌的工业发酵。在微生物工业中，发酵术语指的是任何大规模过程。为了获取最大产量的细菌培养物，除了提供合适的生长条件外，种子接种量、培养时间和培养方法也非常重要。

1．种子接种量

冻干保存的菌种不能直接接种到培养基中进行工业发酵，应首先进行复苏，制备成种子。种子接种量对细菌产量有直接影响。接种量过少，细菌生长缓慢，影响活菌数，有时甚至无菌生长；接种量过多，会将过多的代谢物带入新培养基内，抑制细菌生长。种子接种量通常为培养基体积的1%～2%。

2．培养时间

细菌培养中生命力最强的最高活菌数与细菌本身的生长规律、培养条件和培养时间有关。最佳的培养时间可通过预培养测定细菌的生长曲线后确定，一般在对数后期至稳定前期活菌数量最高，生命力最强，宜于收获。若收获过早，活菌数少而幼嫩；反之，细菌老化，死菌及代谢产物增多。

3．培养方法

应当根据生物制品的性质和要求及细菌的生长特性选择合适的培养方法。目前规模化培养方法有以下几种。

（1）固体表面培养法

将细菌种子液均匀地接种于大扁瓶（大型克氏瓶）平板表面，平放于温室静置培养，待培养结束后倾去凝集水，收集菌苔制成细菌悬液，用于制备诊断抗原或菌苗，如炭疽芽孢苗、布氏杆菌抗原等。此法可根据需要调节细菌浓度，但产量受限制，且劳动强度大。

（2）液体静置培养法

适于一般细菌性疫苗的生产。培养容器可用发酵罐，按容器的深度，装入 1/2～2/3 体积的培养液，经高压蒸汽灭菌后，冷至室温接入种子，在适宜温度下静置培养。培养厌氧菌时，装入培养基的量约为容器体积的 70%，有时需要加入肝组织，以促进细菌生长。此法比较简便，但细菌产量不高。

（3）液体深层通气培养法

可加速细菌的生长繁殖，提高细菌产量和生产效率，是目前菌苗生产的主要方法。细菌培养在生物反应器中进行，该设备能自动控制通气量、自动磁力搅拌、自动监测和记录 pH 或溶解氧浓度、自动消泡。除细菌培养外，培养基与氢氧化铝佐剂消毒、细菌灭活、加佐剂配苗等相关流程均可在其中完成。此法可以密闭操作，减少了污染的可能。

深层通气培养时应注意以下几点：

① 补充营养物质：根据不同细菌的营养要求，在培养过程中要适量补充营养物质。如添加葡萄糖以补充碳源，加蛋白胨或必需氨基酸以补充氮源等。

② 控制通气供氧量：空气中的氧分子是以溶氧状态被细菌利用的，所以供氧量多少与通气量、通气方式、搅拌装置和搅拌速度、液体温度以及反应缸内有无挡板等因素有关。通气量过大，不能增加溶氧量，反而会增加消泡剂的用量，影响细菌的生长或产生毒素。同时，不同细菌在不同发育阶段的需氧量也不尽相同。因此，必须预先测定，掌握规律，以获得最佳通气量。

③ 调节培养基 pH：深层通气培养中 pH 变化迅速，应进行调节控制，使培养基保持最适 pH。一般在细菌处于对数期时 pH 下降，以后随通气量加大，pH 上升。因此除控制通气量外，常可加葡萄糖使 pH 下降。此外，也可用碱液修正使 pH 维持稳定。

④ 调节培养温度：大罐培养通入的气体对培养温度没有明显影响，但是培养罐夹层直接用蒸汽加热往往不稳定，最好用自控调节的温水循环控制温度，使培养温度变化范围不超过 1℃。

⑤ 防止污染：在培养过程中，应当注意避免污染的发生。发酵罐的罐体应当密封良

好，易于灭菌；通入培养基的气体必须过滤除菌；发酵罐的排气管口也应有消毒设备，以免污染环境。

（4）透析培养法

是指培养物与培养基之间隔一层半透膜的培养方法。采用的培养装置为发酵透析器，该装置把培养基与培养物分开为各自的循环系统，中间通过透析器交换营养物。其优点是：培养基和培养液可独立控制；可以搅拌和通气；可使用任何类型的透析膜片或滤膜；液体在透析器中的流向和流速可以随意控制；可以将每个部分按比例缩小或放大。通过透析培养可获得高浓度的纯菌和高效价的毒素，极有利于制造高效力的生物制品。

（5）连续培养法

是指在细菌培养过程中，不断供给新的营养，同时部分移出培养物，延长细菌对数期的一种方法。连续培养装置（图 3-5）由无菌培养基贮存罐、培养罐和菌液收集罐三部分组成。在培养罐中装入一定量培养基后，接入种子，培养过程中不断滴入新鲜培养基。当培养罐菌液超过一定水平时，便逐渐溢出并流入菌液收集罐。控制培养基滴入速度和容量，便可控制培养液的流出量，保持菌液的浓度，达到提高质量的目的。连续培养法的优点是保持培养液 pH 值、底物浓度、溶解氧浓度及代谢产物浓度基本恒定，适于大量生产，生产率比深层培养高数倍，在恒态下增殖的菌体比较均一，幼龄，活力强，菌苗质量更有保证。

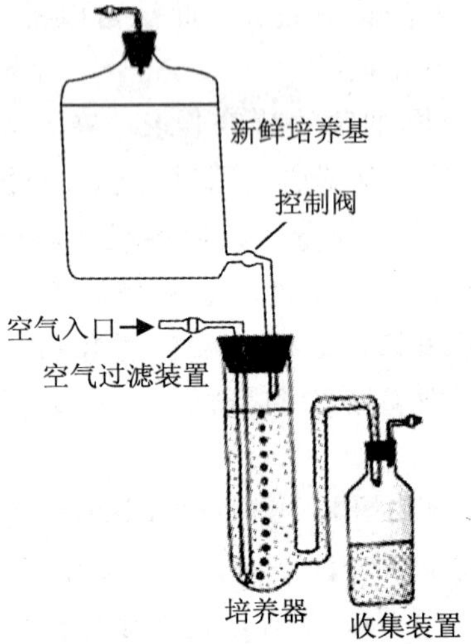

图 3-5　连续培养装置

（三）细菌计数技术

细菌性疫苗或抗原生产中，培养物含菌数是制品质量的重要指标之一。活菌苗所含的活菌数又是确定使用剂量的依据，制备灭活菌苗或诊断抗原时，菌液浓度是配苗或标化的重要参考依据。在制品质量检验中也需要作细菌计数。

1．显微镜直接计数法

此法是利用血细胞计数板在显微镜下直接计数。计数板计数室面积为 1 mm^2，高 0.1 mm，在 1 mm^2 的面积里又被划分成 25 个（或 16 个）中格，每个中格进一步划分成 16 个（或 25 个）小格。炭疽芽孢苗的总芽孢数是用此法计算的，具体操作是将稀释的样品滴在计数板上，盖上盖玻片，用显微镜油镜计数 5 个中格内的芽孢数，再按下面公式推算出每毫升原液所含芽孢数。

每毫升原液所含芽孢数=每中格平均芽孢数×25×10 000×稀释倍数

2．比浊计数法

比浊计数法是计数细菌悬液中总菌数的常用方法，原理是菌液中含菌数与菌液浑浊度成正比，即与光密度成正比。具体的方法有比浊管比浊法和分光光度计法。

（1）比浊管比浊法

目前有商品化标准比浊管供应，每个比浊管的浊度指示一定的菌数。计数方法是，先将待检菌液作适当稀释，放入与标准比浊管规格一致的试管中，然后与标准比浊管进行比较，若稀释菌液的浊度与某一标准比浊管的浊度基本相同，即按该标准比浊管指示的菌数得出待检菌液中的细菌数。

（2）分光光度计法

此法借助于分光光度计，在一定波长下，测定菌液的光密度，以光密度（即 OD 值）表示菌量。测量时一定要控制在菌浓度与光密度成正比的线性范围内，否则不准确。

3．活菌计数法

在生物制品生产中，常用的活菌计数法有倾注平板培养法、平板表面散布法和微量点板计数法。计数时，首先需要将待测样品精确地作一系列稀释（通常 10 倍递进稀释），然后吸取不同稀释度的样品接种于合适的平板进行培养，用菌落形成单位（CFU）表示计数结果。计算公式为：每毫升待测样中的活菌数=同一稀释度三个以上重复平板菌落平均数×稀释倍数。

（1）倾注平板培养法

分别取不同稀释度的样品 1 ml 加入灭菌平皿中，然后取 45～50℃的灭菌营养琼脂分别倾入平皿，立即混匀，平放使其凝固成平板，37℃培养一定时间，统计平板上长出的菌落数，计算每毫升样品中的活菌数（图 3-6）。

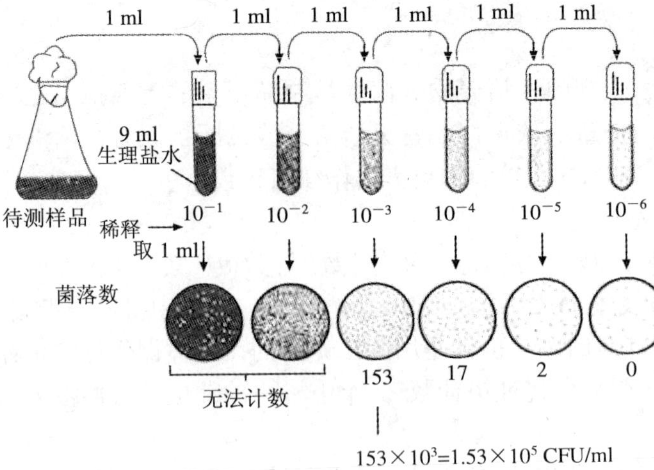

图 3-6　倾注平板培养法计数的一般步骤

（2）平板表面散布法

按常规方法制作平板，晾干凝集水后，分别取不同稀释度的菌液 0.1 ml 均匀涂布在平板表面，37℃烘干 20 min 左右，然后倒置培养，统计平板上长出的菌落数，乘以稀释倍数，再乘以 10，即为每毫升样品中所含的活菌数。

（3）微量点板计数法

取各个稀释度的样品 0.02 ml 分别点在晾干的平板表面，使其自然扩散，37℃烘干 20 min 后倒置培养，统计平板上长出的菌落数，乘以稀释倍数，再乘以 50，即得计数结果。本法一块平板可接种 8 个样品，大大节省了培养基。

三、培养基

培养基是按照微生物的生长需求人工配制的营养物质，广泛应用于生物制品的生产中。

（一）培养基的分类

培养基种类繁多，根据其原料、物理性状和用途可分为多种类型。

1．按原料来源分类

（1）天然培养基

用天然有机营养物，如蛋白胨、牛肉浸膏、酵母浸膏、血液等配制而成，其含有的化学成分不清楚或不恒定。这类培养基原料来源方便，成本较低，适用于生物制品的生产。

（2）合成培养基

成分明确，用化学物质和生物试剂混合制成。这类培养基目前已实现了商品化，使用方便，但成本较高。

2．按物理性状分类

（1）液体培养基

未加任何凝固剂，在生物制品中应用十分广泛，是细菌的规模化培养的常用培养基。

（2）半固体培养基

在液体培养基中加入 0.3%～0.5%琼脂制成，常用在细菌的运动性观察、鉴定和保种等方面。

（3）固体培养基

于液体培养基中加入 1.5%～2%琼脂或 10%～15%明胶制成，前者最为常见，可用于细菌分离培养、鉴定、生物制品生产等；后者多用于细菌生化特性鉴定。

3．按用途分类

（1）基础培养基

可作为其他培养基的基础液，大多数细菌都能在其中生长，在生物制品上应用很广。牛肉膏蛋白胨培养基是最常用的基础培养基。

（2）营养培养基

又称加富培养基，是在基础培养基中加入某些特殊营养物质，如血液、血清、酵母浸膏、动植物组织等制成的，供一些营养要求比较苛刻的细菌的生长。

（3）选择培养基

只供某些细菌生长，抑制另一些细菌生长的培养基，多在基础培养基中加入某种抑菌化学物质制成。

（4）鉴别培养基

通常在基础培养基中加入某种作用底物和指示剂制成，用于鉴别不同细菌。如 H_2S 试验培养基，加有底物含硫氨基酸，指示剂为醋酸铅，能够区分大肠杆菌和沙门氏菌。

（5）增菌培养基

具有抑制杂菌，促进本菌生长的作用，如从污染的样品中分离沙门氏菌所用的四磺酸钠增菌培养液。

（6）厌氧培养基

用于厌氧菌的分离培养。

（二）培养基的原料

生产兽医生物制品所用培养基的主要原料有水、肉浸液、蛋白胨、琼脂、明胶、酵母浸汁和化学试剂等。

1．水

制造培养基一般使用去离子水或蒸馏水，有时大量生产培养基时也用常水（井水、自来水或河水）。常水中含有较多的无机盐，使用前需要进行一定的处理，井水和河水需先煮沸、冷却澄清过滤后再用，自来水需先测定残余氯含量。去离子水是用离子交换树脂处理，去除了阴、阳离子的较为纯净的水，适于大量生产培养基使用。

2．肉浸汁

是生产培养基的基础原料。制备肉浸汁多用牛肉，应选用新鲜的健康牛肉。牛肉去除脂肪及筋腱后绞碎，10℃以下加水浸泡过夜，加热煮沸 30～60 min，冷却过滤得到的淡黄色透明液体即为肉浸汁。肉浸汁含有丰富的营养成分，能提供细菌生长所需的碳源、氮源、无机盐和生长因子。牛肉浸膏是肉浸汁除水浓缩后的产物，其营养价值不及肉浸汁，但使用方便。

生产兽医生物制品的培养基还常用肝浸液与胃消化汤。制备肝浸液可用猪肝、牛肝或羊肝；制备胃消化汤用猪胃。原料应新鲜，无异味，无病变，有弹性。

3．蛋白胨

蛋白胨是动植物蛋白质经胃蛋白酶、胰蛋白酶或木瓜蛋白酶等水解后的产物，为淡黄色或棕黄色粉末，易溶于水，主要为细菌生长提供氮源和碳源。蛋白胨通常与牛肉浸汁混合使用。

4．琼脂

琼脂是从石花菜等海藻中提取的复杂多糖，为半乳糖胶，在 96℃可溶于水，45℃凝固。琼脂不能被细菌分解，无毒性，高温灭菌不被破坏，透明度好、黏附性强，配制方便且价格低廉，是制备固体培养基最理想的凝固剂。

5．明胶

明胶是一种蛋白质，由动物胶原组织加工处理制成，由于缺乏必需氨基酸，其营养价值不高。明胶在 26～30℃可溶于水，20℃以下凝固呈半透明状固体，由于某些细菌能分解明胶，故多用于制备鉴别培养基。

6．酵母浸汁

酵母浸汁可补充维生素、有机氮源和生长因子，是促进细菌生长的重要原料。市售酵母浸汁为棕黄色黏稠膏状，溶于水；另有粉状制剂，为棕黄色。

7．化学试剂

化学试剂的标准应该在化学纯以上。

（三）培养基的制备程序

虽然培养基种类很多，但制备方法却基本一致。

1．调配

按照配方准确称取各种成分放于玻璃、搪瓷、铝或不锈钢容器中，但不可用铜或铁制容器，以免金属离子进入培养基，而影响细菌的生长。大量原料可用台秤称取，小量可用天平称取，有的原料需要量少，不便称取，可先配成高浓度溶液，然后按比例加入培养基中。

原料称好备齐后，加少量水浸透，补足水量，使原料溶解。也可用热水或加热进行溶解，并随时搅拌，防止外溢。待完全溶解后再补足水量。

2．酸碱度（pH）调整

培养基的pH可用pH试纸、pH比色计或酸度计测定。用pH试纸测定酸碱度较粗略，如果所培养的微生物对pH的要求比较严格，就需要用较精密的pH测定仪器进行测定和调整。由酸调碱，可用氢氧化钠溶液或碳酸钠溶液；由碱调酸，可用盐酸或磷酸溶液。为防止因反复调整pH而影响培养基的容量，应先取少量培养基，用低浓度的碱液或酸液进行调整，然后按比例调整其余培养基。培养基灭菌后其pH值降低0.1～0.2，故调整时应比实际需要的pH值高0.1～0.2。

固体培养基pH的调整，应使培养基的温度保持在60℃以上，温度低时琼脂黏稠甚至凝固，使调整工作无法进行。琼脂亦可在pH调整后加入，然后加热使其融化。

3．过滤与澄清

培养基配成后一般都有沉渣或混浊，不便于观察微生物培养特征和生长情况，需过滤澄清使其清晰透明才可使用。常用的过滤澄清方法如下。

（1）过滤

培养基可用纱布、脱脂棉或滤纸进行过滤。用4～5层纱布过滤，可去除粗的沉渣，然后再用棉花或滤纸进行过滤。用脱脂棉过滤时，可将脱脂棉夹在两层纱布中间。液体培养基亦可用滤纸直接过滤。为提高过滤效果，可将滤纸在水中弄碎，使其成为滤纸浆，再在布氏（平底）漏斗上铺成滤纸版，然后用负压抽滤。滤纸浆用后洗净还可继续使用。

（2）澄清

培养基混浊是因为其中含有很多胶体混悬物，这些混悬物在高温下可聚集沉淀。利用这个特性，将制好的培养基置于高压锅内，110℃加热30 min，放置数小时，琼脂培养基最好过夜，使培养基自行澄清。液体培养基可用胶管将上清液取出，琼脂培养基从容器倾出，用刀将底部沉渣切除，即得到透明的培养基。

此外，为去除培养基中的混浊物，还可用鸡蛋白进行澄清。每1 000 ml培养基用一个鸡蛋白。先将蛋白用水稀释，搅拌，加入培养基中，加热煮沸30 min，使混悬物吸附于凝固蛋白上而一起沉淀，然后吸出上清液或过滤去除混浊物。

4. 灭菌

培养基分装、包扎完后应进行灭菌，除特殊情况外，一般培养基均用高压蒸汽灭菌。一般试管或三角烧瓶装少量培养基，可用 121℃、15～20 min 进行灭菌处理。大容量的固体培养基因传热较慢，灭菌的时间应适当延长。灭菌时，应排净灭菌器内的冷空气，达到预定温度（或压力）时开始计时。

有些培养基如糖发酵培养基、牛乳培养基、氨基酸营养液等因不宜高压灭菌，而用流通蒸汽进行灭菌。流通蒸汽灭菌的温度通常不超过 100℃，对一般细菌繁殖体经 15～30 min 即可杀死，而对细菌芽孢常不能全部杀死，所以实践上常用间歇灭菌法进行灭菌，即第一次流通蒸汽灭菌后，经一昼夜进行第二次流通蒸汽灭菌，再经一昼夜进行第三次流通蒸汽灭菌，以达到既能灭菌，又不影响培养基质量的目的。某些极不耐热的成分，如血清等，可经滤过除菌后再加入到灭菌的培养基中。

培养基制好后，在使用前应做无菌检验。一般是将培养基置于 37℃保温 24～48 h，证明无菌后方可应用。灭菌过的培养基最好及时用完，若不能用完可放入 4～8℃冰箱保存，不宜保存过久，以免营养价值降低，影响使用效果。

第三节　病毒增殖技术

一、病毒的复制周期

病毒是专性细胞内寄生物，自身无完整的酶系统，不能进行独立的物质代谢，必须依赖宿主细胞提供能量、原料和场所才能进行增殖，其增殖方式为核酸复制。

（一）病毒增殖过程

病毒的增殖过程包括吸附、侵入、脱壳、生物合成、装配和释放六个阶段。

1. 吸附

病毒感染细胞，首先得吸附于细胞表面。这一过程的第一步是静电吸引，这种吸引是非特异的、可逆的。阳离子（如钙、镁）能降低病毒和细胞表面的负电荷，促进吸引作用。第二步是病毒与细胞表面受体进行结合，这种结合是特异的、不可逆的。不同的病毒需要的受体各异，只有在易感细胞表面才存在与病毒相匹配的受体。细胞上的受体数目估计可达 10^4～10^5 个。病毒吸附于细胞的过程从数分钟到数十分钟不等，并与温度有关，一般 37℃时吸附最好，4℃吸附较慢。

2. 侵入

侵入又称病毒内化，是一个依赖于能量的感染步骤。病毒侵入宿主细胞的方式有多种，有囊膜病毒可通过胞饮作用、囊膜与细胞膜的融合作用进入细胞；无包膜病毒则直接侵入细胞或经胞饮作用进入细胞。

3. 脱壳

对多数病毒来讲，脱壳与侵入是同时进行的。有包膜病毒的脱壳过程包括脱囊膜和脱衣壳，无包膜病毒仅有脱衣壳过程。病毒脱壳后，释放出裸露的核酸，这是病毒基因组进行功能表达所必需的。

4. 生物合成

病毒核酸在细胞内进行自身复制和指导蛋白质的合成。在此期间，细胞内检测不到完整的病毒粒子。病毒脱壳后至子代病毒出现这段时期称为隐蔽期。

生物合成主要为 mRNA 的转录、病毒多肽的翻译和基因组的复制。不同的病毒，其核酸转录和复制的方式不同。

5. 装配

在感染细胞内，新合成的病毒结构组分以一定的方式结合，组装成完整的病毒颗粒，称为病毒的装配。不同的病毒，装配部位不同，多数 DNA 病毒在细胞核内装配，而 RNA 病毒在细胞浆内装配。

6. 释放

病毒粒子的释放方式因病毒而异。有的病毒聚积在细胞空泡内通过细胞通道向外溢出；有的依靠细胞破裂放出。有囊膜的病毒多数借出芽释出，同时获得囊膜。出芽释放病毒后，细胞膜会自动粘合，细胞不会死亡。

病毒从吸附于细胞开始，到子代病毒从细胞释放，即完成一个复制周期。不同的病毒，一个复制周期的所需时间相差甚多。一般来讲 DNA 病毒较长，如腺病毒需 48 h；RNA 病毒较短，如小 RNA 病毒仅需 6～8 h。

（二）病毒的生长曲线

将适量的病毒接种于标准培养的高浓度敏感细胞，待病毒吸附后，除去未吸附的病毒，然后继续培养并定时取样测定培养物中的病毒效价，并以感染时间为横坐标，病毒效价为纵坐标，绘制出病毒特征性的繁殖曲线，即一步生长曲线（图 3-7）。了解不同病毒的增殖规律，获得高滴度病毒，对制备高质量的病毒性制品非常重要。

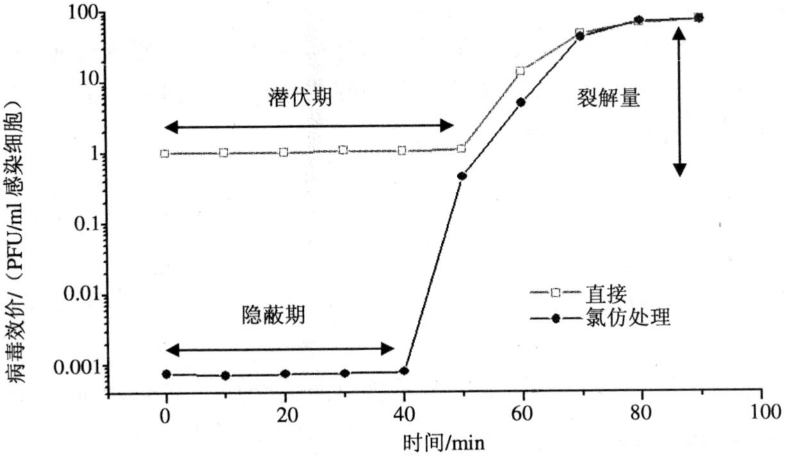

图 3-7　病毒生长曲线

二、病毒增殖的基本技术

病毒只有在活的宿主细胞中才能进行增殖，其培养方法有动物接种、鸡胚培养和细胞培养。

（一）动物增殖病毒技术

动物接种法是增殖病毒最早采用的一种方法，目前在病毒性生物制品的制备中已很少应用。但有些病毒至今仍未找到合适的体外培养方法，因此必须通过接种动物进行增殖，如兔病毒性出血症病毒。此法技术简单，而且容易获得成功，但是对动物的要求很高，结果判定比较困难，耗费较大，此外需要有隔离畜舍、良好的饲养管理和消毒设备。

1．动物的选择

兽医生物制品中用于病毒增殖培养的动物主要有小鼠、地鼠、豚鼠、家兔、禽类、绵羊、猪、牛和驴等。选择动物的标准有：对病毒的易感性高，如果病毒对宿主的选择性很强，则应选用自然宿主，如果选择性不强，则可用实验室常用小动物；健康，没有其他病原的隐性感染；体内没有相应的抗体；遗传特性相似，个体差异较小，生物学反应比较一致。为了保证接种的成功，最好选用等级实验动物。对外购动物，要了解当地动物群健康、饲养及免疫接种情况，接种前要经过健康观察，以免误用带有病原体的动物。

2．接种途径

根据病毒的特性确定接种途径，接种方法包括皮下接种、皮内接种、肌肉接种、静脉接种、腹腔接种和脑内接种等（详细方法见本章第四节）。

3．接种后动物的饲养管理和收获病毒

接种后的动物应提供良好的饲养条件，严格按要求隔离饲养，接种不同病毒的动物，对照动物与接种动物均应分开饲养。应逐日观察动物的反应，选出症候符合要求的动物，按规定采集含毒量高的组织脏器，经检查合格后即可使用。

（二）禽胚增殖病毒技术

禽胚培养法应用于 20 世纪 30 年代，目前仍被广泛地用于病毒的分离鉴定和兽医生物制品的生产。几乎所有的禽源病毒都能在禽胚中增殖，某些哺乳动物的病毒也能适应禽胚。此法优点是禽胚来源充沛、价格低廉、可以实现规模化和机械化操作。禽胚中应用最多的是鸡胚，有时也用鸭胚、鹅胚等。

1．禽胚的选择

培养病毒最理想的禽胚为 SPF 胚，由于 SPF 禽类饲养条件严格，价格昂贵，商品化种蛋供不应求，故常用非免疫胚加以补充，这种胚应无接种病毒的母源抗体。普通胚因可能带有多种病原体，故不适用于疫苗生产。此外，不同病毒对禽胚的适应性也不同，如减蛋综合征病毒在鸭胚中比鸡胚中更易增殖，鸡传统性喉气管炎病毒只能在鸡和火鸡胚内增殖，因此，应选择对相应病毒敏感的禽胚。蛋壳最好为白色，便于观察。

2．接种途径

在兽医生物制品生产中，常用的接种途径有四种，即绒毛尿囊膜接种、尿囊腔接种、卵黄囊接种和羊膜腔接种（图 3-8），应当根据不同的病毒和不同的目的采用适宜的接种途径。

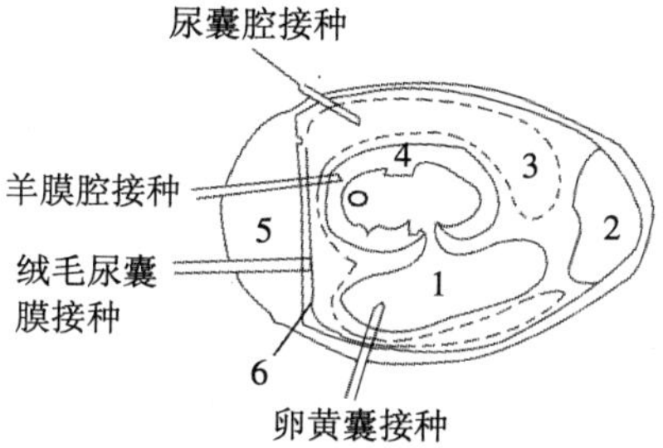

1．卵黄囊；2．卵白；3．尿囊腔；4．羊膜腔；5．气室；6．绒毛尿囊膜

图 3-8　禽胚接种法

（1）绒毛尿囊膜接种

多用于嗜皮肤性病毒，如痘病毒、疱疹病毒等的增殖，在绒毛尿囊膜上可形成肉眼可见的痘斑。具体方法有两种：

① 人工气室部接种：选择 10～13 日龄鸡胚，划出气室边界，在胚胎部位避开血管作标记，用碘酒和酒精消毒后在气室部位钻一小孔，标记处钻一小孔，勿穿透绒毛尿囊

膜，然后用橡皮吸球紧贴气室孔轻轻吸气，使胚胎小孔处的绒毛膜下陷造成人工气室，随后注入 0.1～0.2 ml 病毒液，最后用石蜡封口，置 37℃左右孵化。

② 气室部接种：选择 10～13 日龄鸡胚，划出气室边界，消毒后于气室部位距分界线 3～5 mm 处打一小孔（比注射针头略大），然后用细针头斜向蛋壳面插入约 5 mm，再退出，于气室内注入病毒液，用石蜡封口后置 37℃左右孵化。

（2）尿囊腔接种

在兽医生物制品上应用最广。通常选 9～11 日龄鸡胚，划出气室边界，在胚胎部位避开血管作标记，消毒后在标记处钻一小孔，勿损伤壳膜，注入病毒 0.1～0.2 ml，封口孵化。

（3）卵黄囊接种

通常用 5～8 日龄鸡胚，划出气室和胎位，在气室中心钻一小孔，垂直插入针头约 3 mm，注入 0.1～0.2 ml 病毒液后封口孵化。

（4）羊膜腔接种

取 10～12 日龄鸡胚，划出气室和胚胎位置，在气室端靠近胚胎侧的蛋壳上钻孔，在照蛋灯下将注射器针头轻轻刺向胚体，当稍感抵抗时即可注入病毒液 0.1～0.2 ml。也可将注射器针头刺向胚体后，用针头轻轻拨动，如能看到胚体随着运动，则说明针头已进入羊膜腔，然后再注射病毒液，最后封口孵化。

3．接种后的检查和收获病毒

接种后，一般在 37℃继续孵化 2～7 d，不必翻蛋。每天至少照蛋 1～2 次，弃去 24 h 内死胚，取出 24 h 后死胚和感染胚，气室向上直立于蛋架上，4～8℃放置 4～24 h 后收获病毒。

（1）尿囊液的收获

用碘酒消毒气室部位，除去蛋壳，撕去壳膜和绒毛尿囊膜，用无菌吸管或注射器吸取尿囊液。

（2）羊水的收获

同上收获尿囊液后，用无菌镊子夹起羊膜，用毛细吸管或注射器刺入羊膜腔吸取羊水。

（3）绒毛尿囊膜的收获

用碘酒消毒人工气室或气室周围蛋壳，去除蛋壳和壳膜，用灭菌镊子轻轻夹起绒毛尿囊膜，并沿人工气室或气室周围将绒毛尿囊膜全部剪下。如要收获全部绒毛尿囊膜，则吸出尿囊液，将胚体和卵黄囊等倾倒在灭菌平皿中，剪掉卵带，再撕下整个尿囊膜。

（4）卵黄囊的收获

用碘酒消毒气室部位后除去蛋壳，将整个蛋内容物倒入平皿内，用镊子夹取卵黄囊，再用灭菌生理盐水冲去卵黄。

（5）胚胎的收获

除去蛋壳后，用镊子撕破壳膜、绒毛尿囊膜和羊膜，夹起胚胎，剪断卵黄囊带。

不同的病毒在胚内增殖的特点不同，表 3-3 概括了一些病毒在胚内的增殖特征。

表 3-3　一些病毒在胚内的增殖特征

病毒	日龄	适宜接种途径	培养温度/℃	培养时间/d	表现	收获物
新城疫病毒	9～11	绒毛尿囊膜、尿囊腔或羊膜腔	32～37	4～5	出血、血凝性	尿囊液、羊水、绒毛尿囊膜
禽流感病毒	9～12	尿囊腔、羊膜腔	33～35	1.5～2	出血、血凝性	尿囊液、羊水
传染性支气管炎病毒	11～13	绒毛尿囊膜	37	3～7	萎缩胚	绒毛尿囊膜、
	8～10	尿囊腔	30～36	2～3		尿囊液、羊水
	5～6	卵黄囊	37	3～4		卵黄囊
鸡痘病毒	11～12	绒毛尿囊膜、尿囊腔	37	4～5	痘斑	绒毛尿囊膜
传染性喉气管炎病毒	11～12	绒毛尿囊膜、羊膜腔	37	5	痘斑、包涵体	绒毛尿囊膜、尿囊液、羊水、胚体
传染性法氏囊病病毒	9～10	绒毛尿囊膜、卵黄囊、尿囊腔	37	3～6	出血、水肿	绒毛尿囊膜、胚体、卵黄囊
鸭肝炎病毒	9～11	尿囊腔	37	5～6	出血、水肿	尿囊液、胚体
	5～7	卵黄囊				
鸭瘟病毒	9～12	绒毛尿囊膜	37	3～7	出血、水肿	绒毛尿囊膜、胚体
兔黏液瘤病毒	9～10	绒毛尿囊膜	37	3～5	痘斑	绒毛尿囊膜
羊痘病毒鸡胚化弱毒株	9～10	绒毛尿囊膜	37	4～5	痘斑	绒毛尿囊膜

4．影响禽胚增殖病毒的因素

（1）禽胚质量

禽胚质量直接影响病毒增殖的数量和质量。

① 病原微生物：很多家禽传染病病原可以垂直传播，如白血病病毒、脑脊髓炎病毒、腺病毒、支原体等。这些病原既可污染制品本身，又可影响接种病毒在禽胚内增殖，如新城疫病毒接种 SPF 鸡胚和非免疫鸡胚，在相同条件下增殖培养，前者鸡胚液毒价至少比后者高 1 个滴度。

② 母源抗体：禽类感染某种病毒或接种病毒性疫苗后，会使其种蛋带有母源抗体，相应的病毒接种到禽胚后，母源抗体会中和病毒从而影响其增殖。

（2）孵化技术

为获得高滴度病毒，须有适宜的孵化条件，并加以控制，这样才会使禽胚发育良好，有利于病毒增殖。

① 温度：是禽胚孵化技术成功的首要条件。通常禽胚发育的适宜温度为 37～39.5℃。根据孵化设备及孵化室的不同，实际采用的温度可作适当调整，如用机械通风的主体孵化机孵化，其适宜温度应控制在 37.8～38℃；鸭、鹅蛋大且壳厚，蛋内脂肪含量较高，故所用孵化温度比鸡蛋略低。此外，禽胚较能忍受低温，短期降温对鸡胚发育还有促进作用，故禽胚孵化温度应严格控制，宁低勿高。

② 湿度：湿度可控制孵化过程中蛋内水分的蒸发。湿度增高，则空气含水量增加，禽胚蒸发出的水分降低；反之，则孵化机内空气干燥、禽胚水分蒸发增加，因此控制相对湿度是必要的。一般禽胚对湿度的适应范围较宽，且有一定的耐受能力。在孵化过程中，湿度偏差 5%～10%对禽胚发育没有严重影响。鸡胚孵化湿度标准为 53%～57%，水禽胚孵化湿度比鸡胚高 5%～10%。

③ 通风：禽胚在发育过程中吸入氧气排出二氧化碳，随胚龄增长需要更换孵化机内空气。目前使用的孵化机，通常采用机械通风法吸入新鲜空气排出部分污浊气体。如采用普通恒温箱培养，则不应完全密闭，应定期开启箱门以保持箱内空气新鲜。

④ 翻蛋：通常种蛋大头向上垂直放置入孵，在孵化过程中定期转蛋，改变位置，其作用既使胚胎受热均匀，有利发育，又防止胚胎与蛋壳粘连，这在鸡胚孵化至第 4～7 d 尤为重要，还改变胚蛋内部压力，强制胚胎定期活动，促进胚胎发育。

（3）接种技术

不同病毒的增殖有不同的接种途径，同一种病毒接种不同日龄禽胚获得的病毒量也不同。应当以获得最高的病毒量为原则，选择合适的日龄的禽胚和合适的接种途径。如通常鸡胚发育至 13～14 日龄、鸭胚发育至 15～16 日龄，尿囊液含量最高，平均为 6～8 ml，羊水为 1～2 ml。因此，由尿囊腔接种病毒时，应根据不同病毒培养所需要的时间选择最恰当的接种胚龄，以获得最高量病毒液。同时，接种操作应严格按照规定进行，不应伤及胚体和血管，以免影响其发育，使病毒增殖速度降低或停止。

（4）禽胚污染

禽胚污染是危害病毒增殖最严重的因素之一，应严格防止，因此必须做到：

① 种蛋入孵前先用温水清洗，再用 0.1%来苏儿或新洁尔灭消毒晾干；

② 禽胚接种时严格无菌操作；

③ 定期清扫消毒孵化室，保持室内空气新鲜，无尘土飞扬。

（三）细胞增殖病毒技术

细胞培养是一种体外培养，是目前培养病毒的主要方法。其原理是为易感组织细胞提供良好的生长环境，使细胞适应并繁殖，从而为病毒增殖提供宿主。

1．细胞培养技术

（1）细胞的类型

① 原代细胞：由新鲜组织经剪碎和胰酶消化制备的细胞，如鸡胚成纤维细胞。各种动物组织都能制备原代细胞，最常用者为肾和睾丸等，胚胎和幼畜的细胞比较容易生长。它的优点是病毒对天然宿主的细胞最为敏感，但往往含有潜伏的病毒。如果不慎用了含毒的细胞生产弱毒疫苗，后果是不堪设想的。

② 二倍体细胞株：原代细胞经定向培育后形成的具有特殊生物学性状的细胞，其染色体数目没有改变。这类细胞能在体外连续传 50～100 代而性状保持正常。如 PK15（猪肾细胞株）、BHK21（地鼠肾细胞株）、Vero（非洲绿猴肾细胞株）等。细胞株广泛适用于病毒性生物制品的制备，安全可靠。

③ 传代细胞系：这类细胞染色体数目不正常，能在体外无限传代，属于异倍体细胞，如 Hela 细胞系（人子宫颈癌细胞）、RAG 细胞系（鼠肾腺癌细胞）等。细胞系来源于肿瘤细胞和培养过程中肿瘤化的正常细胞，多用于病毒的分离鉴定，不能用于制备疫苗，因为接种动物有引起肿瘤的危险。

（2）细胞的制备

① 原代细胞：选取适当组织或器官，首先采用机械分散法如剪碎、挤压等使之成为小块（约为 1 mm^3），然后用 0.25%～0.5%胰酶（pH 7.4～7.6）消化掉细胞间的蛋白成分，消化的时间长短与温度、组织来源及大小等有关，一般采用 37℃作用 10～30 min 或 4℃冰箱放置过夜，最后吸出组织块中的胰酶消化液，加入少量生长液，吹打使之分散成单个细胞，用于培养。

② 传代细胞：单层细胞传代时多采用 EDTA（乙二胺四乙酸）-胰酶消化法。EDTA 浓度为 0.01%，其作用是螯合维持细胞间结合的钙镁离子和细胞与细胞瓶间的钙镁离子，使细胞分散脱落，胰酶浓度为 0.025%。具体方法是取生长良好的单层细胞，加入 EDTA-胰酶消化液，用量以覆盖细胞表面为度，37℃作用至细胞单层出现疏松拉网时，倾去消化液，加入生长液轻轻吹打，使之分散为单个细胞。某些半悬浮培养或悬浮培养的细胞如 SP2/O 瘤细胞，不需消化液消化，采用机械吹打即可形成单个细胞。

（3）细胞的冻存与复苏

为保持细胞最大活率，一般采用慢冻快融法。细胞株与细胞系均需保存于液氮中（–196℃）。为防止细胞在冻存过程中因渗透压、pH 等改变以及机械损伤而影响活力，需向培养液中加入亲水性强、毒性小、易通过细胞膜的 DMSO（二甲基亚砜）作为保护剂，从而使冰点降低，使细胞内水分在冻结前透出细胞外，以防止细胞内形成冰晶对细胞造成伤害。DMSO 浓度为 5%～15%，常用 10%。

常用冷冻速度为每分钟下降 1～2℃，当温度达–25℃时，每分钟下降 5～10℃，到–100℃时迅速浸入液氮中。也可采用如下程序：取对数生长期细胞消化后离心，将细胞沉淀用冻存液（10%DMSO，20%犊牛血清，70%MEM）悬浮至细胞密度为 200 万～500 万/ml，分装于细胞冻存管后 4℃放置 1 h，然后－20℃放置 2 h，再放入–70℃冰箱 4～6 h 后放入液氮中保存。

细胞复苏时，通常将从液氮中取出的细胞管置于 37～40℃水浴 40～60 s 使细胞融化，离心后除去冻存液，然后将细胞悬浮于培养液中进行培养。必要时待细胞完全贴壁后换液 1 次，以防止残留的 DMSO 对细胞有害。

细胞在液氮中可贮存 3～5 年，但为妥善起见，每冻存 1 年应复苏 1 次。

（4）细胞培养方法

① 静置培养：将细胞悬液分装在培养瓶或培养板中，置于 CO_2 培养箱静置培养，细胞沉降贴壁后生长形成细胞单层。此法广泛用于实验室研究。

② 转瓶培养：将细胞悬液接入转瓶后放于恒温箱的转鼓上，转鼓带动装瓶不断缓慢旋转，细胞贴附在转瓶四周，长成单层。转鼓的转速一般为 10～20 r/h。此法培养面积大，贴壁细胞接触空气多，生长良好，可在少量的培养液中培养出大量的细胞来增殖病毒。采用转瓶机可进行大规模的细胞培养。

③ 悬浮培养：是通过振荡或转动装置使细胞始终处于分散状态，悬浮于培养液内进行培养的一种方法。一般采用磁力搅拌或转鼓旋转（2 400 r/h）使细胞保持悬浮，此法主要用于培养非贴壁依赖型细胞，如杂交瘤细胞，原代细胞和二倍体细胞株在悬浮条件下不能生长。规模化培养常采用具有自动控制装置的发酵罐。悬浮培养能大量提高细胞数量，从而提高生物制品的产量。

④ 微载体培养：是以细小的颗粒作为细胞载体，通过不断搅拌使颗粒悬浮在培养液内，细胞在载体表面繁殖形成单层的一种细胞培养技术。本法适用于贴壁依赖型细胞的大规模培养，培养液中的大量微载体为细胞提供了极大的生长表面，培养液能被充分利用，细胞产量高。目前常用的微载体有 Cytodex-1、Cytodex-2、Cytodex-3 以及 DEAE-cellulose 等，它们的大小和表面性质适宜细胞生长；透明，便于用显微镜观察；无毒性。培养时微载体的浓度为 1～3 mg/ml，搅拌速度通常为 50～70 r/min。

⑤ 中空纤维培养：是模拟细胞在体内生长的三维状态，利用一种人工的“毛细血管”即中空纤维来给细胞提供物质代谢条件而建立的一种体外培养系统。该系统由中空纤维反应器，括贮液器、供氧泵和蠕动泵等组成。中空纤维一般用乙酸纤维素、聚氯乙烯-丙烯复合聚合物、多聚碳酸硅或聚砜等材料制成，外径 100～500 μm，壁厚 25～75 μm，管壁呈海绵状。中空纤维的内表面衬贴着一层超滤膜，允许营养物质和代谢物出入，而对大分子物质有截留作用。该技术适于培养各种类型的细胞，细胞培养维持时间长，培养的细胞密度大，细胞分泌的蛋白浓度高，纯度可达 60%～90%。利用此法已经生产出来的生物制品包括单克隆抗体、细胞因子等多种物质。

⑥ 微囊培养：是创建于 20 世纪 70 年代的一种大规模培养技术，可以防止细胞在培

养过程中受到物理损伤。其要点是在无菌条件下将拟培养的细胞、生物活性物质以及生长介质共同包裹在薄的半透膜中从而形成微囊，将后者放入培养液中进行悬浮培养。利用该技术可以生产出高浓度的单克隆抗体。

（5）细胞培养要素

① 培养液：以往多用天然培养液，现多用合成培养液。合成培养液有多种，如 Eagle MEM、199、DMEM、RPMI1640 等，各有其特点和适用范围。Eagle MEM 是最经典的培养液，成分简单，仅含有 12 种必需氨基酸、谷氨酰氨和 8 种维生素，适用于各种二倍体细胞；199 多用于原代细胞的培养；DMEM 常用于骨髓瘤细胞的培养；RPMI1640 适用于许多种类的细胞，包括正常细胞和肿瘤细胞。

② 血清：是细胞培养所必需的物质，其主要成分是白蛋白、各种球蛋白、维生素和一些无机盐，具有促进细胞生长和贴壁的作用。血清必须无细菌、病毒和支原体等的污染，使用前须经 56℃灭活 30 min。目前国内多用犊牛血清。

细胞培养液包括生长液和维持液。生长液用于细胞生长，使细胞分裂贴壁而生成单层，含有细胞繁殖所需要的全部营养；维持液用于维持单层细胞的存活和某些生命活动，使其代谢处于稳定状态。生长液一般血清含量为 5%～20%，大部分细胞生长液中加入 10% 血清已能满足细胞生长要求。维持液中血清量为 0～5%，尽可能不加入血清以维持细胞活力并避免血清对病毒增殖的抑制作用。

③ 细胞接种量：在适宜的培养条件下，接种细胞需要达到一定量才能生长繁殖，因为细胞在生长过程中会分泌刺激细胞分裂的物质，若细胞量太少，这些物质分泌量少，作用也小。细胞接种量会影响形成细胞单层的速度，接种量越大，细胞生长为单层的速度越快，但接种量过大对细胞生长是不利的，单层细胞会很快脱落，致使死细胞和细胞碎片对分裂细胞发生毒性作用，导致细胞生长受到抑制，甚至死亡。细胞接种量因细胞种类和培养方法而异。

④ pH：细胞生长的 pH 为 6.6～7.8，但最适 pH 为 7.0～7.4。细胞在生长过程中会产生各种酸性物质，使培养液 pH 下降，因此需要在培养液中加入缓冲剂进行缓冲。培养液中的缓冲体系主要是碳酸氢盐、磷酸氢盐和血清，其中碳酸氢盐/CO_2 为主要缓冲体系。必要时可加入氢离子缓冲剂 HEPES（10～15 mmol/L），以增加培养液的缓冲能力。

⑤ 温度：细胞培养的最适温度与细胞来源的动物体温一致，一般为 37～38℃。高温易导致细胞死亡，低温则减慢或终止细胞的生长。

⑥ 无菌条件：微生物的污染会影响细胞生长并导致细胞死亡，所以细胞培养的全过程都要求严格的无菌条件。为了克服污染，需要执行严格的无菌操作，培养容器应当高度洁净，培养液中往往需要加入一定量的抗生素，实际中常加青霉素 100 IU/ml 和链霉素 100 μg/ml 来抑制细菌；加卡那霉素或庆大霉素 50～100 μg/ml 抑制支原体；制霉菌素和

两性霉素专门抑制真菌生长，不作为常加抗生素，用时浓度为 5～10 μg/ml。

2．病毒增殖技术

（1）细胞的选择

病毒须在敏感的宿主细胞中增殖，病毒培养的宿主细胞一般选择相应易感动物的组织细胞，如口蹄疫病毒选择牛、猪或地鼠细胞培养。非敏感动物的细胞有时也能使病毒生长，如鸭胚成纤维细胞可培养马立克氏病毒。通常病毒的细胞感染谱（表 3-4）是通过试验获得的。

（2）病毒增殖要素

① 血清：犊牛血清中含有 11 种细胞生长必需氨基酸和细胞生长因子，细胞生长必须加一定量血清。但是，血清中又存在一类非特异性抑制病毒增殖的物质，经 56℃30 min 不能被灭活。因此，维持液中犊牛血清含量一般不超过 2%，为了克服血清中非特异性抑制因子的作用，大多数病毒的细胞维持液不加血清，但对同步接毒的细胞培养液，必须加入一定量血清。

② 温度：细胞增殖病毒的温度多为 37℃，此温度有利于病毒吸附和进入敏感细胞，如脊髓灰质炎病毒在 1℃对细胞的吸附率仅是其在 37℃时的 1/10；口蹄疫病毒于 37℃可在 3～5 min 内使 90%的敏感细胞发生感染，而在 25℃时需要 20 min，15℃以下则很少引起感染。有些病毒的培养温度高于或低于 37℃，如狂犬病病毒适宜温度为 30～40℃，最适温度为 32℃；犬疱疹病毒最适温度为 35～37℃。

③ pH：维持液的 pH 一般在 7.6～7.8。细胞感染病毒后由于代谢障碍产酸能力降低，且因细胞破坏释放碱性成分，故维持液 pH 下降很慢。但大部分病毒感染细胞后需要 3～7 d 才会出现明显病变，在此时间内维持液中酸性物质仍可蓄积较多，导致维持液 pH 明显下降。因此，常加 7.5%$NaHCO_3$溶液来校正 pH。

④ 接毒量与接毒方法：每种病毒的最佳接种量必须从实验中获得，以 $TCID_{50}$ 为依据。病毒接种量通常为维持液的 1%～10%（体积分数）。接种量过小，细胞不能完全发生感染，从而影响毒价；接种量过大，会发生自身干扰现象，产生大量无感染性缺陷病毒。

病毒接种方法有两种：异步接毒和同步接毒。异步接毒是细胞长成单层后倒去生长液，按维持液的 1%～10%接种病毒，37℃吸附 1 h 后加入维持液。多数病毒采用这种接毒方式。同步接毒是在种植细胞同时或在种植细胞 4 h 内接种病毒，主要用于病毒复制发生在细胞有丝分裂盛期的病毒，如细小病毒等。

表 3-4　常见病毒细胞感染谱

病　毒	敏感细胞
口蹄疫病毒	BHK_{21}，PK_{15}、$IBRS_{21}$，牛、猪、羊肾原代细胞
狂犬病病毒	BHK_{21}，WI_{26}，鸡胚成纤维细胞
伪狂犬病病毒	猪、兔肾原代细胞
日本乙型脑炎病毒	鸡胚成纤维细胞，猪、仓鼠肾细胞
猪瘟病毒	PK_{15}，猪肾细胞
猪水泡病病毒	PK_{15}，$IBRS_{21}$，猪肾细胞
猪传染性胃肠炎病毒	猪肾、猪甲状腺细胞
牛病毒性腹泻-黏膜病病毒	牛肾细胞、牛睾丸细胞
牛流行热病毒	牛肾、睾丸细胞，BHK_{21}，MS，Vero
牛传染性支气管炎病毒	牛睾丸细胞、猪肾细胞，Hela
牛腺病毒	牛肾、睾丸细胞
马流感病毒	猴、牛、猪肾细胞
马鼻肺炎病毒	马、牛肾细胞
马传染性贫血病毒	驴、马白细胞
鸡新城疫病毒	鸡胚成纤维细胞
鸡传染性喉气管炎病毒	鸡胚肾细胞
鸡痘病毒	鸡胚成纤维细胞，鸡胚肾细胞
鸡传染性法氏囊病病毒	鸡胚成纤维细胞
鸡马立克氏病病毒	鸡、鸭胚成纤维细胞
鸡产蛋减少综合征病毒	鸡、鸭胚成纤维细胞
鸭病毒性肝炎病毒	鸭胚肾细胞
鸭瘟病毒	鸡、鸭、鹅胚成纤维细胞
小鹅瘟病毒	鹅胚成纤维细胞
兔黏液瘤病毒	乳兔肾细胞，鸡胚成纤维细胞
犬瘟热病毒	鸡胚成纤维细胞，犬肾细胞，Vero
犬传染性肠炎病毒	MDCK，F_{81}，NLFK，CRFK，猫、犬肾细胞
犬传染性肝炎病毒	MDCK，犬睾丸、肾细胞
猫泛白细胞减少症病毒	F_{81}，NLFK，CRFK，FLF_{31}，猫肾细胞
水貂传染性肠炎病毒	F_{81}，NLFK，CRFK，猫、水貂肾细胞
水貂阿留申病毒	水貂肾细胞

（3）支原体污染问题

支原体污染在细胞培养中最为常见，不易察觉，危害较大。支原体污染主要来源于犊牛血清、实验人员、细胞原始材料及已污染细胞，可多方面影响细胞的功能和活力。

但支原体污染对不同的病毒影响不一。痘病毒、犬瘟热病毒、马立克氏病毒、新城疫病毒等多种病毒的增殖均可被支原体抑制，病毒蚀斑形成单位平均下降可达 10 倍。部分病毒，如水泡性口炎病毒、呼吸道合胞体病毒等，可因支原体污染而增加产毒量。而日本乙型脑炎病毒则不受影响。

我国由鸡胚制造的鸡胚苗、细胞苗的支原体污染率甚高。

（4）病毒增殖指标与收获

细胞病变效应（CPE）是判定病毒增殖情况的重要指标。多数病毒在敏感细胞上增殖可引起 CPE，在显微镜下主要表现为：

① 细胞圆缩，如痘病毒、呼肠孤病毒、披盖病毒等；

② 细胞聚集，如腺病毒；

③ 细胞融合形成合胞体，如副黏病毒、疱疹病毒；

④ 轻微病变，如正黏病毒、冠状病毒、弹状病毒、反转录病毒等。

但有些病毒在细胞上增殖不产生 CPE，如猪瘟病毒。除 CPE 外，包涵体和血凝性也可作为判定指标。

病毒在敏感细胞内增殖一般在 CPE 达 80%左右时收获，感染细胞经反复冻融使病毒充分释放，然后 3 000 r/min 离心 15～20 min 去除细胞碎片，上清病毒液–20℃冻存。

对于细胞结合型病毒，如马立克氏病病毒，收获的感染细胞直接于液氮中保存。

（5）病毒蚀斑技术

细胞单层接种病毒后再覆盖一层含中性红的营养琼脂，这就使得病毒从感染细胞释出后只能感染相邻的细胞，以致感染区向四周扩大，细胞死亡后呈灰白色，而未感染细胞被染成红色。该病毒感染区域类似于细菌在固体培养基上形成的菌落，肉眼可以看到，称为蚀斑或空斑。不同病毒的蚀斑具有不同的特征。利用蚀斑形成试验可进行病毒的纯化、鉴定和数量测定。

第四节　实验动物与动物实验技术

一、实验动物概述

实验动物被称为科学研究的“活试剂”，在兽医生物制品研制中占有绝对重要的地位，从制品的研究、试制到生产、检定等几乎每个环节都需要实验动物来获得科学的结论。

（一）实验动物的概念

实验动物是指经人工饲育，对其携带的微生物实行控制，遗传背景明确或来源清楚，用于科学研究、教学、生产、检定以及其他科学实验的动物，已经繁育成功的有小鼠、大鼠、豚鼠、地鼠、家兔、鸡等，又称小型实验动物。

广义的实验动物泛指实验使用的各种动物，包括小型实验动物、家畜家禽和野生动物三大类。由于这三类动物的人工控制程度不同，对小型实验动物控制较严，对家畜家禽控制一般，而对野生动物则难以控制，因此所得的实验数据的可信性和重复性也有差异。兽医生物制品的生产及检定必须选择标准化的实验动物，以确保制品的质量。

（二）实验动物的分类

1. 根据遗传学控制程度分类

动物实验时，需要纯度高、敏感性强、适合各种实验目的的实验动物。根据遗传学控制程度（基因纯合程度）可将实验动物分为如下几类。

（1）近交系动物

又称纯系动物，是采用兄妹交配或亲子交配连续繁殖 20 代以上而培育出来的动物。小鼠同胞兄妹连续交配 20 代以上，其近交系数可达 99.8%。小型啮齿类动物由于生长周期短，容易培育成近交系，目前小鼠的近交系已达 300 种以上。

较大动物的纯种培育所需时间较长、效率较低、不易成功，如犬和猫连续兄妹交配 20 代需 20 年左右。因为研究工作需要，目前已培育出兔、犬、猫、鸡、羊、猪等若干近交系。

近交系动物由于基因高度纯合，遗传性均一，个体差异小到一定限度，所以实验结果十分可靠。

（2）突变系动物

动物在长期繁育过程中发生基因突变，从而导致遗传变异，繁育出与亲本不同的新品系，称为突变系动物，如小鼠、大鼠中的许多突变近交品系。

突变系动物可通过自然突变或人工诱变获得，是疾病研究的理想动物模型，如癫痫大鼠适于人类癫痫病的研究；无胸腺裸鼠适于肿瘤病的研究。

（3）杂交群动物

两个不同品系或两个不同近交系动物之间进行有计划交配所获得的第一代动物，称为杂交群动物。这类动物保持了纯系动物的遗传均质性，因此实验重复性好。

（4）封闭群动物

是指一个种群 5 年以上不从外部引入任何新种，仅在固定合格的场所保持自繁自养的动物群。为了防止近亲交配繁殖，种动物数应至少 50～100 只以上。封闭群动物虽然存在一定个体差异，但反应稳定性较好，生命力强，十分适用于实验、生产和检验。

（5）混杂群动物

是指血统不清或遗传性能不稳定的动物群。目前一般单位饲养的实验动物均属混杂群，缺点是实验重复性差，反应不规则，不精确，优点是适应性强，容易饲养管理，成本低。

2．根据微生物学控制程度分类

在生物制品方面，实验动物的微生物学控制（含寄生虫）更具有实际意义。通常根据实验动物的微生物净化程度分为以下几个等级。

（1）普通动物

是指外观健康，不携带人畜共患病病原和动物烈性传染病病原的动物，如小鼠的标准是不准带有鼠痘病毒、流行性出血热病毒、淋巴细胞性脉络丛脑膜炎病毒、沙门氏菌、皮肤病原真菌、弓形体和体外寄生虫等。这类动物未经积极的微生物学控制，饲育在开放环境中。

（2）清洁动物

是指在普通动物的基础上，排除对科学实验干扰大的病原的动物。如小鼠还不能携带鼠肝炎病毒、仙台病毒、肺支原体、巴氏杆菌、泰泽氏菌、鼠棒状杆菌、支气管败血波氏杆菌、绦虫和线虫等。这类动物剖检时要求组织器官无肉眼及显微病变，但允许检出一定滴度的血清抗体。

清洁动物来自无特定病原体动物（SPF 动物）或剖腹产动物，饲育在比较清洁的环境中，使用的一切物品必须经过灭菌处理。

（3）无特定病原动物（SPF 动物）

是指体内外不存在特定的病原微生物和寄生虫（含抗体）的动物。这类动物主要来源于无菌动物或悉生动物，于屏障系统中饲育，实施无菌饲养。由于实验结果可靠，SPF 动物已成为标准的实验动物，目前已培育出 SPF 鼠、SPF 兔、SPF 鸡、SPF 犬、SPF 猫和 SPF 猪等供科研、特定生物制品和药品的生产与检验用。

（4）无菌动物（GF 动物）

是指体内外无任何微生物和寄生虫的动物。这类动物是通过无菌条件下剖腹取仔，然后将其饲养在无菌环境中培育而成的，卵生动物只需在无菌条件下孵化即可育成。

无菌动物必须在隔离器中繁育或实验，不与人直接接触。

（5）悉生动物

是指体内带有已知微生物的动物。这类动物是在无菌动物的基础上根据实验需要人为地植入某些微生物，根据实验目的和植入微生物种的不同，有单菌动物、双菌动物、三菌动物和多菌动物之分，如小鼠、大鼠、地鼠一般植入埃希氏大肠杆菌、葡萄球菌、乳酸杆菌、粪链球菌、脆弱拟杆菌 5 种微生物。

悉生动物也要饲养在隔离器中，其生活能力比无菌动物强，在多种试验中可以代替无菌动物，是较为理想的实验动物。

（三）实验动物的特点

从世界上现有的动物中挑选出来的哺乳类实验动物，虽然它们的体型大小、外貌及生活习性都有明显的不同，但它们在生物学特性方面均有一些共同点。

（1）在动物进化关系上是比较高等的，其生理结构，如消化系统、循环系统和神经系统等与人、畜近似。

（2）对一些药物及其他被试物质的反应性和敏感性也与人、畜近似。可使人、畜受刺激的光线、温度、湿度、声音、毒素、药品及病原微生物等，实验动物对此也比较敏感，而且不同动物的敏感程度又有差别，如小鼠对破伤风毒素极为敏感，豚鼠对人型结核杆菌高度易感，而家兔对此则不敏感。

（3）饲养成本低，占地面积小，易于饲养管理。

（4）成熟年龄早，妊娠期短，生殖力强，易于繁殖。如小鼠 60 d 可配种，妊娠期约 19 d，平均产仔 9～13 只，每年可产 60 只以上。

二、实验动物的饲养管理

（一）建筑要求

实验动物房应选建在无疫源、无公害的独立区，交通、水电和给排水系统、污物处理系统都应有保障，应有防虫、防野生动物设施。根据实验动物的微生物学控制程度以及空气进化程度，将其设施分为开放系统、半屏障系统、屏障系统和隔离系统（表 3-5）。

实验动物房通常由饲养室、饲料加工和贮存室、器材清洗消毒室、检疫室、动物实验室、办公室和机器房等建筑设施组成。动物饲养室建成分层分间隔离式，以饲养不同品种动物，具体要根据动物种类和要求进行设计。

（1）走廊。一般宽 2 m 左右，地面与墙壁接合处应为弧形，以便于运输和清洁。水、电管线应尽量安装在走廊或走廊顶部夹层中，不宜暴露明处。

（2）门。原则上应向内开（负压室除外），门宽和所需设备及饲育用具的大小相称，一般为 107 cm×213 cm，要求气密性好，室内装锁自行关闭，门锁和把手不外露，门上设观察孔。最好用耐水、耐药性的金属密封门。

（3）窗。一般不设外窗，需要自然采光和通风的场所除外。

（4）地面。要用耐水、耐磨、耐腐蚀性材料制成，常用环氧树脂、硬面混凝土、水磨石、氯丁二烯橡胶或硬橡胶等，地面接墙处做 10～15 cm 踢脚线，拐角处成 3～5 cm 圆弧面。小型啮齿动物的饲养室可不设排水装置，用湿式真空吸尘器打扫；兔、犬、猴和猪等动物的饲养室要做成坡度不小于 0.64 cm/m 的防水地面，设排水装置，排水管管径约 15.3 cm，带回水弯，加盖以防止气流逆反。

（5）墙壁。内壁多用加涂料的材料粉刷，使之耐水、耐腐蚀、耐磨和耐冲击。各接角处要接合严密，做成圆弧形。管道不外露，通过处用填料密封。

（6）天花板。用耐水、耐腐蚀材料制成。室顶平整光滑。灯具、进气口周围要密封，进气口可拆卸清洗、消毒，要加防水层防止漏水。

表 3-5 不同等级动物环境控制标准

内环境					外环境
等级动物	普通动物	清洁动物	SPF 动物	无菌与悉生动物	整齐、清洁、卫生，水泥道路，全部绿化，无露土，周围无公害，有专用污水、污物处理系统，周围禁止饲养其他动物
饲养方式	开放系统	半屏障系统	屏障系统	隔离系统	
温度/℃	24±5	23±4	23±4	23±4	
湿度/%	40～80	40～70	40～70	40～70	
照明/lx	250～400	250～400	250～400	400	
换气/（次/h）	10～12	8～12	8～12	10	
噪音/dB	60～70	60～70	60～70	60～70	
氨/ppm*	10～12	8～12	8～12	10	
饮水	自来水	灭菌水	灭菌水	灭菌水	
饲料	袋装粒料	灭菌料	灭菌料	灭菌料	
笼具	清洗	灭菌	灭菌	灭菌	
垫料	袋装	灭菌	灭菌	灭菌	
人员	换工作服	淋浴后换消毒服	淋浴后换消毒服	人不进入，灭菌手套操作	
其他物品	来自贮存室	消毒后传送	消毒后传送	经消毒传递舱送	

* 1ppm（氨）=0.759 mg/m^3（标准）。

（二）饲育器材

（1）笼具。结构依动物种类和使用目的而异，其选择标准为：原材料无毒，质地坚固，耐湿热，耐腐蚀；利于通风散热和清洗消毒；具有舒适的空间，不损伤皮肤；便于加料喂水、观察和捕捉动物。笼具多用铁丝、耐酸铝材、不锈钢、塑料或竹子等制作。常用笼具的类型有以下几类。

① 定型笼盒。底和四周一体，用塑料制作；顶加不锈钢网盖，可给料给水。这类笼具适用于饲养小型啮齿动物。

② 带粪尿漏网笼箱。笼底为金属网或格子型底板，便于排泄物漏入下面的粪道。这类笼具主要用于饲养体型较大的动物，如豚鼠、家兔、犬、猫等。

③ 代谢笼。是一种封闭式饲养笼，有两层金属网底，底层网眼细，将粪便和掉下去

的饲料分开，尿液经漏斗流入积尿瓶。这类笼具供动物实验需要采集排泄物时使用。

④ 围栏式笼。用金属网围成，底部可直接落地，适用于犬、猫、猴等动物的饲养。

（2）笼架。供放置笼具用，应牢固，便于移动，层次可调节，具有通用性、耐热和耐腐蚀，便于清洗消毒，多用不锈钢制作。常用笼架包括：

① 饲养架。为 4～5 层结构金属架，可将笼具直接放在上面，多用于小型啮齿动物的饲养。

② 悬挂架。可有多层挂架，也可在墙上装悬挂臂悬挂笼具，粪尿则落在下面的托盘内。

③ 冲水式笼架。在悬挂架的笼子下面设一倾斜的水槽，便于将冲洗的粪水排出。也可再在笼架一端装上自动水箱，定时冲洗排放。

此外，还有隔离器、层流架（超净饲养架）、隔离柜、透明隔离箱、净化室等饲育设施，可供不同等级实验动物饲养、实验用。

（3）给料器。因动物种类、笼箱、笼架不同而有多种形式。为了防止动物粪尿污染饲料，大鼠和小鼠使用固形料可在笼具内挂个长方形料斗或在笼盖上作一个凹形槽代替；豚鼠、家兔、猴的给料器为箱斗型悬挂在笼壁上；犬、猫则用盘形或碗钵状给料器。粉料或软料多用斗、槽、盘形给料器，以防饲料撒落引起的污染和浪费。

（4）给水器。应耐用、易于清洗消毒，一般采用饮水瓶和自动饮水器。饮水瓶适用于小型啮齿动物，一般用玻璃、塑料或金属制成，容量为 200～500 ml，瓶口胶塞中央插一根内径为 5～6 mm 的金属管或玻璃管，水流以能供动物舔吸为度。自动饮水器由贮水器、引水嘴和连接管组成，引水嘴装在笼箱内或围栏内供动物随时饮用。

（三）饲料

实验动物的饲料均应来源于天然，不能使用化学合成饲料，禁止添加各种药物、激素和促生长剂。常用的饲料有玉米、大麦、高粱、豆类、胡萝卜、干草、苜蓿草、青菜等，多加工制成混合饲料。

目前，实验动物饲料都属于加工配制的全价饲料，含有动物所需的蛋白质、脂肪、碳水化合物、粗纤维、矿物质和维生素等主要营养物质。根据加工处理的方法，可将实验动物饲料分为：

（1）混合粉料。可按动物不同种类和发育阶段的营养需要，将天然饲料粉料混合配制，加工容易、成本低。这类饲料只能用于普通动物，浪费大又不卫生，现在已很少使用。

（2）颗粒饲料。通常将混合粉料通过加水调制、压制成型、加热烘烤、灭菌等处理加工而成。这类饲料适口性好，消化率高，浪费少，易于保存和运输，适用于各种级别动物。颗粒大小一般要求小型啮齿动物的饲料直径在 12 mm 左右，豚鼠、家兔、鸡为 3～4 mm。

（3）罐装饲料。将肉、鱼等动物性饲料加工罐装经高温灭菌后制成的饲料，具有食用方便，保存期长等优点，但成本较高，适用于犬、猫等食肉动物。

为了保证实验动物饲料的质量，除了按规定的营养控制标准进行监控外，还应对饲料的来源、包装、运输、贮存、加工配制和使用实施全程监控。具体要求是：

① 原料来源清楚。植物性饲料应来自非高硒、高氟地区，动物性饲料应来自非疫区；原料应无化学、生物污染和变质迹象。

② 包装贮存良好。不用遗弃的化肥、农药、化学品袋装饲料；饲料库应保持干燥、通风、阴凉、防潮、防晒、无虫、无鼠，要保持清洁卫生，定期消毒，严禁堆放杂物；动物性饲料应经清洗包装后低温冷冻贮存，或干燥后粉碎贮存，或装罐后高温消毒贮存；贮存期不得超限。

③ 加工配制合理科学。粉碎料粒要均匀，营养配比准确，干燥温度适中，批号、日期明显，炎热、潮湿季节不宜加工配制过多。

④ 灭菌饲料除按规定多层包装、灭菌外，灭菌指示标签明显，层层包装无破损，每批饲料都应作无菌检验后存放在无菌饲料房内。

（四）饮用水

实验动物饮用水主要是符合卫生部《生活饮用水标准》的井水、河水、湖水或自来水，然后根据不同等级动物微生物控制标准作相应的处理。普通动物饮用普通水；清洁动物饮用酸化水或灭菌水；SPF 动物、无菌动物和悉生动物饮用灭菌水。除蒸馏水外的其他来源水均应按营养控制标准作化学污染物、重金属和生物污染检测，通常在使用前多次采样检查。

（五）垫料

垫料是实验动物生产的必备物资，使用目的是为了便于动物繁殖和保温、改善饲养环境的舒适程度并保持笼具内的清洁。常用垫料有小刨花、锯木屑、玉米芯、秸秆、稻壳、纸屑以及合成垫料等。品质优良的垫料应当吸水性强，不沾污染物和尘土，对动物无害，不损伤动物皮肤和黏膜，易于消毒灭菌，不衍生有害物质，有利于动物筑窝，获取方便，成本低。

垫料的要求依动物种类和等级标准而异。小型啮齿动物多选用吸水性好、柔软的锯木屑或合成垫料；地鼠不能用刨花，易引起足掌损伤性肉芽肿，可选用碎稻草或碎纸屑；兔可在冬季用锯木屑或稻草作垫料。普通动物的垫料要求清洁卫生，经日晒干燥即可；其他级别动物的垫料应按规定进行包装、灭菌和检验合格后方可应用。垫料通常每周更换 1～2 次，如笼具内动物较多则应增加更换次数，用过的垫料要集中运出处理。

（六）卫生管理

为了保证实验动物的质量，应当加强卫生管理工作。

（1）动物房卫生。笼架与墙壁间保持一定的距离，墙角要空出，便于清扫。定期清除墙壁、天花板和尘埃后用 0.1%新洁尔灭喷洒消毒。犬、猫、兔等动物的饲养室清扫后，要用水将地面冲洗干净。

（2）饲育器材卫生。通常采用整套更换方式，换下的笼具笼架先用热水浸泡，然后移入加有洗涤剂的温水中洗刷，最后用清水洗净。污染的笼具笼架先行消毒后再进行浸洗。一般要求笼具至少每周更换 1 次；冲洗式笼架至少每天冲洗 1 次；给料器和给水器至少每月更换清洗消毒 1 次。

（3）废物处理。排出的废水按要求进行净化处理；死亡动物、排泄物、污染垫料等均用容器集中运出后作焚烧、深埋或发酵处理。

（4）人员卫生。动物房工作人员应健康无病，进入饲养区时必须按动物等级标准规定进行洗手或洗澡，更换灭菌工作服、鞋、帽、口罩、防护手套等。

（七）疾病防制

危害实验动物健康的疾病主要是传染病，其次是寄生虫病。预防是防治实验动物疫病的根本原则，具体措施如下：

（1）自实验动物房设计、施工、运输、生产和实验全方位、全过程实施 GMP（良好的生产管理规范）与 GLP（良好的实验规范）标准。

（2）按实验动物等级控制标准，进行微生物监测。

（3）严格实施动物监护措施，及时发现异常动物，并采取相应的封锁、隔离、销毁、消毒等防治措施。

（4）建立绝对健康的种群，大型饲养场可周期性地建立 SPF 级或无菌级核心种群；小型动物房应采用全进全出方式，定期从保种单位引进健康种群。

（5）大型动物（犬、猫、马、牛、羊等）可考虑定期注射相应疫苗。

三、动物实验技术

（一）实验动物的选择

实验动物的选择原则应根据实验的目的、指标，动物的质量等级和来源，经济和饲养环境条件等决定。在生物学、医药学方面，选择动物时应考虑如下几点。

1．动物种类特点

（1）动物的敏感（反应）性。不同种动物对同一处理因素的反应既有共性，又有特殊性，应选择特殊性明显的动物。

① 变态反应研究时应选用豚鼠，因为豚鼠易于致敏。常用实验动物致敏的程度大致

为：豚鼠＞兔＞犬＞小鼠＞猫＞青蛙。

② 在致热反应研究时宜选用兔，因兔对热敏感、体温变化灵敏，其次是猫、小鼠，大鼠的体温调节功能不稳定。

③ 在增强病原微生物毒力研究时应选用易感动物，反之在致弱时可用钝感动物。在病毒增殖时应选用敏感动物（禽胚或细胞）。

④ 在研究物质的致癌作用时，最常用的动物是小鼠和大鼠。

⑤ 在放射病研究中，常选用小鼠、大鼠、犬、猴。

⑥ 在研究血凝特性时，最好的实验动物是鸡，因为鸡红细胞易于沉降，凝集谱广。

⑦ 猪的皮肤组织结构、血液学与人近似，故为烧伤研究的理想实验动物。

（2）动物的基础代谢率。不同种动物的基础代谢率差异很大。常用实验动物中小鼠的基础代谢率最高，鸽、豚鼠、大鼠次之，猪、牛最低。一般动物愈小，所需的单位体重的处理剂量就愈大。

2．动物个体特点

同种动物的不同个体对同一处理的反应也不尽相同，因此在动物实验时应考虑动物个体的年龄、性别、体重、生理状态和健康状况等。

（1）年龄。一般来讲，幼龄动物对处理因素的敏感性要高于成年动物。无论生产、检定或实验研究，所用的动物年龄应尽可能一致，如果年龄不一致，至少体重要相近。在实际中，急性实验多选用成年动物，其体重为小鼠 20～30 g、大鼠 180～250 g、豚鼠 450～700 g、兔 2～2.5 kg、猫 1.5～2.5 kg、犬 9～15 kg。慢性实验则选用较年轻的动物为宜，体重为小鼠 15～18 g、大鼠 90～100 g、豚鼠 150～200 g、兔 1～1.8 kg、猫 1～1.5 kg、犬 7～9 kg。

（2）性别。不同性别动物对同一处理因素的敏感性有差别，一般小剂量比大剂量处理差别明显。通常在实验中，如无特殊需要宜选用雌雄各半。

（3）生理状态。动物处于发情、怀孕、授乳等特殊状态时，对处理因素的反应差异比正常时要大。然而，在某些病毒（如猪瘟病毒、日本乙型脑炎病毒、蓝舌病病毒等）和毒性物质致畸性实验研究时，就必须选用怀孕动物。

（4）健康状况。一般情况下健康动物对处理因素的耐受量要比非健康动物大。当动物处于饥饿、寒冷、炎热、体衰或疾病时实验结果往往很不稳定。

（二）实验动物的捕捉与保定

1．小鼠的捕捉与保定

小鼠一般不咬人，但抓取要轻缓，防止操作不当被咬伤。先用右手抓住并提起鼠尾，放在表面较粗糙的台面或笼具盖上，待小鼠向前爬行时，用左手的拇指和食指捏住小鼠两耳和头颈部皮肤（图 3-9（a）），翻转鼠体使腹部向上，并将鼠尾夹在小指和无名指之间。

2．大鼠的捕捉与保定

大鼠牙齿尖锐，会咬人，抓取时要小心。先轻缓地抓住尾巴并提起，放在实验台或鼠笼上，即可作静脉采血、注射。若作腹腔注射，可用右手抓住尾巴向后拉，左手捏住头颈部皮肤固定在左手手心中（图 3-9（b））。

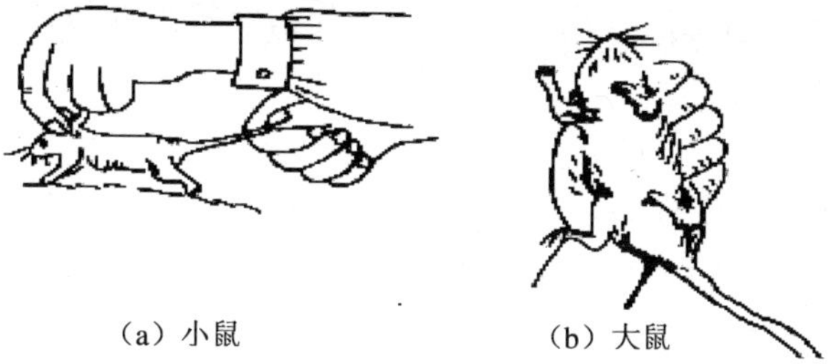

（a）小鼠　　（b）大鼠

图 3-9　小鼠和大鼠的捕捉与保定

3．豚鼠的捕捉与保定

豚鼠性情温和。抓取幼小豚鼠时，可用双手捧起来；抓取较大的豚鼠，则用手掌按住鼠背并抓住肩胛，用手指握住颈部或鼠体背部拿起即可；怀孕或体重较大的豚鼠，应以一只手先托其臀部，然后双手托起（图 3-10）。

图 3-10　豚鼠的捕捉与保定

4．兔的捕捉与保定

兔比较温顺，不咬人，但脚爪尖锐，应避免被抓伤。抓取时，用右手抓住颈部皮肤，左手托住其臀部与后肢进行辅助保定，或直接用手抓住背部皮肤提起来，抱在怀里（图 3-11）。

图 3-11　兔的捕捉与保定

（三）实验动物的接种

1. 皮下接种

选择皮肤松弛、肌肉和脂肪少的部位，如小鼠尾根部、背部或腹部两侧，家兔和豚鼠大腿内侧或腹部。局部消毒后，用左手拇指和食指轻轻捏起皮肤，右手持注射器将针头刺入皮下。

2. 皮内接种

一般用于较大动物，可选背部、颈部、腹部、耳及尾根部进行注射。注射部位及其周围剪毛消毒后，用左手拇指和食指提起注射部皮肤，将针头与皮肤呈 30° 角刺入 2～3 mm，即可徐徐注入液体，注射处有丘疹状隆起。注射量一般为 0.1～0.2 ml。注射量大时，可分几处注射。亦可选用足掌进行皮内注射。

3. 肌肉接种

选择肌肉丰满部位，如大动物的臀部，禽的胸部、腿部，兔、鼠的腿部。注射时，应注意避开大的神经和血管。

4. 静脉接种

（1）家兔。选择耳外侧边缘静脉，将针头在接近静脉末端向耳根顺血管方向平行刺入静脉，注射后以棉球压迫止血。

（2）豚鼠。选择四肢末梢静脉，如后腿外侧静脉，注射量不超过 2 ml。

（3）小鼠。选择尾静脉，接种量不宜超过 1 ml。

（4）鸡。可选择翅部静脉接种，小鸡或鸟类可选择右颈静脉接种。

5. 腹腔接种

家兔及豚鼠通常自腹股沟处刺入皮下，前进少许后再刺入腹腔进行注射。小鼠腹腔接种时，自下腹部进针。动物应腹部向上抬高，头部放低，使内脏器官前倾，以免注射时受到损伤。

6. 脑内接种

家兔与豚鼠脑内接种时，先将头顶部毛拔除，用乙醚麻醉后将注射部位消毒，用锥子刺穿颅骨，再将针头刺入孔内注射，进针深度为 4～10 mm，注射量为 0.1～0.25 ml。小鼠不必麻醉，用左手固定鼠头，头顶消毒，选择眼后角、耳前缘与颅前后中线所构成的位置中间进行注射，进针 2～3 mm，注射量乳鼠为 0.01～0.02 ml，成年鼠为 0.03～0.05 ml。

（三）实验动物的采血

大动物（马、牛、羊等）选择颈静脉采血，猪常用尾静脉（或断尾）采血。小型实验动物常用的采血法如下。

1. **大、小鼠采血**

（1）尾静脉采血

将动物保定后消毒尾部，断去尾尖，收集流出的血液，取血后用局部压迫、烧烙等方法止血。实验时如需多次采血，每次可将鼠尾剪去很小一段。对大鼠，还可用交替切割尾静脉法取血，由尾尖向尾根方向切割，每次可采得 0.5 ml 左右的血液，取血后棉球压迫止血。

（2）眼眶静脉丛采血

采用侧眼向上固定体位，用拇指和食指自背颈部握住鼠，并轻压颈部使头部静脉回流困难，眼眶静脉丛充血。将玻璃毛细吸管（内径 0.5～1 mm）用抗凝剂湿润内壁，呈 45°在眼内角和眼球之间向喉头方向刺入深 4～5 mm 即到达后眼眶静脉丛，血液自然地进入吸管内（图 3-12）。

图 3-12 鼠眼眶静脉丛采血

（3）摘眼球采血

此法多用于小鼠，一次采血量多。将鼠头部皮肤捏紧使眼球突出，以弯头眼科镊迅速摘去眼球，并将鼠身倒置，头部向下，将流出的血液滴入容器内，直到不流为止。

（4）心脏采血

将鼠取仰卧位保定在固定板上，胸部去毛消毒，于左侧第 3～4 肋间用左手食指摸压住心脏，右手将针头刺入心脏，血液自然进入注射器内。

（5）断头采血

用剪刀在鼠颈部将鼠头剪下，鼠向下血液即滴入容器。

2. **兔、豚鼠采血**

（1）心脏采血

将动物取仰卧位保定在板上。豚鼠也可用左手握住颈部，两前肢向上叉开夹在指间仰卧，后躯和两后肢夹在术者两膝间保定。然后经腹部剪毛消毒后，将针头刺入心脏内抽血。

（2）耳缘静脉采血

可采取少量血液供实验用，采血操作与耳缘静脉注射相同。

（3）眼底采血

将针头或毛细管沿眼内角刺入至眼底静脉，可见血自动进入毛细管，一般可采 1～2 ml 以上。

3．禽类采血

鸡、鸭、鸽等禽类采血，多用翼根静脉采血法，先将翅展开露出腋窝部，拔除羽毛后消毒即可见一较粗的翼根静脉，将针头由翼根向翅膀方向平行刺入静脉，即可取血。一般可采血 10 ml 左右。

复习思考题

1. 基本概念：菌（毒）种、透析培养、连续培养、二倍体细胞株、传代细胞系、悬浮培养、微载体培养、中空纤维培养、实验动物、近交系动物、突变系动物、杂交群动物、封闭群动物、普通动物、清洁动物、SPF 动物、GF 动物、无菌动物。
2. 兽医生物制品用菌（毒）种应符合什么标准？
3. 如何利用天然强毒种育成弱毒种，概述选育程序和内容。
4. 细菌培养的基本技术有哪些？
5. 液体深层通气法培养细菌时应注意哪些问题？
6. 动物符合哪些标准时方能用于培养病毒？
7. 影响禽胚增殖病毒的因素有哪些？
8. 细胞培养的基本要素有哪些？
9. 病毒在细胞内增殖与否，可通过哪些指标进行判定？
10. 选择实验动物进行实验时，应注意哪些问题？

第四章　兽医生物制品的灭活剂、佐剂及保护剂

【知识目标】

- 熟悉兽医生物制品生产中常用的灭活剂、佐剂及保护剂；
- 理解灭活剂、佐剂及保护剂在兽医生物制品生产中的作用；
- 掌握

❶ 灭活剂、佐剂、保护剂的概念；

❷ 影响灭活剂作用的因素；

❸ 影响保护剂效能的因素。

- 了解

❶ 佐剂的基本要求及类型；

❷ 保护剂的组成、效能。

【能力目标】

- 能进行白油佐剂的乳化。

第一节　灭活与灭活剂

为了提高兽医生物制品的安全性、防止散毒，许多疫苗通常通过灭活制成无毒力和无感染性的制品，灭活乃是兽医生物制品中的一项基本技术。

一、灭活及灭活剂的概念

灭活（inanimation），是指破坏微生物的生物学活性、繁殖能力及致病性，但尽可能不影响其免疫原性，用以制备灭活疫苗。广义的灭活尚包含灭能（inactivation），即使一些活性物质（微生物及其代谢产物、激素、酶、血清因子和抗体等）丧失活力的过程。各种灭活疫苗、诊断抗原等的制造过程均属于灭活；血清经 56℃加热 30 min 处理，使补

体丧失活性、破坏一些抑制因子的过程，以及破伤风毒素经甲醛处理后即失去致病性成为类毒素的过程均为灭能。用来灭活的药物称为灭活剂（inactivator），又称化学灭活剂。化学灭活是制备灭活苗最重要的手段。

二、灭活的类型

按照灭活作用的性质可将灭活分为物理灭活和化学灭活两类，尤以化学灭活法效果确实、方法简便而最为常用。对不同的微生物、活性物质所采用的灭活方法、灭活剂也不尽相同。因此，选择合适的灭活剂和灭活方法对研制灭活兽医生物制品十分重要。

（一）物理灭活

一般常用热灭活、超声波灭活、紫外线灭活和 γ 射线灭活等方法杀死微生物或消除其毒性。

热灭活最早由 Smith 等研制猪霍乱灭活菌苗时提出，后来发现热灭活容易发生菌体蛋白质变性。过去用加热灭活方法者较多。该法简单易行，但加热杀死微生物的方法比较粗糙，容易造成菌体蛋白质变性，因而免疫原性受到明显影响。超声波裂解细胞灭活应放在冰浴中间断进行。紫外线灭活效果不够好，曾发生过经紫外线灭活的强毒重新活化的例子。γ 射线灭活应根据被照射物的容量大小选择照射距离和照射强度。

目前，除诊断抗原尚采用物理灭活（主要是热灭活）外，一般很少使用。

（二）化学灭活

利用化学药品或酶使微生物、活性物质的一些结构发生改变，从而丧失生命力、感染性、毒性或活性。化学灭活法是目前采用最多的灭活法，但化学灭活的效能常受灭活剂种类、剂量和作用温度、pH、时间等因素影响，因此必须筛选最佳的灭活条件。

在特定条件下，物理灭活与化学灭活也可联合用于某些生物制品的灭活。

三、常用灭活剂

早在 1911 年，Lowenstein 和 Eisler 就用甲醛处理破伤风毒素，使之脱毒而成类毒素。以后，Puntoni（1924）以 0.1%苯酚或 0.1%甲醛处理制成犬瘟热灭活苗，Dorset 等（1934，1936）用结晶紫灭活猪瘟病毒制成猪瘟结晶紫疫苗。至 20 世纪 80 年代，随着化学灭活剂研究的快速发展，已筛选出不少效果优良的灭活剂。

（一）甲醛

甲醛是最传统的同时也是应用最广的灭活剂，至今仍是生物制品研究与制造中最主要的灭活剂。我国卫生部 1979 年颁发的《生物制品规程》中所列的灭活疫苗共 16 种，其中用甲醛灭活的疫苗占 81%；农牧渔业部 1984 年发布的《兽医生物制品制造及检验规程》中的 20 种灭活疫苗，以甲醛灭活者达 17 种，占 85%。农业部 2000 年发布的《兽医生物制品制造及检验规程》中的 26 种灭活疫苗，均以甲醛作为灭活剂。

甲醛为无色气体，易溶于水和乙醇，水溶液称为福尔马林，通常浓度为 36%～40%，能与水、醇、丙酮任意混合，pH 2.8～4.0，无色透明，有强烈的刺激性。甲醛为强还原剂，在微碱性时还原性高，在空气中能缓慢氧化成甲酸。长期或低温保存易变混浊，形成三聚甲醛[$(HCHO)_3$]，加热后可变澄清，但灭活性能降低。一般商品甲醛溶液中常加入 10%～15%的甲醛，以防止聚合。

甲醛的灭活机制是还原作用，低浓度时能破坏微生物的生命链，从而丧失活力或毒性而保存抗原性；高浓度时与微生物蛋白质（含酶蛋白）的氨基结合形成另一种化合物，从而破坏、杀死微生物。

甲醛用于疫苗灭活的浓度为 0.1%～0.8%。一般需氧细菌用 0.1%～0.2%的浓度，厌氧菌则多用 0.4%～0.5%的甲醛杀菌或脱毒。37～39℃处理 24 h 以上，有的需要更长时间。例如猪肺疫灭活苗，用 0.1%的甲醛溶液，37～38℃灭活 7～12 h；气肿疽灭活苗，用 0.5%的甲醛液，37～38℃灭活 72～96 h，而破伤风类毒素用 0.4%甲醛液，37～38℃灭活 21～23 d。甲醛用于病毒灭活其浓度可在 0.05%～0.4%，大部分使用 0.1%～0.3%。不论是杀菌或脱毒，使用甲醛或其他灭活剂，灭活剂的浓度及处理时间都要根据实验的结果来确定。通常以用量小（浓度低）、杀菌处理时间短而又能达到彻底灭活目的为原则。为了中止在灭活结束后的作用，要用焦亚硫酸钠阻断。

（二）苯酚

苯酚（Phenol）又称石炭酸（Carbolic acid），为无色结晶或白色熔块，有特殊气味，有毒及腐蚀性，易潮解，溶于水及有机溶剂。置于空气中和阳光下易被氧化变红，在碱性条件下更易促进这种变化，所以应避光保存。

苯酚的灭活机制是使微生物蛋白质变性和抑制特异酶系统的活性（如脱氨酶、氧化酶等），从而导致微生物死亡。生物制品的常用量为 0.3%～0.5%。

（三）β-丙内酯

β-丙内酯（β-Propiolactone，BPL）又名羟基丙酸-β-内酯。分子式为 $C_3H_4O_2$，是一种良好的病毒灭活剂，它是一种不稳定的无色有刺激气味的液体，于 37℃条件下 2 h 后能自行水解为无毒物质。水中能溶解体积分数为 37%的 β-丙内酯，它能与丙酮、乙醚和氯仿任意混合，对皮肤、黏膜及眼有刺激性，其液体对动物有致癌性。

β-丙内酯的灭活机制是破坏病毒的核酸芯子，但不损害衣壳蛋白，因此能保持良好的免疫原性，主要用于狂犬病灭活苗的制备。然而，目前的研究表明，β-丙内酯是一种潜在的致癌因子。

（四）结晶紫

结晶紫（Crystal violet）是一种碱性染料，别名甲基青莲或甲紫。为带有金属光泽的绿色结晶或深绿色结晶状粉末，易溶于醇，能溶于氯仿，不溶于水和醚。

结晶紫的灭活机制主要是它的阳离子与微生物蛋白质带负电的羧基形成弱电离化合物，妨碍了微生物的正常代谢，扰乱微生物的氧化还原作用，使电势太高而不适于微生物的增殖。对革兰氏阳性菌主要是干扰胞壁肽聚糖的合成。

（五）硫柳汞

硫柳汞（Merthiolate sodium），又称乙基汞硫代水杨酸钠。为无色结晶或乳白色粉末，微有特殊气味，易溶于水，溶于乙醇，不溶于乙醚、苯。在空气中稳定，在日光下不稳定，故应密闭避光保存。用作生物制品的防霉和消毒剂，对霉菌、细菌和病毒都有一定的灭活作用。常用浓度为 0.01%～0.02%。

（六）烷化剂

烷化剂（Alkylating agent）是含有烷基的分子中去掉一个氢原子基团的化合物，它能与另一种化合物作用，将烷基引入，形成烷基取代物。这类化合物的化学性质活泼，其灭活机制是烷化微生物 DNA 分子中的鸟嘌呤或腺嘌呤，引起单链断裂、双螺旋链交联及干扰酶系统和核蛋白作用，从而破坏核酸代谢、合成，导致病毒核酸芯子破坏而达到灭活目的。烷化剂灭活，可使病毒丧失感染力而不损害蛋白壳，得以保留其抗原性。因此，这类灭活剂能破坏病毒核酸芯髓，使病毒完全丧失感染力，而又不损害其蛋白衣壳，得以保留其保护性抗原。这类烷化剂常用的有 *N*-乙酰乙烯亚胺（*N*-Acetyl ethylenimine，AEI）、二乙烯亚胺（Binary ethylenimine，BEI）及缩水甘油醛（Glyceraldehyde，GDA）等。

1. *N*-乙酰乙烯亚胺

AEI 为淡黄色透明液体，有轻微氨臭味，能与水或醇任意混合。pH 7.0～8.5，最适保存温度-79℃，在 0～4℃可保存 1 年，在-20℃可保存 2 年；但 AEI 在常温下由于分子聚合，外观颜色及流动性均发生变化，从而导致灭活作用的改变。AEI 起作用的功能基团是乙烯亚胺基，用于灭活口蹄疫病毒生产口蹄疫灭活疫苗。在口蹄疫病毒培养液中加入最终浓度为 0.05%，30℃、8 h 后，达到灭活目的。加入最终浓度为 2%的硫代硫酸钠，即可中断灭活剂的灭活作用。

2. 二乙烯亚胺

BEI 市售商品为浓度 0.2%的溶液，在 0～4℃可保存 1 个月，在口蹄疫病毒悬液中加入最终浓度为 0.02%的 BEI 可对病毒进行较好的灭活。当灭活结束时，加入最终浓度为 2%的硫代硫酸钠阻断灭活作用。

3. 缩水甘油醛

GDA 易挥发，水溶液含量为 15～30 mg/ml。0～4℃保存 3 个月后含量逐渐下降，约半年失效，20℃只能保存 10 d。

GDA 的作用机理是环氧烷基与病毒蛋白或核酸发生反应。对大肠杆菌、噬菌体、新城疫病毒、口蹄疫病毒等有灭活作用。

近 30 年来，许多科学家对烷化剂在灭活口蹄疫病毒时的灭活速度、毒性、保存性等方面进行比较，结果证明 AEI 和 BEI 性能良好，已成功地用于疫苗的生产，特别是 BEI 由于其保存、毒性及成本等更为优越而被人们广泛采用。

四、影响灭活作用的因素

所谓灭活效果，一是指灭活的完全性，即被灭活物的活性（毒性）是否能完全丧失或破坏；二是指灭活后是否保留良好的抗原性，即灭活物是否仍有抗原高效价和坚强的免疫力。灭活效应，尤其是化学灭活的效应，常受剂量、温度、时间、pH、灭活物种类和浓度等因素制约。因此，在生物制品制造中，除应筛选出良好的灭活剂外，还要选定最佳的灭活剂量、温度、时间和 pH 等条件。

（一）灭活剂种类

不同的灭活剂对同一种微生物的灭活效果也不同。某些药物只对一部分微生物有明显的灭活作用，而对另一些微生物则效力很差。如酚类能抑制和杀灭大部分细菌的繁殖体，5%石炭酸溶液于数小时内能杀死细菌的芽孢。真菌和病毒对酚类不太敏感。阳离子表面活性剂抗菌谱广，效力快，对组织无刺激性，能杀死多种革兰氏阳性菌和阴性菌，但对绿脓杆菌和细菌芽孢作用弱，其水溶液不能杀死结核杆菌。因此在选择灭活剂时，应考虑其特异性，即对微生物的作用范围。

（二）微生物种类及其特性

不同种类的微生物如细菌、病毒、真菌以及革兰氏阳性菌与革兰氏阴性菌对各类灭活剂的敏感性是不完全相同的；细菌的繁殖体及其芽孢对化学药物的抵抗力不同；生长期和静止期的细菌对灭活剂的敏感程度亦有差别。另外细菌的浓度也会影响灭活的效果。

（三）灭活温度

通常同一浓度的灭活剂在不同温度的灭活速度与温度成正比。在低温时，温度每上升 10℃，细菌死亡率可成倍增加。每升高 10℃，金属盐类的杀菌作用增加 2～5 倍，石炭酸的杀菌作用增加 5～8 倍。但是，如果温度超过 40℃或更高，对微生物的抗原性将有不利影响。

（四）灭活剂浓度

以甲醛为例，甲醛浓度越高，灭活脱毒越快，但抗原损失量亦较大。有人证明，加 0.5%甲醛溶液脱毒的类毒素，其结合力仅相当于 0.2%甲醛溶液脱毒的类毒素结合力的 2/3。也可以采用分次加入甲醛溶液进行灭活这种脱毒比较缓和的方法。将拟加的甲醛溶液分数次加入，加量由小至大，pH 由低到高，温度起初为室温，继而转为允许的最高温度，这样对于保护抗原的免疫原性有一定好处。

（五）灭活时间

灭活时间与灭活剂浓度和灭活温度密切相关。一般随着灭活剂浓度及作用温度升高，灭活所需时间缩短。但为了保证制品质量，一般采用低浓度、低温和短时间处理为最佳。

（六）pH

在微酸性时灭活速度慢，抗原性保持较好，在碱性时灭活速度快，但抗原性易受破坏。对细菌的灭活作用，pH 有重大影响，pH 改变时，细菌的电荷也发生改变。在碱性溶液中，细菌带阴电荷较多，所以阳离子表面活性剂的杀菌作用较大。在酸性溶液中，则阴离子的杀菌作用较强。灭活初期损失较快，以后逐渐减慢，尤其甲醛溶液浓度高时，在碱性溶液中抗原性损失更大。同时，pH 也影响灭活剂的电离度，一般说来，未电离的分子较易通过细菌细胞膜，灭活效果较好。

（七）微生物含氮量

一般微生物或毒素的总氮量和氨基氮含量对灭活有一定影响。一般含氮量越高，甲醛等灭活剂的消耗量就越大、灭活脱毒越慢。

（八）有机物的存在

生物制品中含有较多的有机物质，这些蛋白质等有机物吸附于灭活剂的表面或者和灭活剂的化学基团相结合，会影响灭活剂的灭活能力。受这种因素影响最大的为苯胺类染料、汞制剂及阳离子去污剂。一旦汞制剂与含硫氢基化合物相遇或季铵盐类与脂类结合，则明显降低这些灭活剂的作用。

常用灭活剂及灭活方法见表 4-1。

表 4-1　常用灭活剂及灭活方法

疫苗名称	灭活剂及其浓度	灭活、脱毒方法
气肿疽明矾菌苗	0.5%甲醛	37～38℃，72～96 h
气肿疽甲醛菌苗	0.5%甲醛	37～38℃，72～96 h
肉毒梭菌（C 型）菌苗	0.8%甲醛	37℃，10 d
羊快疫、猝疽、肠毒血症三联菌苗	0.5%～0.8%甲醛	37～38℃，3～7 d
羊黑疫、快疫二联菌苗	诺威氏菌菌液 0.5%甲醛； 腐败梭菌菌液 0.8%甲醛	37℃，3～4 d
羊梭菌病四防氢氧化铝菌苗	0.5%～0.8%甲醛	37℃，腐败梭菌 4～6 d、 魏氏梭菌 6～8 d
家兔魏氏梭菌氢氧化铝菌苗	0.8%甲醛	36～37℃，5 d
羊大肠杆菌病菌苗	0.3%甲醛	37℃，24～48 h
羊链球菌氢氧化铝菌苗	0.3%甲醛	37～38℃，16～24 h
猪链球菌氢氧化铝菌苗	0.3%甲醛	37℃，24 h
猪丹毒、猪肺疫氢氧化铝二联苗	0.25%甲醛	37℃，18～24 h
猪丹毒氢氧化铝菌苗	0.2%～0.25%甲醛	37℃，18～24 h
牛出血性败血病氢氧化铝菌苗	0.1%～0.2%甲醛	37℃，7～18 h
猪肺疫氢氧化铝菌苗	0.1%甲醛	37℃，7～12 h
禽霍乱氢氧化铝菌苗	0.1%甲醛	37℃，7～12 h
禽霍乱油乳剂菌苗	0.1%甲醛	37℃，12 h
山羊传染性胸膜肺炎氢氧化铝菌苗	0.1%甲醛	16～18℃　48 h
犬瘟热肝脾组织灭活菌	0.1%甲醛	37℃，24 h
兔出热组织灭活苗	0.4%甲醛	37℃，12～24 h
鸡传染性法氏囊病组织灭活苗	0.4%甲醛	37℃，20～24 h
牛、羊伪狂犬病疫苗	0.15%甲醛	4～10℃，冷库内 7 d
犬传染性肝炎灭活苗	0.05%甲醛	37℃，24 h
口蹄疫细胞培养灭活苗	0.02%AEI 或 0.02%BEI	20～37℃，72～20 h （温度越高，时间越短）
猪瘟结晶紫疫苗	血毒 4：甘油结晶紫 1 （1 000 ml 甘油+2.5 g 结晶紫）	37～38℃，6～8 d
狂犬病羊脑组织苗	组织苗 1：石炭酸甘油溶液 4 （含 60%甘油及 1%酚的蒸馏水）	36℃，7 d
猪水泡病细胞毒结晶紫疫苗	细胞毒原液 75%，含 2.5%结晶紫的 甘油 25%	37℃，18 d
破伤风明矾沉降类毒素	0.4%甲醛	37～38℃，21～31 d

第二节 佐 剂

一、佐剂的概念

佐剂（adjuvant）一词来源于拉丁语，原为辅佐之意。当一种物质先于抗原或与抗原混合或同时注射于动物体内，能非特异性地改变或增强抗原物质的免疫原性，增强机体的免疫应答，或者改变机体免疫应答类型，这种物质称为佐剂，也称免疫佐剂（immunologic adjuvant）或抗原佐剂（antigenic adjuvant）。最新的概念为，凡是可以增强抗原特异性免疫应答的物质均称为佐剂。

1925 年，法国兽医免疫学家拉蒙（Gaston Ramon），首先观察到一些物质的佐剂作用。他发现制备白喉抗毒素的高免马匹，接种部位化脓者抗体效价高，继而又发现了木薯淀粉等的佐剂效应。1926 年 Glenny 证明明矾具有佐剂作用。1951 年弗氏研制成弗氏佐剂，使佐剂研究不断发展。

自 20 世纪 50 年代以后，为了提高兽医生物制品的免疫效果，在兽医领域对佐剂进行了广泛的研究，特别是对油佐剂的研究进展更快。在我国，佐剂的研究和佐剂苗的生产使用，始于 20 世纪 50 年代。1958 年曾研制了用羊毛脂和液体石蜡制造猪丹毒油乳剂苗，但效果不理想。20 世纪 80 年代以来，对矿物油白油佐剂的研究和应用发展极快，尤以禽病白油佐剂疫苗的种类更多，使用效果也比较满意，例如新城疫苗油乳剂苗、EDS-76 油乳剂苗、禽霍乱油乳剂苗等。

疫苗，如灭活苗、类毒素、微生物亚单位苗、基因工程苗及合成肽苗等，免疫原性均较差，必须含有佐剂，以增强其免疫原性。有些佐剂在治疗肿瘤时发挥重要作用，如应用卡介苗或短小棒状杆菌等，以提高机体免疫功能，增强特异性及非特异性杀瘤细胞作用，因此近年来免疫佐剂的研究进展更为迅速。

二、佐剂标准

WHO 与世界各国均认为，理想的佐剂除了有效辅助引发免疫反应外，尚应具备下列标准，否则不得用作佐剂。

（1）佐剂物质应安全、无毒、无致癌性，也不应是辅助致癌物，不能诱导、促进肿瘤形成。通过肌肉、皮下、静脉、腹腔、滴鼻、口服等各种途径进入动物体后无任何副作用。

（2）佐剂物质应有较高的纯度，有一定的吸附力，最好吸附力强。

（3）佐剂物质应具有在动物体内降解吸收的性质，不宜长时期留存而诱发组织损伤。

（4）佐剂物质不应诱发自身超敏性，不含有与动物有交叉反应的抗原物质。

（5）佐剂物质应稳定，佐剂抗原混合物储存1年以上不分解、不变质和不产生不良反应。

三、佐剂的作用机理

佐剂加强免疫反应，是一个非常复杂的过程，虽然有些佐剂的作用机制已很清楚，但仍有许多佐剂的作用机制至今尚不甚明确。佐剂的机理，可能主要是改变正常免疫机能：既可吸引大量巨噬细胞以吞噬抗原，改变抗原的构型，使抗原物质降解并加强其免疫原性；又可将过多的抗原暂时贮存，延缓释放，并发挥免疫系统的细胞间协同作用（巨噬细胞与T细胞，T细胞与B细胞）等。佐剂的作用主要包括以下两个方面。

（一）对抗原的作用

1. 增加抗原分子的表面积

佐剂吸附抗原后增加抗原分子的表面积，并且改变活性基因的构型，因而增强抗原的免疫原性。某些佐剂颗粒表面可以吸附许多抗原，使抗原表面积明显增加，特别是对小分子量可溶性抗原或半抗原，经胶体颗粒吸附后，所产生的抗体滴度明显提高。

2. 增强T细胞和B细胞的协同作用

佐剂和抗原被巨噬细胞吞噬，对抗原加工处理，赋予较强的免疫原性，促进T细胞免疫力，并加强T细胞与B细胞的协同作用。甲状腺球蛋白与弗氏完全佐剂（FCA）结合后，可以中断T细胞的耐受性，从而恢复T细胞与B细胞相互作用而产生抗甲状腺球蛋白抗体。电镜观察证明，有弗氏佐剂的巨噬细胞与淋巴细胞和正在产生抗体的浆细胞之间有密切的接触。

3. 延长抗原在组织内的贮存时间，使抗原缓慢降解和缓释

抗原与某些佐剂混合后形成凝胶状，延长抗原在体内的贮存时间，增加抗原与机体免疫系统接触的广泛程度，减缓抗原的降解速度，使其徐徐释放，因而明显提高抗原物质的免疫原性。

此外，佐剂还可保护抗原物质不受酶系统的降解。

（二）对抗体的作用

1. 引起细胞浸润

佐剂能引起细胞浸润，出现巨噬细胞、淋巴细胞及浆细胞聚集，促进这些细胞增殖，发挥产生抗体的作用。例如注射FCA后，从组织切片可见，注射局部有巨噬细胞、上皮样细胞以及淋巴细胞和浆细胞聚集成团。又如加佐剂吸附与不加佐剂破伤风类毒素免疫

豚鼠后的血清抗体滴度差异非常明显（表 4-2）。

表 4-2 吸附佐剂对破伤风类毒素抗体滴度的影响

免疫量/Lf	戊二醛类毒素		甲醛类毒素	
	未加佐剂	加吸附佐剂	未加佐剂	加吸附佐剂
30	19	28	7	18
10	19	22	0.5	14
3.5	5	7	0.5	5

2. 加速淋巴细胞的转化

佐剂能加速淋巴细胞转化成为效应细胞，生成更多的致敏淋巴细胞并转变为浆细胞。

3. 膜和胞浆的变化

淋巴细胞膜上的磷脂被酶激活，使膜上或邻近的部位发生膜运动及合成新的膜。巨噬细胞经佐剂作用后，也出现类似的改变，主要表现为膜活性增加和分泌辅助性因子。

4. 细胞功能的改变

巨噬细胞被佐剂刺激和激活后出现的主要变化包括：数量增多、膜表面积增大、产生大量辅助因子和前列腺素等调节因子。T 细胞和 B 细胞受佐剂作用后，最大的改变是：细胞数目增多，进入细胞增殖周期，膜表面成分发生改变，产生大量辅助因子（LK）。B 细胞则分化为浆细胞，并分泌大量的抗体。

佐剂能改变抗体类型，使用佐剂诱导优先合成一种或多种抗体，取决于刺激初次效应的佐剂类型。使用不同佐剂苗免疫接种不同动物，产生的抗体种类和量有所不同。这是使用佐剂应该注意和研究的问题。

近年来的研究还证明，有些起佐剂作用的物质，对正常状态的免疫功能并无影响，只增强已经低下的免疫功能，增强免疫功能的物质称为免疫增强剂，不同制剂的增强作用也不一样，但多数是增强巨噬细胞活性，促进 T 细胞或 B 细胞的反应。这些对于肿瘤的免疫治疗具有重要意义。

四、佐剂类型

佐剂种类很多，目前尚无一致的公认合理的分类方法。从不同角度可作如下分类。

（一）根据佐剂的生物学性质分类

这种分类最早由 Ballanti 提出，故又称 Ballanti 佐剂分类。

1. 微生物及其组分佐剂

某些死菌的菌体成分与抗原在一起注射，具有明显的佐剂效应，如将结核杆菌加入到弗氏佐剂中。证明有佐剂活性的微生物有厌氧短小棒状杆菌、葡萄球菌、链球菌、酵母菌、结核杆菌、卡介苗（BCG）、布氏杆菌、百日咳杆菌、绿脓杆菌、沙门氏菌、李氏杆菌、乳杆菌、双歧杆菌、肺炎克雷伯氏菌、诺卡氏放线菌、副黏病毒及细小病毒等。

具有佐剂活性的微生物组分有革兰氏阴性菌外膜脂多糖（LPS）、革兰氏阳性细菌的细胞壁和细胞膜中的脂磷壁酸（LTA）、分枝杆菌提取的高分子多肽糖脂（脂容性蜡质 D）、分枝杆菌细胞壁中提取的胞壁酰二肽（MDP）、乳酸菌及粪链球菌提取的细胞壁肽聚糖（PG）、短小棒状杆菌等提取的细胞壁骨架成分（CWS）、耻垢分枝杆菌等提取的水溶性佐剂（WSA）、肺炎杆菌的糖蛋白、酵母菌提取的酵母多糖及香菇提取的香菇多糖等。此外，一些蛋白毒素，如霍乱毒素（CT）、百日咳毒素（PT）、破伤风类毒素（TT）等，具有较强的佐剂效应。

2．非微生物物质佐剂

（1）核酸及其类似物佐剂

从微生物提取出来的核酸成分（DNA、RNA 以及它们的多核苷酸）或合成核苷酸聚合体与抗原一起接种动物，能显示出佐剂作用，而单独给予则无佐剂效应。例如 DNA、RNA、多核苷酸以及合成核苷酸聚合体（Poly I: A、Poly I:U，Poly I:C)、聚丙烯酸、聚 4-乙烯吡啶、丙烯酸及聚乙烯吡咯烷酮（PVP）等。

（2）不溶性铝盐类胶体佐剂

例如硫酸铝、磷酸铝、氢氧化铝、磷酸钙、钾明矾、铬明矾、铵明矾等。

（3）油佐剂

包括矿物油（如白油)、植物油（如花生油）等。

（4）药物佐剂

例如吡喃、梯洛龙、丙胺肌苷、2-氮丙啶类、D-青霉素胺类及左旋咪唑等。中草药类，如冬虫夏草、天麻、黄芪、苦参等也有佐剂作用。

（5）表面活性剂佐剂

① 阴离子表面活性剂，包括硬脂酸铝、单硬脂酸甘油酯等；

② 阳离子表面活性剂，如十二烷基三甲基溴化铵、十六烷基三甲基溴化铵和十八烷基三甲基溴化铵、十八烷基酪氨酸盐酸盐等；

③ 非离子性表面活性剂，如 Arlacel A、Span-80、Span-85、Tween-80 等。

（二）根据佐剂在体内存留时间分类

1．贮存型佐剂

能将抗原物质吸附或黏着而成为一种凝胶状态物，注入动物体后可较久地存留在体内，持续地释放出抗原物质起刺激作用，从而能显著地增高抗体滴度，提高免疫效果。如不溶性胶体佐剂（氢氧化铝胶、明矾、磷酸铝、EDTA、藻胶酸钠等)、油乳佐剂（弗氏完全佐剂、弗氏不完全佐剂、Span 白油佐剂等）。

2．非贮存型佐剂

又称为细胞毒型佐剂。这类佐剂不同抗原混合，两者在相互隔开的部位分别注射也可出现效果，非贮存型佐剂又可分为生物佐剂（微生物及其产物）和非生物佐剂（表面活性剂、胺及其类似物、核酸及其类似物、药物等）两类。

（三）根据佐剂的物理性质分类

1．颗粒性佐剂

（1）盐类佐剂。包括氢氧化铝胶、各种明矾、磷酸铝等。

（2）油水乳剂佐剂。如弗氏完全佐剂（FCA）、弗氏不完全佐剂（FIA）和矿物油白油佐剂。

（3）免疫刺激复合物（ISCOM）佐剂。

（4）蜂胶佐剂。

（5）脂质体佐剂。

（6）其他。MF59 佐剂、微囊化佐剂、硬脂酰酪氨酸佐剂和γ-菊粉等。

2．非颗粒性佐剂

（1）肽类佐剂。如胞壁酰二肽（MDP）及其衍生物、去胞壁酰多肽、脂肽和免疫调节多肽等。

（2）表面活性分子类佐剂。如非离子阻断共聚物表面活性剂和海藻糖合成衍生物（TDM）等。

（3）核酸及其衍生物类佐剂。如合成核苷酸聚合体、次黄嘌呤衍生物和免疫刺激序列 DNA（CpG DNA）或 CpG 寡聚脱氧核苷酸（CpG-ODN）等。

（4）含硫复合物类佐剂。如左旋咪唑。

（5）碳水化合物高分子类佐剂。如香菇多糖、硫酸多糖等其他一些多糖和 DEAE-葡聚糖等。

（6）细胞因子类佐剂。如白介素-1（IL-1）、白介素-2（IL-2）、白介素-4（IL-4）和γ-干扰素（γ-IFN）等。

（7）脂质分子类佐剂。如脂多糖及其衍生物，一些脂溶性维生素如维生素 A 和维生素 E 等。

（8）其他。包括一些蛋白毒素如霍乱毒素（CT）、百日咳毒素（PT）、破伤风类毒素（TT）等；脂磷壁酸（LTA）；维生素 B_{12} 等。

五、兽医上使用的佐剂

尽管目前佐剂有很多种类，但实际应用的还不多。铝盐类佐剂、油水乳剂佐剂及蜂胶佐剂等目前比较常用，属于常规佐剂。细胞因子类佐剂、免疫刺激复合物佐剂、CpG DNA、脂质体佐剂及 MF59 等佐剂是目前研究的热点，其中有些已经应用于生产，属于新型免疫佐剂。

（一）常规佐剂

1．氢氧化铝胶佐剂

氢氧化铝胶又称铝胶，其佐剂活性与质量密切相关。质优的铝胶分子细腻，胶体状态良好、稳定，吸附力强，含 $Al(OH)_3$ 约 2%（Al_2O_3 为 1.3%），保存 2 年以上吸附力不变。

铝胶制造法甚多，如铝粉加烧碱合成法，明矾加碳酸钠合成法，明矾加氨水合成法，三氯化铝与氢氧化钠合成法等。

2．明矾佐剂

明矾有钾明矾[$KAl(SO_4)_2 \cdot 12H_2O$]和铵明矾[$AlNH_4(SO_4)_2 \cdot 12H_2O$]之分，是一种无色结晶状物，溶于水，不溶于酒精。兽医生物制品常用钾明矾作佐剂，如破伤风明矾沉降类毒素、气肿疽明矾菌苗等。制造时取精制钾明矾配成 10%溶液，高压灭菌后冷却至 25℃以下，按 1%～2%加入 pH 8.0±0.2 的灭活菌液中，充分振摇即为明矾佐剂苗。

3．弗氏佐剂

著名的弗氏佐剂分不完全佐剂（FIA）与完全佐剂（FCA）两种，迄今仍是免疫学上广泛应用的佐剂，但在生物制品上使用不广。

弗氏不完全佐剂的成分主要为：3 份液体石蜡油、1 份无水羊毛脂、4 份磷酸缓冲盐水（pH 7.2）。制造时，先将各成分混合均匀，116℃高压灭菌 30 min，然后加入 1%Tween-80 混匀，使用时与抗原物质等量混合。

弗氏完全佐剂是在不完全佐剂中加入无毒、灭活的分枝杆菌 10 ml/ml，或加入干燥 BCG 1～2 mg/ml，使用时与抗原物质等量混匀。

4．油乳佐剂

油乳佐剂是以矿物油、水溶液加乳化剂制成的一种储存型免疫佐剂。分单相乳化佐剂和双相乳化佐剂两种。前者为水包油（O/W）或油包水（W/O）型乳化佐剂，通常 W/O 型佐剂较黏稠，在机体内不易分散，佐剂活性优良，是兽医生物制品所采用的主要剂型；O/W 型乳化佐剂较稀薄，在机体内易于分散，但佐剂活性很低，兽医生物制品中很少采用。后者是水包油包水（W/O/W）或油包水包油（O/W/O）型乳化佐剂。油乳佐剂的佐剂活性、安全性与油、乳化剂质量及乳化方法和技术密切相关。免疫学上广泛应用的弗氏佐剂是著名的油乳佐剂。

（1）油乳剂

油乳剂简称乳剂，是指一种液体或粉末微粒（分散相或内相）借助乳化剂、机械力作用，分散悬浮于另一种不相溶的液体（连续相或外相）中形成的分散体系。

（2）乳化剂

指油乳剂中分散相与连续相两相间的界面活性物质，能够促进和稳定两种互不相溶物形成乳剂。如弗氏佐剂中的羊毛脂，油乳佐剂中的 Span-80、Arlacel-80、Tween-80 等。乳化剂又称表面活性剂，具有降低分散物的表面张力，在微滴（粒）表面上形成薄膜或双片层，以阻止微滴（粒）的相互凝结。

（3）乳化剂的种类

乳化剂可分为天然乳化剂和合成乳化剂两类。天然乳化剂，多来源于植物、动物，如阿拉伯胶、海藻酸钠、卵黄、炼乳等。合成乳化剂又可分为阴离子型（如碱肥皂、月桂酸钠、十二烷基磺酸钠、硬脂酸等）、阳离子型（如氯化苯甲烃铵、溴化十六烷基三甲基铵、氯化十六烷基铵代吡啶等）、非离子型（多元醇或聚合多元醇的脂肪酸酯类、醚类物，如月桂酸聚甘油酯、山梨醇酯、单油酸酯等）三类。

（4）乳化剂的选择

商品乳化剂种类很多，通常可根据用途和乳化剂的 HLB 值（亲水亲油平衡值）进行选择。乳化剂在水中的溶解度与它的 HLB 值有密切关系。亲水强的乳化剂，在水中溶解度大，HLB 值高，容易形成水包油（O/W）型乳剂。亲油性强的乳化剂，在水中溶解度小，HLB 值也相应较低，容易形成油包水（W/O）型的乳剂。当 HLB 值为 4～6 时适于制备 W/O 型乳剂，HLB 值为 8～18 的乳化剂宜于制备 O/W 型乳剂。因而为调整 HLB 值以达到制取稳定乳剂目的，以用混合乳化剂为好。一些商品乳化剂的亲水亲油平衡值见表 4-3。

（5）白油佐剂

白油是一种矿物油，国外用于制苗的商品为 Drakocel-6VR、Marcol-52 及 Lipolul-4，国产白油的型号分 5、7、10、15 号等，其标准与性状为：无色无味；50℃运动黏度 7 m^2/s 左右；紫外吸收值（250～350 nm）＜0.1%，紫外消光系数＜1.2×10^9；单环芳烃与双环芳烃含量低于 0.5%；无多环芳烃；小鼠腹腔注射 0.5 ml 观察 160 d 或家兔皮下注射 2.0 ml 观察 60 d 正常。

表 4-3　一些商品乳化剂的亲水亲油平衡值（HLB）

商品名称	化学成分	类型	HLB 值
Span-85 或 Arlacel-85	去水山梨醇三油酸酯	非离子	1.8
Span-65 或 Arlacel-65	去水山梨醇硬脂酸酯	非离子	2.1
Arlacel-C 或 Arlacel-83	去水山梨醇倍半油酸酯	非离子	3.7
Span-80 或 Arlacel-80	去水山梨醇单油酸酯	非离子	4.3
Aldo-28	甘油单硬脂酸酯	负离子	5.5
Span-40 或 Arlacel-40	去水山梨醇单棕榈酸酯	非离子	6.7
Span-20 或 Arlacel-20	去水山梨醇单月桂酸酯	非离子	8.6
Tween-65	聚氧乙烯去水山梨醇三硬脂酸酯	非离子	10.5
Tween-85	聚氧乙烯去水山梨醇三油酸酯	非离子	11.0
Atlas G-2076	聚氧乙烯单棕榈酸酯	非离子	11.6
Atlas G-2127	聚氧乙烯单月桂酸酯	非离子	12.6
Tween-21	聚氧乙烯去水山梨醇单月桂酸酯	非离子	13.3
Tween-60	聚氧乙烯去水山梨醇单硬脂酸酯	非离子	14.9
Tween-80	聚氧乙烯去水山梨醇单油酸酯	非离子	15.0
Atlac G-1471	聚氧乙烯山梨醇羊毛脂衍生物	非离子	16.0
Brij-35	聚氧乙烯月桂醚	非离子	16.9
Mhrj-53	油酸钠	负离子	18.0
Alas G-2159	油酸钾	负离子	20.0
Alas G-63	*N*-十六烷基-*N*-乙基吗啉基硫酸盐	正离子	25～30.0

（6）白油佐剂疫苗的配制

依据抗原性质、乳化方法而有所不同。通常大量生产疫苗时，可将 94%白油与 6%Span-80 混合后再加入 1%～2%硬脂酸铝溶化混匀，116℃高压灭菌 30 min，即为油相。取抗原液（通常先经灭活），加入 2%～4%Tween-80 混匀，即为水相。乳化时，按油相与水相 3∶1～2∶1（体积比）混合乳化。即将油相置组织捣碎容器内，慢速搅动油相同时缓慢加入水相进行乳化，最后高速乳化制成 W/O 型油乳佐剂疫苗。在乳化过程中亦可根据乳剂黏稠度适当调整油、水相比，或将黏稠的 W/O 型油乳剂抗原制剂再加入 2%Tween-80 生理盐水后继续乳化成双相油乳佐剂疫苗制剂。双相油乳佐剂疫苗制剂黏度小、注射局部反应轻微，易吸收和佐剂效应高。

（7）油乳剂检验

检验项目为乳剂类型检查、黏度测定、稳定性测定、黏度大小及分布检测等，生产实际中以黏度测定与稳定性测定为主。

① 黏度测定。最简易的方法是取内径为 1.2 mm 的吸管，在室温下吸乳剂 1 ml，以

垂直放出 0.4 ml 所需的时间作为黏度单位，以 2～6 s 为合格，不得大于 10～15 s。

② 稳定性测定。离心分层法，于半径 10 cm 离心管装油乳剂，3 000 rpm/min 离心 10～15 min 不分层，相当于可保存 1 年以上不破乳。或将疫苗 37℃贮存，加速老化，10～30 d 不破乳。

5．蜂胶佐剂

蜂胶是蜜蜂采自柳树、杨树、栗树和其他植物幼芽分泌的树脂，并混入蜜蜂上颚分泌物，以及蜂蜡、花粉及其他一些有机与无机物的一种天然物质。蜂胶是固体状黏性物，呈褐色或深褐色或灰褐带青绿色，具有芳香气味，味苦，在低于 15℃条件下变硬，0℃以下变脆，35～45℃时质软带黏度可塑性，60℃以上熔化，相对密度 1.112～1.136。蜂胶的颜色及品质与蜜蜂所采集的植物种类有关，新收集的蜂胶，约含 55%的树脂和香脂、30%蜂蜡以及芳香挥发油、10%以上花粉和其他杂质，是一种质量不均的混合物。将蜂胶溶于 95%乙醇中，应呈透明的栗色溶液。

目前已知蜂胶含树脂、蜂蜡、芳香油、花粉、20 余种黄酮类化合物，多种酸类、醇类、酚类、酮类、脂类、烯烃和萜类等化合物，还有多种氨基酸、酶和多糖、脂肪酸及维生素以及 30 余种化学元素。

蜂胶是一种广谱生物活性物质，具有良好的免疫增强作用，它能增强巨噬细胞的吞噬能力，促进抗体的产生，提高机体的特异性和非特异性免疫力。但由于蜂种不同、产地不同，天然蜂胶的质量和成分有较大的差异，用于免疫佐剂需进行纯化。用市售蜂胶，放 4℃以下低温贮存，用前在 4～8℃下粉碎，过筛，按质量体积比 1∶4 加 95%的乙醇，18～25℃浸泡 24～48 h，冷却离心取上清液即为纯化蜂胶，以干物质计算配成 30 mg/ml 溶液，4℃保存备用。

沈志强等（1993）将纯净培养的鸡多杀性巴氏杆菌液（含菌 2.0×10^{10} 个/ml），经甲醛（0.3%）灭活后，加入蜂胶乙醇浸液，使每毫升菌液中含蜂胶 10 mg，边加边摇荡，迅即成为乳浊状，即为禽霍乱蜂胶佐剂疫苗。取 1 ml 接种鸡、鸭、鹅、鸽、乌鸡、珍珠鸡等均未见不良反应，试验室攻毒试验，保护力在 75%以上，免疫期 6 个月。用蜂胶佐剂制备其他疫苗如猪细小病毒疫苗、鸡大肠杆菌苗等，均初步证明安全有效。

6．左旋咪唑、葡聚糖佐剂

左旋咪唑驱虫药物是噻唑苯咪唑的派生物，白色，无定形或结晶形粉末，易溶于水。本剂具有恢复 T 细胞和吞噬细胞功能以及胸腺细胞有丝分裂功能的作用，还能调节免疫系统的细胞免疫机能。葡聚糖可作为载体，两相结合后有明显的免疫佐剂效能。于 5%左旋咪唑液中加入葡聚糖微粒混匀，4℃浸泡 24 h 后低温干燥制成佐剂载体。在鸡新城疫Ⅱ系毒液中加入 0.8%左旋咪唑、葡聚糖佐剂混匀，4℃下放置 2 h，即为鸡新城疫Ⅱ系佐剂疫苗。或在液体苗液中加入保护剂后分装、冻干，制成冻干疫苗。

（二）新型佐剂

1．细胞因子类佐剂

多种细胞因子都证明是有效的免疫增强剂，亦称之为免疫佐剂，能够增强疫苗的保护作用，在肿瘤免疫模型试验中，亦能提高其免疫性参数。随着合成和重组抗原的日渐增多，应进一步强调合适的佐剂的作用以确保疫苗的最大活性以及对所有接种者的保护作用。目前，发展安全、有效的佐剂有几种途径，其中直接利用细胞因子作佐剂，已成为科学家的研究热点。这类细胞因子主要为白细胞介素-1、白细胞介素-2、白细胞介素-4、白细胞介素-12 及 γ-干扰素。

（1）白细胞介素-1（IL-1）

IL-1 又称淋巴细胞活化因子，是第 1 个细胞因子佐剂。1983 年 Staruch 等报道，接种抗原后 2 h，给予 IL-1 制剂，能增强小鼠对牛血清白蛋白的记忆应答，比单用抗原加强的二次应答增强 50 倍。IL-1 用作佐剂可增强对抗原的初次和二次抗体应答。IL-1 及其肽是 IL-2 产生的有力的增强剂，并能增强抗原特异性 T 辅助细胞活性。然而，尽管有过量的中和性抗 IL-2 抗体存在，抗体应答仍增强，所以 T 细胞辅助活性的提高可能不依赖于 IL-2 的增加。可能尚有其他不依赖 T 辅助细胞的机理，这些机理对 T 非依赖性抗原应答的增强尤为重要，可能涉及通过 IL-2 或直接由 IL-1 诱导 B 细胞增殖和分化。

IL-1 可引起许多与炎症有关的严重副作用，这是其用作疫苗佐剂的不足。因此科学家对 IL-1β 序列中 163～171 位的短肽很感兴趣。该肽不存在上述问题，但仍可保持 IL-1 的免疫刺激作用。因此，肽 163～171 已被成功地用于动物，以增强对如下抗原的特异性免疫应答。其中有 T 辅助细胞依赖的细胞抗原，不依赖 T 辅助细胞的多糖抗原，重组以及来自人病原体的合成抗原，并已成劲地用于实验性肿瘤疫苗。

（2）白细胞介素-2（IL-2）

是 T 细胞在抗原或促有丝分裂原刺激下所分泌的一种淋巴因子，可引起 T 细胞增殖和维持 T 细胞在体外持续生长，故曾称为 T 细胞生长因子（TCGF）。具有促进 T 细胞生长、诱导或增强细胞毒性细胞的杀伤活性、协同刺激 B 细胞增殖及分泌免疫球蛋白、增强活化的 T 细胞产生 IFN 和集落刺激因子（CSF）、诱导淋巴细胞表达 IL-2R、促进少突胶质细胞的成熟和增殖及增强吞噬细胞的吞噬杀伤能力等免疫生物学效应。

当 IL-2 用于灭活疫苗和正常接种对象时，其免疫原性的增强，取决于给予抗原后的连续注射。IL-2 与疫苗合用，然后注射 5 d 或 17 d，可增强对胸膜肺炎嗜血杆菌、狂犬病和单纯疱疹病毒的防御作用。虽然对上述感染的防御作用得到增强，但抗体应答并不增强。

在抗体应答增高并无重要意义的情况下，细胞因子显然具有佐剂潜能，但其实际用途将取决于是否可通过一些缓慢释放机理来避免每天注射。这方面的研究已取得一些进展，如应用聚乙二醇-IL-2，将 IL-2 掺入脂质体。

IL-2 多次注射，可通过增强抗原特异性 T 细胞的增殖而起作用，但用油乳化 IL-2 克服遗传性无应答性时，未见这种活性。

（3）白细胞介素-4（IL-4）

IL-4 又称为 B 细胞刺激因子（BSF-1），是由辅助性 T 细胞（Th 细胞）经抗原或丝裂原刺激后产生的一类重要的淋巴因子，为蛋白性质的肽类。IL-4 对 T、B 淋巴细胞分化和成熟具有潜在的佐剂活性。它能激活 T 细胞、B 细胞、NK 细胞和自身受体 IL-4R，增强或抑制免疫球蛋白的合成，可能成为一种强有力的佐剂候选因子。

（4）白细胞介素-12（IL-12）

IL-12 是目前发现的唯一由 B 细胞产生的细胞因子，与 IL-2 有协同作用，曾被称为细胞毒性淋巴细胞成熟因子（CLMF）和天然杀伤细胞刺激因子（NKSF）。IL-12 与亚剂量的 IL-2 能协同诱导抗体产生细胞毒 T 淋巴细胞（CTL）。IL-12 还能诱导 NK 细胞和 T 细胞产生 γ-干扰素（IFN-γ）。IL-12 活性高于 IL-2 和 IFN，在极低浓度时就有显著活性，对灭活疫苗、肿瘤和寄生虫抗原具有有效的佐剂活性。

IL-12 的产生是一些细菌性佐剂发挥作用的机理。这些细菌成分激发巨噬细胞产生 IL-12。许多研究者建议，IL-12 可替代这些细菌佐剂，并更为安全。而且 IL-12 应用于主要诱导细胞免疫应答的疫苗（如 HIV 疫苗）。

（5）γ-干扰素（IFN-γ）

IFN-γ 是由致敏 T 细胞（Th1 细胞和 NK 细胞等）在活的或灭活的病毒等干扰素诱生剂和某些细胞因子作用下所产生的一类高活性多功能的糖蛋白。具有抗病毒、抗肿瘤、免疫调节和免疫佐剂等多种免疫生物学活性。IFN-γ 的佐剂作用主要是诱导 MHC-Ⅱ的表达。当 IFN-γ 与抗原在同一位置同时使用时，佐剂效果最好。

2. 免疫刺激复合物（ISCOM）佐剂

ISCOM 是由抗原与皂树皮提取的一种糖苷 Quil A 和胆固醇按 1：1：1 的分子混匀共价结合而成的一种较高免疫活性的脂质小泡。ISCOM 直径 40 nm，每个 ISCOM 约含 10～12 分子的蛋白质，是一种具有较高免疫学价值的新的抗原递呈系统，最初由瑞典 Moreino（1984）报道。ISCOM 现已广泛应用于多种细菌、病毒和寄生虫病的疫苗。ISCOM 可长期增强特异性抗体应答，甚至在存在被动转移抗体时也如此。又由于 ISCOM 能有效地通过黏膜给药，从而提高了用于抗呼吸道感染疫苗的可能性，具有产生“全面”免疫应答的效力。

已有 20 多种病毒的亲水脂蛋白如外壳蛋白，以及若干种细菌和原生动物的膜蛋白被用来制备 ISCOM。以 ISCOM 制备的病毒亚单位疫苗，在使用中既可增强体液免疫，也可增强细胞免疫，从而延长了免疫保护期。特别是 ISCOM 可导致细胞毒记忆 T 细胞的增加，这在灭活苗或组分苗中是独一无二的。同时又可使半抗原、化学合成小分子肽和基因工程产品成为理想的免疫原。兽用 ISCOM 疫苗已在国外投放市场，这种技术的应用亦将更为广泛。

3．脂质体（liposome，LIP）佐剂

LIP 是人工合成的具有单层或多层单位膜样结构的脂质小囊，由 1 个或多个类似细胞单位膜的类脂双分子层包裹水相介质所组成。LIP 可分为复层脂质体（MLV）、大单层脂质体（LUV）和小单层脂质体（SUV）三类，LUV 直径较大（≥200 nm），适合包裹抗原，应用较多。

脂质体具有佐剂兼载体效应，诸如能明显地诱导抗体形成细胞提高抗体滴度，增高记忆免疫能力，增加细胞免疫应答，可作为半抗原载体以诱发特异性免疫应答，对多肽等亚单位抗原的佐剂作用更明显，可提高抗原的稳定性从而延长保存期。目前国外已研制出多种脂质体佐剂疫苗，免疫效果如表 4-4。

表 4-4　脂质体佐剂苗、油乳佐剂苗和普通苗的免疫效果比较

疫病	几何平均效价（注苗后 3 周）			攻毒保护率/%			
	LIP	OEV	FV	LIP	OEV	FV	NV
鸡新城疫	508.0	285.1	203.1	100	80	60	60
鸡传染性支气管炎	794.0	759.0	689.2	99	80	70	0
鸡传染性法氏囊炎	—	—	—	100	100	100	5
鸡呼肠病毒病	1 810.2	776.0	551.0	90	75	—	—
禽脑脊髓炎	285.2	285.2	—	95	90	60	—
鸡传染性喉气管炎	735.1	790.0	—	90	90	—	—
鸡败血支原体病	201.6	178.5	—	100	95	—	—
鸭巴氏杆菌病	161.2	80.6	40.5	100	75	50	10
禽流感	758.3	630.0	463.1	—	—	—	—

注：LIP：脂质体苗；FV：普通苗；OEV：油乳剂苗；NV：对照。

4．CpG DNA

CpG DNA 是含有非甲基化 CpG（胞嘧啶鸟嘌呤二核苷酸）基序的脱氧核糖核酸 DNA。CpG 基序（CpG motif）是具有较强免疫活性的以非甲基化的 CpG 为基元构成的回文序列，其碱基排列为 5′-Pur-Pur-CpG-Pyr-Pyr-3′。

最早提出细菌基因体 DNA 具有免疫效用的是一些日本学者。1992 年，这些学者又提出细菌 DNA 可激活 NK 细胞、诱导分泌干扰素（IFN），并可抑制肿瘤细胞的生长，但脊椎动物的 DNA 却无上述效用。而后，也有其他学者提出，细菌 DNA 基因体不但可活化 B 细胞的增生，而且可促进免疫球蛋白分泌的效用。直到 1995 年，Krieg 等人正式提出 CpG 双核苷才是 DNA 组成中具有刺激免疫反应的重要关键。在所有具有佐剂效用的生物或化学成分中，CpG 基序是近年来被学者广泛研究的重要课题。

CpG DNA 可同时诱导非特异性免疫及特异性免疫的反应，因此若结合抗原同时使用，便可诱导其佐剂的效用。值得注意的是 CpG DNA 在 Th1 细胞方面会诱发比弗氏完全佐剂更强烈的免疫反应。和其他的佐剂相比，CpG 可诱导更快速的抗体分泌，并诱出比毒杀性 T 细胞更强烈的活性。CpG DNA 目前可应用于疫苗佐剂、过敏疾病的免疫治疗剂、抗肿瘤效用剂和基因治疗等方面。

5．毒素佐剂

毒素中最具代表性的佐剂是霍乱毒素（CT）和大肠菌不耐热毒素（LT），这两个毒素如用于黏膜免疫，不但本身具有高免疫性，也同时具有佐剂效用。CT、LT 毒素在核酸序列上有 80%的相似性，而且二者结构相似，都是由 A、B 两个区所组成，其中 B 区具有主要免疫学作用，由五个相同分子（分子量为 1.16×10^4）以非共价键方式结合成环状结构 B 亚单位，和肠道表皮细胞受体有极高的亲和力。而 A 区（分子量为 2.7×10^4）是毒素的生物学活性部分，具有酶活性，由 A1 及 A2 两个亚区以双硫键结合一起。

由于佐剂的目的是除了增进免疫效果外，最好还能减少抗原量以及稳定抗原性以维持较长的有效期。因此近年来学者的研发方向，大都是注重以造成局部慢性发炎、增加淋巴细胞和吞噬细胞数目为主。较特别的是 CT 不会引起发炎反应。过去也有人想直接使用 CT 当作佐剂，而应用于其他疫苗之上，可惜的是 CT 毒性过高，只要 5 μg 就可使人产生腹泻症状，25 μg 就可使人产生和霍乱菌感染相似的严重症状。于是基因重组的 CT 和 LT（分别称为 rCT-B 和 rLT-B）便成为科学家的希望。

除了 CT 和 LT 之外，将毒素应用在黏膜佐剂的还有百日咳毒素（PT）。PT 和 CT、LT 均具有 AB_5 的结构。PT 有许多生物功能，除了本身被灭活后是百日咳疫苗的主要成分之外，PT 会诱导迟发型过敏反应和 IgE 的分泌。以遗传工程技术去除毒性的 PT 以呼吸道投与，可成为黏膜免疫的优良佐剂。

此外，破伤风类毒素（TT）现已表明也具有强的佐剂效应，特别适应于多糖或小分子肽半抗原。这些抗原经偶联结合到 TT 后，可诱发高水平的 IgG 抗体应答，表现出明显的辅佐效应。莱姆病病源的外表面蛋白 A（Outer Surface Protein A，OSPA）。OSPA 不但具有高免疫性，也具有佐剂的功用，当 OSPA 和大豆尿素酶共同经鼻腔注射之后，OSPA 会强力促进血清 IgG 和唾液 IgA 的形成。与 CT 不同的是 OSPA 对人类具有很高的安全性。

第三节　保护剂

保护剂（protector）又称稳定剂（stabilizer）。冻干保护剂是指在冻干过程中及其后使制品的活性物质免受破坏的一类物质。冻干保护剂广泛用于微生物等一些生物制品中。

一、保护剂的组成、作用机理与效应

保护剂就其组成来讲是一种混合物，因此保护剂的作用机制比较复杂，不同保护剂作用也不同。保护剂的作用主要是防止活性物质失去结构水及阻止结构水形成结晶，而导致生物活性物质的损伤；降低细胞内外的渗透压差、防止细胞内结构水结晶，以保持细胞的活力；保护或提供细胞复苏所需的营养物质，有利于细胞活力的复苏和迅速修复自身。

（一）冻干保护剂的组成

1．低分子物质

又称为营养液，低分子物质可产生均匀的混悬液，使微生物保持稳定的活存状态及对水分子起缓解作用；并能使冻干生物制品仍含有一定量水分；还可促进高分子物质形成骨架，使冻干制品呈多孔的海绵状，从而增加溶解度，包括糖类（如葡萄糖、乳糖、蔗糖、棉子糖等）和氨基酸类（如谷氨酸、天门冬氨酸、精氨酸、赖氨酸等）。

2．高分子物质

又称为赋型剂，范围很广，种类甚多。高分子物质在冻干生物制品中主要起骨架作用，防止低分子物质的碳化和氧化；保护活性物质不受加热的影响；使冻干制品形成多孔性、疏松的海绵状物，从而使溶解度增加，如白蛋白、血清、明胶、脱脂乳、各种液体培养基、淀粉、酵母浸膏以及聚乙烯吡咯烷酮（polyvinylpyrrolidone，PVP）、羧甲基纤维素（carboxymethylcellulose）等合成聚合物。

3．抗氧化剂

抗氧化剂具有抑制冻干制品中的酶化作用，从而促进、保持微生物等活性物质的稳定性，包括一些有机的和无机的物质，如维生素C、维生素E、硫脲、碘化钾、钼酸铵和硫代硫酸钠等。

（二）冻干保护剂的作用机理与效应

冻干保护剂在冻干制品中的作用机理尚未完全清楚。其功能与效应也是多方面的，既有生物学方面的，也有物理学方面的。

（1）保护微生物和活性物质在冻干过程中不受物理、化学因素的影响或损伤，以维持较高的存活率和活性，例如菌苗的活菌数、疫苗的病毒滴度、酶的活性等。

（2）使微生物的活动、活性物质处于半静止或静止状态，以延长生命、活性期。

（3）高分子物质在冻干过程中保持原有的构架，使制品形成海绵状结构且具有一定的含水量。

（4）抗氧化剂能抑制制品中的酶化作用，从而使微生物、活性物质维持稳定和静止状态。

二、保护剂种类

（一）按化学成分分类

1．复合物类

如脱脂乳、明胶、蛋白质及水解物、多肽、酵母浸液、肉汤、淀粉、糊精甲基纤维素、血清、蛋白胨液等。

2．糖类

如蔗糖、乳糖、果糖、麦芽糖、棉子糖、己糖、葡萄糖等。

3．盐类

如氯化钠、氯化钾、氯化铵、乳酸钙、谷氨酸钠等。

4．醇类

如山梨醇、甘油、甘露醇、肌醇等。

5．酸类

如氨基酸、柠檬酸、酒石酸、EDTA、磷酸等。

6．聚合物类

如葡聚糖、聚乙二醇、聚乙烯吡咯烷酮等。

7．抗氧化剂类

如维生素C和E、硫脲等。

（二）按分子量及作用分类

1．高分子化合物

如脱脂乳、明胶、血清、脱纤血液、羊水、蜂蜜、酵母浸汁、肉汤、蛋白胨、淀粉、糊精、果胶、阿拉伯胶、右旋糖苷、聚乙烯吡咯烷酮、葡聚糖、羧甲基纤维素等。

2．低分子化合物

如谷氨酸、天门冬氨酸、精氨酸、赖氨酸、苹果酸、乳糖酸、葡萄糖、乳糖、蔗糖、棉子糖、山梨醇等。

3．抗氧化剂

如维生素C和E、硫脲、碘化钾、钼酸铵等。

三、影响冻干保护剂效能的因素

冻干保护剂的效能主要表现在生物活性物质在冻干过程中的存活率和冻干制品在保存

过程中的存活率和保存期。一般来说，每种微生物或生物制品均有其最佳冻干保护剂的组合，从而在冻干过程中失活率最低、制品的保存期长。冻干保护剂的种类、组合、配制以及组分的浓度对其效能的影响十分明显，影响保护剂效能的因素有下列几方面。

（一）保护剂种类

利用不同保护剂冻干的同一种微生物的保存期和存活率不同。如分别用 7.5%葡萄糖肉汤和 7.5%乳糖肉汤作保护剂冻干的沙门氏菌，在室温保存 7 个月后的细菌存活率分别为 35%与 21%。

（二）保护剂组分浓度

保护剂组分浓度可直接影响冻干制品的生物活性物质的存活率。Fry（1951 年）曾以副大肠杆菌 D201H 加不同浓度葡萄糖作保护剂进行冻干，并测定冻干品的细菌存活率，证明以 5%～10%葡萄糖存活率最高。

（三）保护剂配制方法

配制方法的不同往往能影响保护剂的效果，例如含糖保护剂灭菌温度不宜过高，否则由于糖的炭化会影响冻干制品的物理性状和保存效果，所以均以 114℃、30 min 灭菌或间歇灭菌；又如血清保护剂不能用热灭菌法，必须以滤过法除菌。

（四）保护剂 pH

保护剂 pH 应与微生物生存时的 pH 相同或相近，过高或过低都能招致微生物的死亡。例如明胶蔗糖保护剂的 pH 以 6.8～7.0 为最佳，否则会造成微生物大量死亡。又如含葡萄糖、乳糖保护剂经高压灭菌后能或多或少改变保护剂 pH，从而影响保护效果，为此最好采取滤过除菌。

因此，每种新的冻干制品在批量生产前应进行系统的最佳保护剂选择试验，包括保护剂冻干前后的活菌数、病毒滴度和效价测定的比较试验；不同保存条件和不同保存期的比较试验。即使在冻干制品投产以后，仍需根据条件的改变不断作选择试验，以改进冻干制品的质量。

四、常用的冻干保护剂

各类微生物适用的保护剂甚多，各国的配制方法也各异。即使同一种制品所使用的保护剂组成也不一样，例如鸡新城疫弱毒疫苗，我国选用 5%蔗糖脱脂乳为冻干保护剂，而日本则用 5%乳糖、0.15%聚乙烯吡咯烷酮、1%马血清或 0.4%蔗糖脱脂乳、0.2%聚乙烯吡咯烷酮作保护剂；猪丹毒弱毒菌苗，我国以 5%蔗糖、1.5%明胶作冻干保护剂，而日本用 5%脱脂乳、2.5%酵母浸膏作保护剂。总之，能作为保护剂的材料很多，不同的制品性质有所不同，不可能制定一个通用的保护剂配方。

（一）不同微生物的保护剂

由于细菌、病毒、支原体、立克氏体、酵母菌等生物学特性不同，其适用的冻干保护剂也不相同。各类微生物常用的保护剂如下。

1．一般病原性细菌

适用的冻干保护剂有 10%蔗糖、5%蔗糖脱脂乳、5%蔗糖、1.5%明胶；10%～20%脱脂乳、含 1%谷氨酸钠的 10%脱脂乳；5%牛血清白蛋白的蔗糖；灭活马血清等。

2．厌氧细菌

含 0.1%谷氨酸钠的 10%乳糖、10%脱脂乳、7.5%葡萄糖血清等。

3．病毒

常以下列物质的不同浓度或按不同的比例混合组成冻干保护剂：明胶，血清，谷氨酸钠，羊水，蛋白胨，蔗糖，乳糖，山梨醇，葡萄糖，聚乙烯吡咯烷酮等。

4．支原体

50%马血清，1%牛血浆清蛋白，5%脱脂乳，7.5%葡萄糖加马血清等。

5．立克氏体

常用 10%脱脂乳作为冻干保护剂。

6．酵母菌

可用马血清或含 7.5%葡萄糖的马血清，含 1%谷氨酸钠的 10%脱脂乳等作为冻干保护剂。

（二）兽医生物制品常用的保护剂

1．我国兽医生物制品常用保护剂

（1）5%蔗糖（乳糖）脱脂乳

蔗糖（乳糖）5 g，加脱脂乳至 100 ml，充分溶解，100℃蒸汽间歇灭菌 5 次，每次 30 min；或 110～116℃高压灭菌 30～40 min，无菌检验阴性，4℃保存备用。用于羊痘鸡胚化弱毒羊体反应冻干苗，鸡新城疫Ⅰ系冻干苗和Ⅱ系冻干苗，鸡痘鹌鹑化弱毒冻干苗，鸭瘟鸡胚化弱毒冻干苗等。

（2）明胶蔗糖

明胶 2%～3%（g/ml）、蔗糖 5%（g/ml）、硫脲 1%～2%（g/ml），先分别配成 12%～18%明胶、30%蔗糖、6%～12%硫脲原液，按比例配成明胶（2%～3%）、蔗糖（5%）、硫脲（1%～2%）应用液，116℃高压灭菌 30～40 min；无菌检验后 4℃保存备用。用于猪肺疫和猪丹毒弱毒冻干苗等。

（3）40%蔗糖明胶

蔗糖 40 g、明胶 12 g，加蒸馏水至 100 ml，混合溶解，调 pH，116℃高压灭菌 30～40 min，灭菌后 pH 为 6.8～7.0，无菌检验阴性，4℃保存备用。用于猪肺疫 Eo630 弱毒冻干菌。

（4）聚乙烯吡咯烷酮乳糖

聚乙烯吡咯烷酮 30～35 g、乳糖 10 g，加蒸馏水至 100 ml，混合溶解，120℃高压灭菌 20 min，无菌检验阴性，4℃保存备用。用于水貂犬瘟热细胞冻干苗等。

（5）SPGA

蔗糖 76.62 g、磷酸二氢钾 0.52 g、磷酸氢二钾（含 3 个结晶水）1.64 g、谷氨酸 0.83 g、牛血清白蛋白 10 g，加无离子水至 1 000 ml，混合溶解，除菌滤过，无菌检验阴性，4℃保存备用。用于鸡马立克氏病火鸡疱疹病毒苗等。

2．国外兽医生物制品常用保护剂

（1）脱脂牛奶（TACC 配方）

含质量浓度为 20%的脱脂奶粉，纯蒸馏水溶解均匀，116℃灭菌 20 min。

（2）脱脂奶-谷氨酸钠（日本配方）

脱脂牛奶 3%，蔗糖 5%，谷氨酸钠 1%。

（3）7.5%葡萄糖-血清（NCYC 配方）

葡萄糖 30 g，健马血清 400 ml，将葡萄糖溶于血清中，再过滤除菌。

（4）喷雾干燥用保护剂（NCTC 和 NCIB 的配方）

健马血清 300 ml，营养肉汤干粉 1.3 g，葡萄糖 30 g，纯蒸馏水 100 ml。营养肉汤粉和葡萄糖充分溶于蒸馏水中，灭菌后待冷却加入血清或混合后过滤除菌。

复习思考题

1. 基本概念：灭活、灭活剂、佐剂、保护剂。
2. 影响灭活剂作用的主要因素有哪些？
3. 佐剂的分类及作用机理有哪些？
4. 冻干保护剂的组成有哪些?各有何作用？
5. 影响冻干保护剂效能的因素有哪些？

第五章　兽医生物制品制造基本程序

【知识目标】

- 熟悉兽医生物制品制造的基本程序；
- 理解兽医生物制品的生产工艺；
- 掌握免疫血清、细菌毒素、类毒素、诊断制剂、标记抗体、单克隆抗体的概念；
- 掌握疫苗、免疫血清的制造程序；
- 了解类毒素、诊断试剂的制造方法，了解标记抗体、单克隆抗体的制造方法。

【能力目标】

- 能操作相关的仪器，如组织捣碎机、培养箱、摇瓶机等；
- 能进行简单疫苗的制备。能进行几种重要畜禽免疫血清、卵黄抗体的制备。

兽医生物制品是防治动物疫病的重要手段，因此，要使动物获得理想的防病、治病效果，必须生产出质量优良、安全有效的生物制品。而获得合乎标准的制品的关键主要有以下几点：①选择优良的菌种和毒种，并保持其稳定性；②选用最佳的培养繁殖细菌与病毒等微生物的方法；③熟练掌握制品的生产工艺；④准确掌握产品的检验方法和判定标准，严格按照标准进行质量检定。

生物制品主要包括疫苗、类毒素、免疫血清、诊断试剂等，其制造的基本程序有所差别，下面分别叙述。

第一节　疫苗制造

一、细菌性灭活疫苗制造

细菌性灭活疫苗简称灭活菌苗，种类、苗型较多，但制造的基本程序大致相同。

菌种 $\xrightarrow{\text{接种培养基培养}}$ 种子液 $\xrightarrow{\text{接种培养基培养}}$ 菌液 $\xrightarrow{\text{浓缩}}$ 菌苗原液 $\xrightarrow{\text{灭活}}$

灭活菌液 $\xrightarrow{\text{加佐剂}}$ 配苗、乳化 $\longrightarrow$ 分装 $\longrightarrow$ 检验

（一）菌种与种子

制苗用菌种多数为毒力强、免疫原性优良的菌株，通常使用 1～3 个品系，各种用于制造菌苗的菌种应按规定定期复壮，并按规程标准进行形态、培养特性、菌型、抗原性等鉴定，合格菌种准许用于制苗。

将经鉴定符合标准的菌种接种于菌苗生产规程中所规定的培养基进行增殖培养，经纯粹检查，活菌计数达到标准后即为种子液，用于菌苗生产。种子液通常保存于 2～8℃冷暗处，不得超过规程规定的使用期限。

（二）菌液培养

将种子液以 1%～2%的量接种于规定的培养基，然后依不同菌苗的要求进行培养。规模化培养细菌的方法很多，既有手工式的，也有机械化或自动化的。可供选择的菌液培养法有：固体表面培养法、液体静置培养法、液体深层通气培养法、透析培养法及连续培养法等。生产菌苗主要用液体培养法。

（三）灭活

收获培养好的菌液，根据细菌的特性加入最有效的灭活剂，采取最佳的灭活条件进行灭活。几种灭活菌苗的灭活方法如表 5-1 所示。

表 5-1　几种灭活菌苗的灭活方法

菌　苗	菌　株	灭活方法
禽多杀性巴氏杆菌灭活疫苗	鸡源多杀性巴氏杆菌 C48-2 强毒株	于菌液内加入 0.15%甲醛（以含 38%～40%甲醛液折算），37℃灭活 7～12 h
猪丹毒灭活疫苗	猪丹毒杆菌	0.25%甲醛溶液（以含 38%～40%甲醛液折算），37℃杀菌 18～24 h

（四）浓缩

对灭活菌液进行浓缩，可提高菌液浓度，进而提高某些灭活菌苗的免疫效果。常用的浓缩方法有离心沉降法、氢氧化铝吸附沉淀法和羧甲基纤维沉淀法，可使菌液浓缩 1 倍以上。此外，有些细菌在生长过程中产生分子量小的可溶性抗原（如猪丹毒杆菌产生

的糖蛋白）也可经氢氧化铝吸附浓缩。

（五）配苗与分装

配苗就是在菌苗的制备过程中加入佐剂，以增强免疫效果。由于灭活菌苗所用的佐剂不同，所以配苗方法也不同。如猪肺疫氢氧化铝菌苗既可在加入甲醛灭活的同时按比例加入氢氧化铝胶佐剂配制，也可在菌液经甲醛灭活后再按比例加入氢氧化铝胶佐剂配苗。配苗时应充分混匀，分装时也不例外，并即时塞塞、贴签或印字。

二、细菌性活疫苗制造

细菌性活疫苗多指弱毒菌苗，种类与苗型甚多，但基本制造程序相同。

弱毒菌种 —接种培养基培养→ 种子液 —接种培养基培养→ 菌液 —浓缩→ 菌苗原液 —加保护剂→ 配苗 —分装、冻干→ 检验 → 活疫苗

（一）菌种与种子

弱毒菌种多是冻干品，在使用前应按规程规定进行复壮、挑选，并作形态、免疫原性等鉴定，合格后将菌种接种于规定的培养基，按规定的条件增殖培养，经纯粹检查及有关的检查合格者即可作为种子液使用。种子液通常在 0～4℃下可保存 2 个月。在保存期内可作为菌苗生产的批量种子使用。

（二）菌液培养

按 1%～2%量将种子液接种于规定的培养基，然后依不同菌苗要求进行培养。收获培养好的菌液，保存于 0～4℃暗处。抽样进行纯粹、活菌数等检查，合格后使用。

（三）浓缩

对上述检验合格的菌液进行浓缩，其目的是提高单位活菌数，进而提高某些弱毒菌苗的免疫效果。常用的浓缩方法有吸附剂吸附沉降法、离心沉降法等。如于猪丹毒菌液内加入 0.2%～0.25%羧甲基纤维素（carboxymethylcellulose，CMC）进行浓缩，也可用离心沉淀浓缩。浓缩菌液应抽样作纯粹、活菌数等检查。

（四）配苗与冻干

配苗就是在上述检验合格的菌液中加入规定比例的保护剂。配苗时要充分摇匀，随后进行分装，分装量必须准确。分装好的菌苗迅速送入冻干柜进行预冻、真空干燥，冻

干完毕后立即加塞、抽空、封口，移入冷库保存。并由质检部门抽样检验。

三、病毒性动物组织疫苗制造

病毒在易感动物体内可大量增殖，但在各部位、各器官组织中增殖病毒的量却有很大的差异，利用病毒增殖迅速、含毒量高的组织制造的疫苗称为组织疫苗（tissue vaccine）。

动物组织疫苗包括动物组织灭活疫苗和动物组织弱毒活苗两类，前者多数由强毒株制造，如猪瘟结晶紫疫苗、兔出血症组织疫苗、狂犬病羊脑组织疫苗等；后者均以弱毒株生产，如猪瘟兔化弱毒乳兔组织疫苗、牛瘟兔化弱毒组织疫苗等。

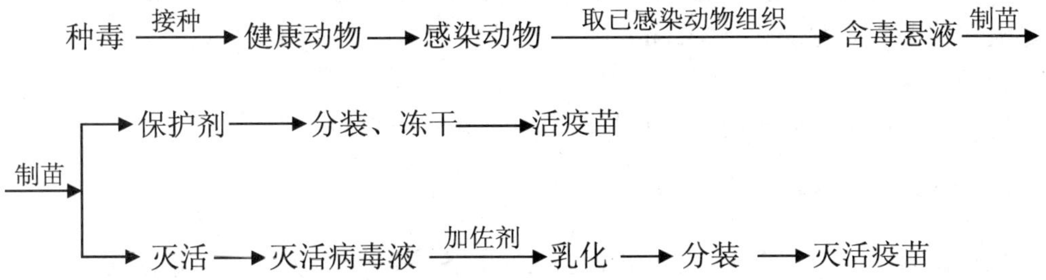

（一）动物选择

动物质量对组织疫苗的质量有直接影响。所选择的动物必须符合下列标准：

（1）应是清洁级（二级）以上的等级实验动物；

（2）对所接种的病毒易感性高；

（3）在品种、年龄和体重等方面要合乎要求。

（二）种毒与接种

种毒既可用强毒株的脏器组织毒或增菌培养物，也可用弱毒株的组织毒。无论何种种毒都必须经纯粹性、抗原性等检查合格后使用。无疑，生产不同批次的疫苗也可使用同一批检验合格的种毒批，以减少疫苗批次间的质量差别。

将检验合格的种毒接种到动物体内进行病毒的增殖培养。种毒的接种途径依病毒性质和目的而异。如猪瘟结晶紫疫苗，采取猪肌肉注射血液毒种；牛瘟兔化弱毒疫苗，以兔耳静脉注射脾淋毒种；狂犬病疫苗，用兔脑毒种接种绵羊脑内途径感染。几种动物常用的接种途径如下。

1．脑内注射

兔脑内接种部位在颅前后中线旁约 5 mm 平行线与瞳孔横线交叉处。拔毛、消毒后用手固定皮肤，然后用锥刺穿颅骨，以 25～26 号针头沿穿孔注入，进针深度约 5～10 mm，注射量 0.1～0.25 ml。绵羊脑内接种部位于颅顶部中线左侧或右侧，剪毛或脱毛剂脱毛后消毒，用锥钻一小孔，注入毒种量约 1 ml。

2. 静脉注射

家兔由耳静脉注入毒种，常在耳静脉部拔毛后用酒精棉或二甲苯棉擦拭使静脉扩张，然后与静脉平行刺入针头，注射量 1～5 ml。鸡自翅下肱静脉注入，注射量可达 5 ml。

3. 肌肉注射

选择腿部、胸部、臀部等肌肉丰满处注射，但要避开血管和神经，将针头刺过皮肤进入深部肌肉注入。

4. 皮下注射

家兔、豚鼠可选择在腹部或后腿内侧松弛部皮下，注射量 0.5～1.0 ml。小鼠可在背部或尾根部皮下，注射量 0.2～0.5 ml。

5. 腹腔注射

家兔与豚鼠可选腹股沟处刺入腹腔，注射量 0.5～5.0 ml。

（三）观察与收获

动物在接种毒种后应每天观察和检查规定的各项指标，指标或项目因病毒而异。常规观察、检查的项目有食欲、精神、活动状态、体温、粪尿和血液变化等。

根据观察和检查的结果选出符合要求的发病动物，按规定方式剖杀，采取、收集含毒量高的器官组织，用于制备疫苗。如兔出血症组织灭活疫苗采集病兔肝脏生产，猪瘟结晶紫疫苗采取发病猪的血液制备，狂犬病疫苗利用发病羊的羊脑组织制造。

（四）制苗

1. 组织灭活疫苗

收获的含毒组织经无菌检验及毒价测定合格后按规定比例加入平衡液和灭活剂（甲醛、酚、结晶紫等）制成匀浆，然后按不同病毒的灭活温度、时间进行灭活。如猪瘟结晶紫疫苗配制，按血毒 4 份、结晶紫甘油溶液 1 份混合，于 37～38℃减毒 6～8 d 制成。

2. 弱毒组织疫苗

在无菌操作下剔除脏器上的脂肪与结缔组织等，称重后剪碎，加入适量保护剂制成匀浆，然后过滤去除残渣，按实际滤过的组织液计算稀释倍数，加入余量保护剂即为原苗。每毫升原苗可加青、链霉素各 500～1 000 IU，摇匀后置 4℃作用一定时间后作无菌检验与毒价测定。合格者进行分装、冷冻真空干燥制成冻干疫苗。

四、病毒性禽胚培养疫苗制造

病毒性禽胚培养疫苗制造程序：

$$\text{种毒}\xrightarrow{\text{接种}}\text{鸡胚}\xrightarrow{\text{孵化}}\text{收获病毒}\longrightarrow\text{配苗}$$

目前，痘病毒、正黏病毒、副黏病毒和疱疹病毒等生物制品仍然利用禽胚特别是鸡胚制备，如鸡新城疫苗（Ⅰ系、Ⅱ系、F 系和 La Sota 系）、鸭瘟鸡胚化弱毒疫苗等。

禽胚疫苗生产的原材料来源方便、质量比较容易控制，制造程序简单，不需要过高的设备条件，生产的疫苗质量可靠。

（一）鸡胚选择

受精卵质量是禽胚疫苗的基础。受精卵必须来自 SPF 鸡群，最低也应来源于未用相应疫苗的非免疫鸡群，以免除母源抗体的干扰。

从受精卵入孵开始至培育全过程都应保持无菌，要求一定的温度和湿度，且需不断翻动。然后选择一定日龄、发育正常的胚用于接毒培养，5～8 日龄胚适用于卵黄囊接种；9～11 日龄胚用于尿囊腔接种；10～12 日龄胚适于羊膜腔接种；11～13 日龄胚用于绒毛尿囊膜接种。

（二）种毒与毒种继代

目前适应于鸡胚的种毒多系弱毒，包括自然弱毒与人工培育的弱毒两类。各种制苗用的种毒多数由国家菌（毒）种保藏部门或指定单位保存，保存的种毒多为冻干毒。

冻干毒种需按规定要求在鸡胚继代复壮，通常继代 3 代以上，经检定符合标准后方可作为生产疫苗的毒种。毒种检定内容包括无菌检验、毒价测定和其他项目的检定等。

（三）接毒与收获

1．接毒

将符合标准的种毒接种于鸡胚内进行病毒的增殖培养。鸡胚接毒涉及接毒途径和接毒量两方面，目的在于获得最高的毒价。可根据不同的病毒与不同疫苗生产程序选择最佳接种途径和最佳接种量。鸡胚接种途径主要有尿囊腔接种、羊膜腔接种、卵黄囊接种和绒毛尿囊膜接种 4 种。

2．培养收获

鸡胚接毒后培养增殖的时间、温度、湿度，以及收获的标准与内容物依不同的病毒和不同疫苗而异。如鸡新城疫Ⅰ系疫苗，在接毒后于 38.5℃～39℃、相对湿度 60%～70%条件下培养增殖，收集接毒后 24～48 h 内的死亡胚，置 0～10℃冷却 4～24 h，收获鸡胚液，进行无菌检验，供制备湿苗用；也可收获胚液、胎儿及绒毛尿囊膜混合制成乳剂制备冻干苗；而鸭瘟鸡胚化弱毒疫苗，则收集接毒后 48～120 h 内死亡的鸡胚，冷却后采取绒毛尿囊膜、尿囊液、胎儿供制造冻干苗用。

（四）配苗

按规定收获的胚液、胎儿和绒毛尿囊膜乳剂经无菌检验合格后即可进行配苗。

1．湿苗

通常于鸡胚液内按每毫升加入青、链霉素 500～1 000 IU，放置 0～10℃冷暗处处理后分装。

2．冻干苗

经无菌检验合格的胚液或胚液、胎儿、绒毛尿囊膜乳剂，按比例加入保护剂，充分混合后过滤，在滤液内按每毫升加入青、链霉素 500～1 000 IU，混匀后分装冻干。

五、病毒性细胞培养疫苗制造

病毒性细胞培养疫苗制造程序：

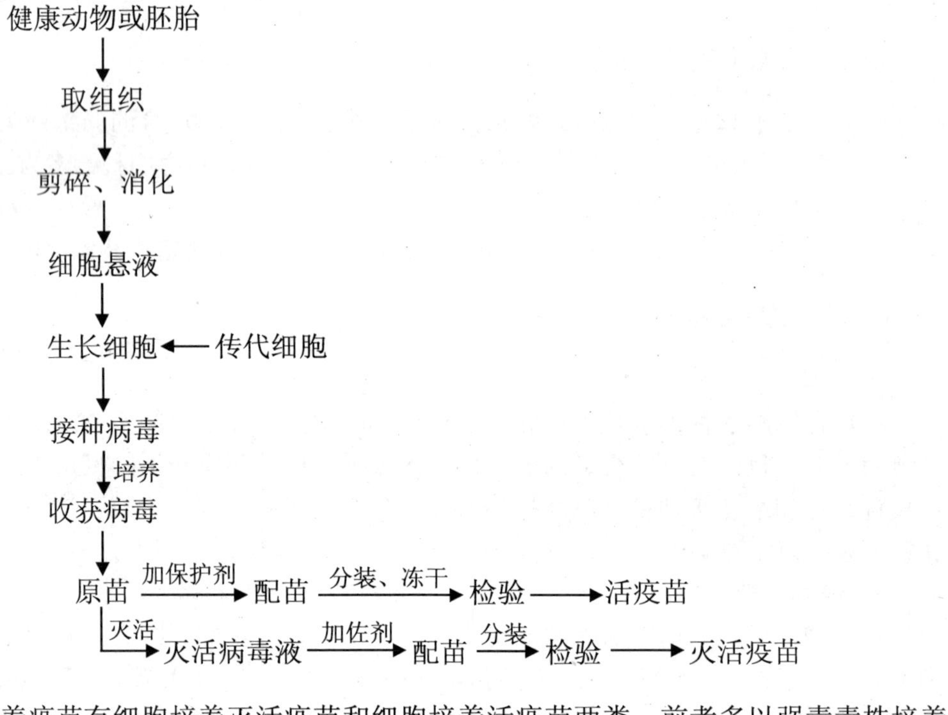

细胞培养疫苗有细胞培养灭活疫苗和细胞培养活疫苗两类，前者多以强毒毒株培养

增殖制造，后者则用弱毒毒株增殖生产，但两者的制造程序基本相同。由于病毒不同与疫苗性质不同，所采用的细胞及细胞培养方法也有所不同。

（一）种毒与毒种继代

用于制苗用的种毒通常为冻干品，应经毒力、最小免疫量、安全性、无菌检定合格。种毒应按规定在细胞继代培养适应后用作毒种，制苗用毒种应按规定控制在一定代数以内，或为湿毒毒种，或为冻干毒种。

（二）营养液配制

营养液通常分为细胞培养用的生长液和病毒增殖用的维持液，两者不同的只是生长液内含有的血清（5%～10%）比维持液（2%～5%）高出1倍以上。

不同细胞所需的营养成分和生长条件不尽相同，应使用合适的营养液。常用的营养液如MEM、DMEM、EMEM、199、1605等，只需溶解后经除菌处理即可使用。

（三）细胞制备

制造疫苗用的细胞大体为原代细胞和传代细胞两类，根据病毒种类、疫苗性质与工艺流程选择不同的细胞。选择的依据应该是：病毒的适应性高、毒价高；细胞来源方便、制备简单、生命力强。

不同细胞制备的程序有所差异，原代细胞是首先将动物器官组织用胰蛋白酶消化成细胞悬液，按细胞数分装培养成单层，也可作次代细胞单层；液氮冻存细胞则是经融化后再按细胞数分装作逐级扩大增殖培养。通常细胞在35～37.5℃培养成细胞单层，用EDTA-胰蛋白酶液消化分散，分装后再扩大增殖培养。

使用传代细胞用于生物制品生产时，应特别注意两个问题：

（1）使用正常的细胞基质，绝对避免外源因子的污染；

（2）严格成品检测，绝对不能含有逆转录病毒及其产物和残留的宿主细胞DNA。用于动物疫苗制造的传代细胞系有BHK_{21}（地鼠肾细胞）、IBRS-2（仔猪肾细胞）等。

目前常用的细胞培养方法有静置培养、转瓶培养、悬浮培养、微载体培养、中空纤维细胞培养等。

（四）接毒与收获

病毒的细胞接种有同步接毒与异步接毒两种，前者在细胞分装同时或不久后接种毒种，进行培养，如猫、犬传染性肠炎疫苗（细小病毒）；后者在细胞形成单层后接种毒种，如猪水疱病弱毒细胞培养疫苗。通常在细胞形成单层后倾去培养液，按1%～2%量接种毒种，经吸附后加入维持液继续培养，待出现70%～85%以上细胞病变时即可收获。

病毒培养液收获方法依疫苗性质而定，有的将培养瓶冻融数次后收集，有的加入EDTA-胰蛋白酶消化分散收取，有的在病毒增殖培养过程中可收获 5～7 次毒液。细胞毒液经无菌检验、毒价测定合格后供配苗用。

（五）配苗

1．灭活疫苗

不同灭活剂对不同病毒的作用也不同。于细胞毒液内按规定比例加入灭活剂，灭活结束后加入阻断剂中止灭活，有的疫苗尚须加入佐剂，充分混合、分装，制成液体疫苗。

2．冻干苗

于细胞毒液内按比例加入保护剂或稳定剂，充分混合、分装，冷冻真空干燥制成冻干疫苗。

第二节　类毒素制造

（一）细菌毒素的概念

细菌毒素（bacterial toxin）指致病性细菌产生的毒性物质。分为外毒素（exotoxin）和内毒素（endotoxin）两类。外毒素是细菌在生长过程中分泌到菌体外的毒性物质。外毒素主要是由革兰氏阳性细菌产生的。少数革兰氏阴性菌也能产生外毒素。这些细菌的液体培养物经过滤除菌后即可获得外毒素。外毒素的毒性较强（如 1 mg 纯化的肉毒梭菌外毒素可杀死 2 000 万只小鼠）。外毒素属蛋白质，一般容易被热、酸及消化酶灭活。外毒素可用甲醛脱毒，从而成为类毒素（toxoid）。甲醛的脱毒可能是由于它改变了毒素的酶活性和毒素与细胞结合的能力。由于类毒素既无毒性，又保持了毒素的抗原性，能产生抗毒素抗体，故可用于人工免疫。一般对革兰氏阴性细菌细胞壁的外部结构而言，内毒素的化学成分是磷脂—多糖—蛋白质复合物。这些成分在细菌生活时不分泌至体外，仅在菌体自溶或人工裂解后才释放出来。内毒素性质稳定，耐热，毒性较外毒素弱。各种细菌内毒素毒性大致相同。内毒素不能经甲醛处理（脱毒）成为类毒素。

（二）细菌产毒能力

毒素是由产毒性细菌产生的，但是并不是所有的产毒性菌株都具有相同的产毒能力。为了获得更多的毒素，必须选择毒力强而且稳定的菌种。例如白喉杆菌 PW8 株就是 19 世纪末由 Parks 及 Williams 最早分离的菌株之一，迄今仍为国际最常用的产毒株。其他如破伤风梭菌 Harvard A47 株、Haffkin 株、罗马尼亚 L 株和 Toronto 株等均为产毒力较强的菌株。

产毒菌株保持其产毒稳定性至关重要。细菌变异能使产毒力丧失，经常连续传代不利于保持产毒的稳定性，应尽量避免。冷冻或冻干保存可使其比较稳定。产毒力一旦降低或丧失，可通过易感动物使其恢复。培养基的成分对细菌产毒有较大影响，应选择最适当培养基。铁对于白喉毒素、锌对于魏氏梭菌毒素的产生都至关重要。此外，糖类、金属、维生素、氮源、pH 等条件均应予以考虑。培养温度及时间对毒素的产生也有影响。产毒最适温度一般要比生长最适温度低一些。破伤风梭菌产毒受温度影响更大。

（三）细菌毒素的理化及生物学特性

1. 理化特性

毒素分子在一定的 pH 及离子强度条件下能解离为小分子；在另一些条件下有些毒素可以由小分子单体聚合成大分子的二聚体或多聚体。例如肉毒梭菌毒素的分子量大约为 1.2 万～100 万。

2. 生物学特性

外毒素的基本结构是由 A、B 两个亚单位组成。中心为 A 亚单位，是有毒性部分，外周为 B 亚单位，能与易感细胞的受体结合。当毒素与受体结合后，A 亚单位即进入细胞，发挥毒害作用。毒素的免疫原性主要为 B 亚单位。抗 B 亚单位抗体能阻断毒素吸附细胞。各种外毒素对宿主的生物学活性作用各有其特点，只作用于宿主的特定部位，引起特征性的损伤。有些毒素，如白喉毒素、葡萄球菌 α 毒素和魏氏梭菌 α 毒素，注射于皮肤内能产生局部坏死，属于细胞毒。有些毒素，如炭疽菌的毒素不引起坏死而引起水肿。破伤风梭菌和肉毒梭菌的神经毒素不引起任何细胞和组织的病理变化而仅仅损害神经的生理机能。毒素是蛋白质，兼有毒性及抗原性，能刺激人和动物机体产生特异性抗体即抗毒素，又能被这种特异性抗毒素结合与中和。白喉及破伤风抗毒素是最早发现的抗毒素。

（四）类毒素的概念及其发展简史

1. 类毒素的概念

类毒素又称脱毒毒素，是指细菌在生长繁殖过程中产生的外毒素，经化学药品（甲醛）处理后，成为无毒性而保留免疫原性的生物制剂。

2. 类毒素发展简史

类毒素是由毒素演变而来的。1872 年 Klebs 提出葡萄球菌所造成的机体损伤是由化学物质引起的，当时称之为腐败素。1889 年 Roux 及 Yersin 用白喉杆菌培养滤液注射动物，可使动物发生与注射白喉杆菌所产生的相同症状，并从培养滤液中分离出白喉毒素。1890 年 Knut Faber 用破伤风梭菌培养滤液注射试验动物，使动物产生了破伤风症状，证明了破伤风是由破伤风毒素引起的。1909 年，Eowenstein 发现用甲醛溶液（0.1%～0.2%）加灯光照射可以使破伤风毒素脱毒，1911 年 Ehrlich 及 Lewenstein 发现加甲醛溶液后只要保温 36℃，2～6 周即可脱毒。以后又相继试验过许多脱毒剂，如环-6 亚甲基-4 胺、甲酮、硝酸、碘、抗坏血酸及胃酶等。1926—1931 年，Glenny 等证明将钾明矾加于白喉类毒素中，其抗原性显著增强，遂出现了明矾沉降类毒素。这种类毒素无菌脓肿发生率仍较高，故 1932 年以后，各国学者相继在纯化方面展开深入的研究，从而导致精制吸附类毒素的研究成功。

（五）毒素的脱毒

毒素自然地或人为地使之变为类毒素的过程称之为脱毒（detoxification）。毒素脱毒应用最广泛、最可靠的方法目前仍是甲醛溶液法。脱毒的影响因素主要有以下各点：①温度。温度越高，脱毒越快，超过 40℃对抗原性有很大破坏，一般脱毒采用 37～39℃。②pH。在微酸性时脱毒速度慢，抗原性保持较好；在碱性时脱毒速度快，但类毒素抗原性易受破坏。③甲醛含量。甲醛浓度越高，脱毒越快，但抗原性损失大。

（六）类毒素的精制

用人工培养法所制得的粗制类毒素液含有大量的非特异性杂质，而毒素含量则较低。因此，有必要对类毒素进行浓缩精制，以期获得纯的或比较纯的类毒素制品。浓缩精制的方法很多，可根据不同的目的和不同条件，进行适当选择。

1. 物理学方法

包括用冷冻干燥、蒸发、冻融等方法除水浓缩；也包括用氧化铝和磷酸钙胶等固相吸附剂吸附。

2. 化学沉淀法

包括：酸沉淀法，常用的有盐酸、硫酸、磷酸、三氯醋酸等；盐析法，常用的中性盐有硫酸盐、硫酸钠及磷酸盐缓冲液等；有机溶剂沉淀法，如甲醇、乙醇及丙酮等；重金属阳离子沉淀法，包括 Mg^{2+}、Ca^{2+}、Zn^{2+}、Ba^{2+}、Pb^{2+}等，其中以氯化锌应用最广。

3. 层析法

包括凝胶过滤和离子交换层析。

第三节　免疫血清制造

一、免疫血清的概念

（一）概念

免疫血清（immune serum）又称高免血清，亦称为抗血清，为含有高效价特异性抗体的动物血清制剂，能用于治疗或紧急预防相应病原体所致的疾病。此种血清因含有特异性的免疫抗体，用作被动免疫。根据免疫血清作用的对象不同，可分为抗病血清和抗毒素两类。

（二）作用机理

免疫血清之所以具有预防和治疗急性传染病的作用，是由于它含有特异性的免疫球蛋白——抗体。当将有高度免疫力的抗体输入动物体后，动物就被动地获得了抗体从而形成了免疫力，称为人工被动免疫（artificial passive immunity）。健康动物获得免疫就可预防相应的传染病。动物已感染某种病原微生物发生传染病时，注射大量的抗病血清后，由于抗体的作用，可抑制病畜体内的病原体继续繁殖，并与体内正常防御机能共同作用，把病原微生物消灭，使病畜逐渐恢复健康。抗病血清或抗毒素血清，具有很强的特异性，一种血清只对相应的一种病原微生物起作用。

（三）应用

免疫血清主要用作紧急预防注射，通常是在已经发生传染病或受到传染病威胁的情况下使用，其优点是注射后立即产生免疫，疫苗是起不到这种作用的。但是这种免疫力维持时间较短，一般仅 2～3 周，因此，在注射血清后 2～3 周仍需再注射一次疫苗，才能获得较长时间的抗传染能力。

应用抗血清防治传染病的确发挥了一定的作用，但是，随着抗生素的发明、各类抗菌制剂的出现、主动免疫制品——疫苗的广泛应用，被动免疫的抗血清的临床使用逐渐减少，多数已被淘汰。目前免疫血清仍大量生产的仅有破伤风抗毒素及炭疽沉淀素血清等少数几种。

二、动物的选择与管理

（一）动物的品种

用于制备免疫血清的动物有马、牛、山羊、绵羊、猪、兔、豚鼠、鸡、鹅等。

用同种动物生产的称同源血清，用异种动物生产的称异源血清。制备抗菌和抗毒素血清多用异种动物，通常用马、牛等大动物制备。如破伤风抗毒素多用青年马制备，猪丹毒抗血清多用牛制备。抗病毒血清的制备多用同种动物，如抗牛瘟血清用牛制备，抗猪瘟血清用猪制备。总的看来，制备免疫血清用马较多，因为血清渗出率较高，外观颜色较好。也可使用多种动物（如马、牛、羊三种动物）制备一种抗毒素血清，以避免发生过敏反应或血清病。由于动物存在个体差异，所以选定动物应有一定的数量，一个批次应用多头动物。

（二）年龄及健康状况

制造血清的动物，通常选择体型较大、性情温顺、体质强健的青壮年动物。如马选择年龄 3～8 岁，体重 350 kg 以上者较好；家兔体重需达 2 kg 以上为好。因为年龄过于幼小，免疫系统尚不健全，而过老的动物，免疫系统常有失调现象，均不能产生良好的免疫应答。

供制备免疫血清的动物，必须从非疫区选购，并经隔离观察，每日测温两次，观察 2 周以上，确认健康者方可应用。使用前还必须经过严格检疫，进行必要的传染病预防注射。

（三）动物的管理

制造血清用动物的饲养管理和健康状况，直接影响所生产的血清质量，因此必须制定严格的管理制度，由专人负责喂养和精心管理。动物应在隔离条件下饲养，杜绝高免时强毒及发病时散毒。应详细登记每头动物的来源、品种、性别、年龄、体重、特征及营养状况、体温和检疫结果等。建立制造血清动物的档案，只有符合要求的动物，才能投入生产。

制造血清用的动物应加强饲养管理，喂以营养丰富的饲料。在高度免疫和采血期间，每日要检测体温两次，随时观察其健康情况。每日至少要有 4 h 以上的运动。在生产过程中，若发现健康状况异常或有患病可疑时，应停止注射抗原和采血并进行隔离治疗。

三、免疫原

制备免疫血清的抗原，一般是微生物体或其毒素（类毒素），或微生物的提取物等纯化的完全抗原。因此，制备免疫血清所用的抗原，要根据病原微生物的培养特性，采用不同的方法生产。

制备抗菌免疫血清，基础免疫用抗原多为疫苗或死菌，而高度免疫的抗原，一般选用毒力较强的毒株。有些抗病血清用的抗原，要求用多品系、多血清型菌株。菌株接种于最适生长的培养基，按常规方法进行培养。如在固体培养基上繁殖，加适量灭菌生理盐水或缓冲盐水洗下菌苔，制成均匀的菌悬浮液；如用液体培养基培养，应在生长菌数高峰期（对数期）收获；通常活菌抗原需用新鲜培养菌液，并按规定的浓度使用，培养时间较死菌抗原稍短为好，多用 16～18 h 培养液，经纯粹检查，证明无杂菌者，即可作为免疫抗原。

制造抗病毒免疫血清（如抗猪瘟血清）基础免疫的抗原，可用猪瘟兔化弱毒疫苗；高度免疫抗原，则用猪瘟血毒或脏器毒乳剂等强毒。其高度免疫抗原的制法为：选用对猪瘟易感的 40～80 kg 的猪，接种猪瘟强毒，发病后 5～7 d，当出现体温升高及典型猪瘟症状时，由动脉放血，收集全部血液，经无菌检验合格后即可作为抗原使用。接种猪瘟强毒的猪，除血中含有病毒外，脾脏和淋巴结也有大量的病毒，可采集并制成乳剂，作为抗原使用。

制备抗毒素血清的免疫原，可用类毒素、毒素或全培养物（活菌加毒素），但后两者只有在需要加强免疫刺激的情况下才应用，一般多用类毒素作免疫原。

四、免疫程序及制定的原则

（一）免疫程序

免疫程序分为两个阶段，第一阶段为基础免疫，通常先用本病的疫苗（灭活苗或活苗）按预防剂量作第一次免疫，经 1～3 周再用较大剂量的灭活苗或活菌或特制的灭活抗原再免疫 1～3 次，即完成基础免疫。基础免疫是为高度免疫产生有效的回忆应答打下基础。

第二阶段为高度免疫。基础免疫后 2～4 周开始进行高度免疫。注射的抗原采用强毒制造，微生物的毒力越强，一般免疫原性越好。免疫剂量逐渐增加，每次注射抗原间隔时间为 3～10 d，多为 5～7 d，高免的注射次数要视血清抗体效价而定，有的只要大量注射 1～2 次强毒抗原，即可完成高度免疫；有的则要注射 10 次以上，才能产生高效价的免疫血清。

（二）制定原则

免疫程序即具体的免疫实施方案。基础免疫水平、免疫原的强度、注射次数、注射间隔时间、前后程序的间隔等，都对免疫的成功与否、免疫应答水平的持久性以及动物体的健康状态有影响，需根据具体条件作适当调节，制定出最佳免疫实施方案，并应注意：

（1）免疫原注射以采用皮下或肌肉为好，如果免疫剂量大，应采用多部位注射法，尤其应用油佐剂抗原时更应注意此点。

（2）一般每注射一次免疫原后，血清中抗体效价会发生波动，效价逐渐升高，达到最高水平后逐渐下降。掌握波动规律，在最好时机进行抗原注射或采血，对生产抗血清是有利的。机械的定期采血、注射是不适当的。

（3）有的马或其他大动物在长期免疫和采血过程中，可能在抗体达到一定水平后，不再上升反而逐渐下降，对免疫原的再刺激无应答反应，产生免疫麻痹，可能与免疫原的注射剂量、注射间隔时间等因素有关；也可能是由免疫原中混杂的免疫抑制性物质所引起。对此，应给被免疫动物以足够的休息时间，解除抑制作用，并调整免疫程序。

另有一些用球蛋白抗原制备抗抗体血清时，需要加适当佐剂注射，如用弗氏完全或不完全佐剂。

五、血液采集与血清的提取

（一）血液的采集

按照免疫程序完成免疫的动物，经采血检验（试血），血清效价达到规定标准时，即可采血。不合格者，再度免疫，多次免疫仍不合格者淘汰。高度免疫最后一次大剂量注射抗原后 7～10 d 进行第一次采血。采血可以全放血或部分采血，即一次采集或多次采集。多次采血者，按体重每千克采血约 10 ml。采血前，动物应禁食 24 h，但需饮水以防止血中出现乳糜。3～5 d 后进行第二次采血。第二次采血后 2～3 d，注射足量免疫原。如此循环免疫和采血。全放血者，在最后一次高免之后的 8～11 d 进行放血。豚鼠由心脏穿刺采血。家兔可以从心脏采血或颈静脉放血。家禽可由心脏穿刺采血或颈动脉放血。羊可以从颈静脉采血或颈动脉、颈静脉放血。采血须无菌操作，一般不加抗凝剂。

（二）血清的提取

采集的血液可用下述两种方法中的任一方法提取血清。

1．自然凝结加压法

将血液采入玻璃容器内，于室温下自然凝固，待血清自然析出。为了有助于血清析出，在凝血块上加以灭菌的不锈钢压砣，可获得较好的分离效果。

2．枸橼酸盐血浆分离血清法

是按每 1 000 ml 血液加入 10%的枸橼酸钠 35 ml，待红细胞沉集后提取血浆，按每 1 000 ml 血浆加入 30%氯化钙溶液 1.3 ml，室温下静置澄清两昼夜后，经振荡脱去纤维获得血清。

提取的血清放入灭菌瓶中，加入 0.5%石炭酸或 0.01%硫柳汞防腐。放置数日作无菌检验。无菌的血清，组批分装，保存于–15℃半成品库，待抽检合格后交成品库保存出厂。

六、几种重要畜禽用免疫血清、卵黄抗体的制备方法

（一）猪瘟抗血清

选用 60 kg 左右，健康、营养良好的猪，先注射猪瘟兔化弱毒疫苗 2 ml，隔 14～21 d 后，再用强毒进行高度免疫。免疫程序是：第一次高免，肌肉注射血毒 100 ml；第二次，肌肉注射血毒 200 ml；第三次，肌肉注射血毒 300 ml。每次间隔 10 d。第三次免疫后 9～11 d 放血，也可以多次采血。

（二）破伤风抗毒素

选择 5～12 岁营养良好的马匹，先用破伤风类毒素进行基础免疫，第一次注射精制破伤风类毒素油佐剂抗原 1 ml（或明矾沉降类毒素 10 ml），第二次注射 2 ml（或明矾沉降类毒素 20 ml）。1～3 个月后进行高度免疫。第一程高度免疫注射 5～8 针，1～4 针各针之间间隔 2～3 d，5～8 针各针之间间隔 4～6 d。抗原量每针递增 1～2 ml。第五次开始试血至第八次。最后一次免疫后 6～7 d 采血，隔 1 天再次采血，检测效价。抗毒素效价每毫升不低于 1 200 个单位（AE）。第一程采血后，休息 14～16 d，进行第二程免疫，一般免疫 3 次，间隔 5～7 d，最后一次免疫后 7～9 d 采血。破伤风血清，用胃酶消化，按次序加入 15%、20%硫酸铵进行沉淀，然后加入 10%的明矾使明矾含量为 1%，静置使之沉淀。取沉淀后的上清加 38%的硫酸铵沉淀，沉淀物经透析即成精制破伤风抗毒素。

（三）抗炭疽血清

选择健壮马匹，先用炭疽疫苗（无毒炭疽芽孢苗或Ⅱ号炭疽芽孢苗）于 1、9、11、13 日共进行 4 次基础免疫，然后进行高度免疫。于第 15、17、19、21、23、25、27、29、31、33、35、37 日共高免 12 次，剂量由 0.2 递增至 150 ml。高度免疫可用炭疽强毒，也可用炭疽疫苗，二者在免疫程序上略有差别。第 45 日试血，试血合格后，再按最后一次的剂量免疫一次，7～8 d 后采血分离血清，加防腐剂，密封于冷暗处，静置 1～2 个月使之澄

清，经检验合格后分装。

（四）抗小鹅瘟血清

小鹅瘟只感染 3～20 日龄雏鹅，不能引起成年鹅发病。将小鹅瘟病毒免疫成年鹅，第一次用 1∶100 稀释的病毒液（鹅胚尿囊液）1 ml 皮下接种，15 d 后注射未经稀释的病毒液（鹅胚尿囊液原毒）1 ml，经 15 d 后放血致死，分离血清，即为高免血清，加 0.01% 硫柳汞防腐。血清要进行安全检验和效力检验。分装后冷藏。预防量每只雏鹅 0.5 ml，治疗量每只 2～3 ml。

（五）卵黄抗体

目前国内使用的有些疫苗还不能完全有效地控制某些鸡病（如鸡传染性法氏囊病，IBD）的流行，又无相应的高免血清，故在此种情况下，制备高免卵黄抗体液进行现场防治，常能收到较好效果。

例：IBD 卵黄抗体制备过程如下：

（1）选择健康无病的产蛋鸡群，用免疫原性良好的油佐剂灭活苗对开产前或已开产的蛋鸡进行肌肉注射，2 ml/只；

（2）7～10 日后，重复注射一次；

（3）再过 7～10 日再注一次，油苗剂量适度递增。

（4）第三次免疫后定期检测卵黄抗体水平，待琼扩效价达 1∶128 时开始收集高免蛋，4℃贮存备用，琼扩效价降到 1∶64 时停止收蛋。高免蛋合格时间大约持续一个月。

（5）将高免蛋用 0.5%新洁尔灭溶液浸泡或清洗消毒，再用酒精棉擦拭蛋壳，打取鸡蛋分离蛋黄。

（6）根据卵黄抗体琼扩效价水平加入生理盐水进行稀释（稀释后的卵黄抗体琼扩效价不低于 1∶16～1∶32），加青、链霉素各 1 000 U（μg）/ml，加硫柳汞浓度达 1/10 000，充分搅拌后分装于灭菌瓶内，4℃贮存。

（7）每批都进行效价测定、细菌培养和安全试验，合格后方可出厂。

七、免疫血清及卵黄抗体使用注意事项

使用免疫血清时应注意：①尽早应用，治疗时应用越早效果越好。②血清的用量根据动物的体重和年龄不同而确定。预防量，大动物 10～20 ml，中等动物（猪、羊等）5～10 ml。以皮下注射为主，也可肌肉注射。治疗量需要按预防量加倍，并根据病情采取重复注射。注射方法以静脉为主，以使其尽快奏效。③静脉注射血清的量较大时，最好将血清加温至 30℃左右再注射。④皮下或肌肉注射，当血清量大时，可分为几个部位注射，

并揉压使之分散。⑤对不同动物源的血清（异源血清），有时可能引起过敏反应，故应事先脱敏。如果在注射后数分钟或半小时内，动物出现不安、呼吸急促、战抖、出汗等症状，应立即抢救。抢救的方法，可皮下注射 1∶1000 肾上腺素，大动物 5～10 ml，中小动物 2～5 ml，反应严重者有时抢救不及时，常造成损失，故使用血清时应注意观察，发现问题及时处理。

第四节　诊断制剂制造

诊断制剂指利用细菌、病毒和寄生虫培养物、代谢物、组分（提取物）和反应物等有效物及动物血清等材料制成的，专门用于动物传染病和寄生虫病诊断和检疫的一大类制品，又称为诊断液。主要有诊断用抗原、诊断用抗体（血清）等。对于诊断制剂的最基本要求是特异性和敏感性。

诊断生物制剂用于诊断的原理，是基于抗原和抗体能特异性结合这一基本特性。故诊断中可以用已知抗原检测未知抗体，或用已知抗体检测未知抗原。

一、诊断抗原

（一）血清反应抗原

血清反应抗原是用已知微生物和寄生虫及其组分或浸出物、代谢产物、感染动物组织制成，用以检测血清中的相应抗体。此类制剂可与血清中的相应抗体发生特异性结合，形成可见或可以测知的复合物，以确诊动物是否受微生物感染或接触过某种抗原。常用的抗原有凝集反应抗原、沉淀反应抗原和补体结合反应抗原等。

1．凝集反应抗原

是颗粒性抗原，如细菌和红细胞等。在有电解质存在条件下，能与特异性抗体结合，形成肉眼可见的凝集现象。

凝集抗原制备的基本程序首先是选择符合要求的合格菌株，接种于适宜培养基上进行培养。用含福尔马林的生理盐水洗下培养基上的细菌，经一定时间灭活，或用生理盐水洗下后加热灭活。将灭活的菌液过滤，除去大的颗粒，离心除去上清，将沉淀用 1%福尔马林生理盐水或 0.5%石炭酸生理盐水稀释成每毫升含规定菌数。经无菌检验、特异性检验和标化合格者即为浓菌液。

间接凝集抗原制备使用的载体多为红细胞。先取可溶性抗原，然后将抗原按量吸附于双醛化的载体红细胞上，使红细胞致敏，即为间接凝集抗原。

兽用凝集反应抗原主要有布氏杆菌凝集反应抗原（试管、平板和全乳环状凝集反应抗原）、马流产凝集反应抗原、鸡白痢全血凝集反应抗原、猪传染性萎缩鼻炎Ⅰ相菌抗原、鸡支原体平板凝集反应抗原等。

2．沉淀反应抗原

为胶体状态的可溶性抗原，如细菌和寄生虫的浸出液、培养滤液、组织浸出液、动物血清和动物蛋白等，与相应抗体相遇，在二者比例合适并有电解质存在时，抗原抗体相互交联形成的免疫复合物达到一定程度时，即出现肉眼可见的沉淀。

沉淀抗原是细胞浸出成分，为细微的胶体溶液，单个抗原的体积小而总面积大，出现反应需要的抗体最多，试验时常稀释抗原，并以抗原的稀释度作为沉淀反应的效价。

由于使用方法不同，沉淀反应抗原又分为环状反应抗原、絮状反应抗原、琼脂扩散反应抗原和免疫电泳抗原等。

根据病原体的不同和制备材料的不同，诊断抗原的制备方法也不同。

（1）细菌沉淀抗原制备

选择适宜的菌种接种于合适的培养基上培养。培养结束后收获细菌，灭菌，研磨成菌粉，加适当比例的 0.5%石炭酸生理盐水浸泡，过滤后的滤液即为沉淀抗原。也可将收集的细菌培养物直接加入一定量的福尔马林或酒精，静置一定时间；或加入一定量醋酸，100℃水浴 30 min；或用裂解菌体等方法提取抗原，然后离心，收集上清（有时也可使用离心沉淀物），必要时浓缩即成为沉淀抗原。

（2）病毒沉淀抗原制备

选择动物组织培养病毒，收获含病毒量高的动物组织制成匀浆，加入缓冲液或生理盐水，裂解细胞，置于 4℃浸毒。高速离心取上清，灭活后即成沉淀抗原。也可进一步提取，加入硫酸铵后离心、取沉淀，加缓冲液或生理盐水使沉淀溶解，再进一步用免疫吸附柱吸附病毒，然后洗脱病毒，透析即成。

采用细胞培养病毒方法制备抗原，接毒后使用不含血清的维持液培养，收集培养物，裂解细胞，3 000 r/min 离心取上清，浓缩即成。也有的用硫酸铵进一步沉淀、纯化抗原。

畜禽沉淀反应抗原有马传染性贫血琼脂扩散反应抗原、鸡传染性法氏囊病琼脂扩散反应抗原和标准炭疽抗原等。

3．补体结合反应抗原

补体是动物血清中的一种不耐热物质，在一定条件下能与抗原-抗体复合物相结合。补体结合试验中有两个不同的抗原抗体系统，第一个系统是被检测的抗原抗体系统（反应系统），第二个是绵羊红细胞与其抗体即兔抗羊溶血素（指示系统）。当补体存在时，如果第一系统中的抗原和抗体同源，则补体被结合形成抗原-抗体与补体复合物，就不再有补体为第二系统红细胞-溶血素复合物所结合，因而红细胞不溶血，为阳性反应。相反，如果红细胞溶血，说明补体被结合于第二个系统中，说明第一个系统中抗原与抗体不同源，是阴性反应。在阳性反应时，尚可以根据抗原抗体用量作出定量评估。

补体结合反应抗原的制备，若是细菌性的，就先将合格的菌株在培养基上大量培养，然后用 0.5%石炭酸生理盐水冲下，收集菌液，高压灭菌或加温水浴灭活，或加福尔马林灭活，然后离心除去上清，将沉淀悬浮于 0.5%石炭酸生理盐水中，置冷暗处浸泡一段时间，收集上清即为抗原。若是病毒性的，就先将病毒在细胞中大量增殖后，收获病毒液，冻融 3 次，30 000 r/min 离心 30 min，收集上清，经适当处理即为抗原。

我国生产使用的兽用补体结合反应抗原有鼻疽补结抗原、牛肺疫补结抗原、布氏杆菌补结抗原、马传染性贫血补结抗原、钩端螺旋体补结抗原及锥虫补结抗原等。

（二）变态反应抗原

细胞内寄生菌（如鼻疽杆菌，结核杆菌、布氏杆菌等）在传染过程中引起以细胞免疫为主的变态反应，即感染机体再次遇到同种病原菌或其代谢产物时出现一种具有高度特异性和敏感性的异常反应。据此，临床上常用以诊断某些传染病。

引起变态反应的抗原物质称为变应原（变态反应抗原），如鼻疽菌素、结核菌素和布氏杆菌水解素等。

1．鼻疽菌素

动物在感染鼻疽菌后 2～3 周，即出现对变应原的变态反应，而且持续时间较长，一般可保持 10 年以上，有的可持续发生。鼻疽的变应原称为鼻疽菌素，有粗鼻疽菌素（老鼻疽菌素）和提纯鼻疽菌素两种。

2．布氏杆菌水解素

是变态反应原性良好的布氏杆菌水解物，专用于绵羊和山羊布氏菌病的变态反应诊断。羊的皮肤变态反应在愈后 1～1.5 年才逐渐消失，所以对污染羊群检出率高于血清学方法。

3．结核菌素

是结核菌菌体成分，由 Koch 于 1890 年首创的一种用于诊断结核病的生物制品，至今仍被广泛应用，此后许多学者采用不同方法又制备了 50 多种结核菌素，其中仅 Koch 氏的旧结核菌素（Old Tuberculin，OT）及 Seibert 制备的纯蛋白衍生物（Purified Protein Derivative，PPD）诊断价值高。近年来，Poul（1975 年）、Stanford（1983 年）又研制出一种新结核菌素。

变态反应抗原的制备，分粗变态反应抗原和提纯变态反应抗原两种方法。

（1）粗变态反应抗原制备

将合格的菌种接种于规定的培养基上培养一定时间，收获培养物，然后高压灭菌、过滤，滤液即为粗变态反应抗原。结合菌素还可用合成培养基制备，此培养基不含蛋白质，可减少非特异性物质。

（2）提纯变态反应抗原制备

将选好的菌种接种于不含蛋白质的合成培养基上进行培养，培养结束后收获细菌，高压灭菌、过滤，在滤液中加入4%三氯醋酸中，离心洗涤3次，将沉淀物溶于pH 7.4磷酸盐缓冲液中，测定蛋白含量，分装备用或冻干保存。

二、诊断血清

诊断血清是利用血清反应以鉴别微生物或诊断传染病的一种含已知的特异性抗体的血清。通常以抗原免疫动物制成，有些则需再经吸收除去非特异性抗体成分后供诊断用。含有多种血清型抗体的血清称为多价诊断血清，只有一个型的称为单价诊断血清或称因子血清。单含鞭毛抗体成分的血清称为H血清，单含菌体成分的血清称为O血清。此外，还有针对菌毛和针对荚膜的均称为 K 血清，以及抗毒素血清和抗病毒血清等。血清中的抗体一般是由多个抗原决定簇刺激不同 B 细胞克隆而产生的，故称之为多克隆抗体。而由一个 B 细胞克隆所分泌的抗体为单克隆抗体。诊断血清的制备方法和要求与治疗用高免血清类似。

三、标记抗体

具有示踪效应的化学物质与抗体结合后，仍保持其示踪活性和与相应抗原特异结合能力，此种结合物称为标记抗体。可借以示踪和检测抗原的存在及其含量，多用于鉴定抗原和诊断疾病。常用的标记物有荧光素、酶和放射性同位素。

（一）荧光素标记抗体

荧光素是一种染料，在紫外光、蓝紫光等短波光照射下而被激发释放出波长较长的可见光，称为荧光。常用的荧光素有异硫氰酸荧光素（FITC）和四乙基罗丹明 B200（RB200）。荧光抗体与相应抗原结合后，在紫外光或蓝紫光等照射下，标记抗体上的荧光素发出荧光，通过荧光显微镜观察可测知抗原的存在及部位。依荧光强弱也可测知抗原量的差异。

荧光素标记抗体制造，以FITC为例，其标记方法是：将提纯的抗体球蛋白用冷pH 7.2 PBS稀释成10～20 mg/ml的浓度，按蛋白量的1/80～1/100加入FITC，先用pH 9.5 0.5 mol/L碳酸盐缓冲液溶解FITC，于5 min内滴加到抗体球蛋白溶液中，最后补加碳酸盐缓冲液，使其总量为抗体球蛋白溶液量的 1/10；在 4℃搅拌标记 12～15 h（20～25℃、1～2 h）；用大量的 pH7.2 PBS 透析 4 h，用葡聚糖凝胶滤除标记抗体中的游离荧光素，通过 DEAE 纤维素层析除去过高标记和未标记的蛋白分子；再经脏粉吸收除去荧光抗体中异嗜性抗体；最后测定效价和特异性，分装保存。

（二）酶标记抗体

以与底物结合后能显色的酶与抗体连接后所制备的结合物称为酶标记抗体。可与被检抗原形成酶标记的免疫复合物。结合在免疫复合物上的酶，在遇到相应的底物时，催化无色的底物，使其水解、氧化或还原，生成可溶性或不溶性的有色产物。根据有色产物的有无及浓度，可对抗原作定性、定位和定量检测。

用于标记的抗体要求高纯度、高效价、与抗原亲和力强，以提取的 IgG 最为理想。用于标记的酶有辣根过氧化物酶（HRP），碱性磷酸酶（AP），β-半乳糖苷酶（β-galactosidase）和葡萄糖氧化酶（glucoseoxidase）。国内多采用 HRP，在催化反应中，使 H_2O_2 分解释放出新生态氧，将底物氧化成有色产物。HRP 常用底物有邻苯二胺（OPD）、邻联甲苯胺（OT）和 3.3′-二氧基联苯胺（DAB）等。

酶标记抗体的常用方法有戊二醛一步法，戊二醛二步法和过碘酸钠氧化法三种。本文只介绍过碘酸钠氧化法，其原理是 HRP 含 18%碳水化合物，过碘酸钠将酶分子表面的多糖链氧化为醛基，用硼氢化钠中和多余的过碘酸。酶上的醛基很活泼，可与蛋白质的氨基结合。标记步骤：

（1）称取 5 mg HRP 溶于 1.0 ml 新配制的 0.3 mol/L pH 8.1 的 $NaHCO_3$ 溶液中；

（2）滴加 0.1 ml 1% 2,4-二硝基氟苯（FDNB）无水乙醇溶液，室温避光轻轻搅拌 1 h；

（3）加入 1.0 ml 0.06 mol/L 过碘酸钠（$NaIO_4$）水溶液，室温轻搅 30 min；

（4）加入 1 ml 0.16 mol/L 乙二醇，室温避光轻搅 1 h，然后装入透析袋中；

（5）于 1 000 ml pH 9.5 0.01 mol/L 碳酸钠/碳酸氢钠缓冲液中，4℃透析过夜，其间换液 3 次；

（6）吸出透析袋中液体，加入每毫升含 IgG 5 mg 的 pH 9.5 0.01 mol/L 碳酸钠/碳酸氢钠缓冲液 1 ml，室温避光轻轻搅拌 2～3 h；

（7）加硼氢化钠（$NaBH_4$）5 mg，置 4℃ 3 h 或过夜；

（8）逐滴加入等量饱和硫酸铵溶液，置 4℃ 1 h 后，4 000 r/min 离心 15 min，弃上清，沉淀，再用 50%饱和硫酸铵沉洗 2 次。

（9）沉淀物溶于少量 pH 7.4 0.01 mol 磷酸盐缓冲溶液，装入透析袋，以同样缓冲盐溶液充分透析至无铵离子，1 000 r/min 离心 30 min，上清液即为酶标记抗体。

（三）放射性同位素标记抗体

免疫放射分析（immunoradiometric analysis，IMRA），是 Miles 等（1968 年）首先提出的一种用放射性同位素标记抗体的新的分析技术，具有高度敏感性、精确性和特异性。目前多使用同位素碘作标记，^{125}I 半衰期较长（60 d）、同位素丰度大、辐射损伤小和计数率较高。

在建立免疫放射分析系统时，首先要制备免疫吸附剂和放射性同位素标记抗体（碘化抗体）。免疫吸附剂的制备，最初采用重氮化的纤维素，以后逐渐用 CNBr 活化的纤维素和琼脂糖凝胶。特异性抗体的碘化，一般采用氯胺 T 法。抗体 IgG 比较稳定，碘化后架存期较长。

碘化 IgG 程序：先将提纯的免疫抗体 IgG 与同位素 ^{125}I 置试管中，再加入氯胺 T。由于碘化反应进行很快，故碘及氯胺 T 必须在搅拌下加入，以免碘化不均匀，约 5 min 后加入还原剂偏重亚硫酸钠，阻断氯胺 T 作用以终止碘化反应，再加入碘化钾作为碘离子的载体，以减少蛋白分子吸附试剂中数量不稳定的放射性碘离子。最后用过葡聚糖 G_{50} 柱等方法将游离碘及其他放射性杂质与标记抗体分开。

检测抗原的免疫测定法有两种。其一是待测抗原与可溶的标记抗体作用，放射性复合物留在溶液中，未用完的标记抗体经固相抗原第二次作用而除去，然后测定溶液中的放射性，即可测得抗原量。其二是使待测抗原与固相载体上的特异性抗体结合，成为不溶复合物，再与可溶的标记抗体作用，生成不溶的标记复合物，未作用的游离标记抗体，经洗涤除去。此法又称两位点 IMRA 或 IMRA 夹心法。

四、单克隆抗体

（一）单克隆抗体的概念

单克隆抗体是指由一个 B 细胞分化增殖的子代细胞（浆细胞）产生的针对单一抗原决定簇的抗体。

利用杂交瘤技术制备单克隆抗体（monoclonal antibody）是 Kohler 和 Milstein 于 1975 年创立的。将在体外不能长期繁殖的免疫淋巴细胞和瘤细胞融合产生杂交瘤细胞。杂交瘤细胞承袭了两个亲代细胞的遗传性，即保存了瘤细胞无限迅速增殖传代的能力，又继承了免疫淋巴细胞合成、分泌特异性抗体的能力。经过克隆化培养后，成为单克隆杂交瘤细胞系（单一纯化的无性繁殖细胞系）。这种细胞只产生单一的高纯度的特异性抗体，即单克隆抗体（McAb）。

（二）单克隆抗体的应用

单克隆抗体具有质地均一，纯度高，特异性强，效价高，又能大量、快速、连续和无限地生产等优点，所以可作为国际标准试剂用于疾病的诊断。同时也有希望用于治疗，特别是尚无特效药剂的病毒和肿瘤病的治疗方面。

单克隆抗体是单一的特异性抗体，是针对单一抗原决定簇的，只要有一组抗体，就很容易区别两种近似物之间的差异。例如不同菌株、毒株的鉴别，细胞表面抗原如淋巴细胞亚群、组织相容抗原等研究。单克隆抗体又是免疫学基础研究、制备疫苗、提纯抗原和生物制剂的重要手段。

（三）单克隆抗体的制备

1．准备

（1）培养液

① 完全的 DMEM 培养液或 RPMI1640 培养液。

② HAT 选择培养液：H 为次黄嘌呤（hypoxanthine），T 为胸腺嘧啶核苷（thymidine），二者都是由旁路途径合成 DNA 的原料；A 是氨基喋呤（aminoplerin），是 DNA 主要合成途径的阻断剂。在 DMEM 基础培养液中加入 H、A、T 三种成分，制成 HAT 培养液。

（2）GKN 溶液

（3）聚乙二醇（PEG）溶液

常用的融合剂，具有融合率高、作用快、不使细胞溶解的优点，但对细胞有一定毒性，以浓度 50%的 PEG 较为适宜。

（4）细胞悬液

① 免疫小鼠脾细胞：用提纯的抗原免疫 BALb/c 小鼠，一般免疫 2～3 次，间隔 2～4 周，最后一次免疫后 3～4 d，将此免疫的小鼠拉颈处死，取出脾脏，压出脾细胞，经洗涤后以 GKN 液配成细胞悬液。

② 骨髓瘤细胞：细胞来源须与制取脾细胞小鼠同一品系，故应从 BALb/c 系小鼠诱导而来。本身不能产生免疫球蛋白，为次黄嘌呤磷酸核糖转移酶（HGPRT）缺陷的骨髓瘤细胞株，浓度为每毫升 10^6 个细胞悬液。

③ 饲养细胞：单个或少数分散的细胞，在组织培养中很难存活，须加入其他细胞以增加细胞密度，维持其代谢，使之成活繁殖，这类细胞为饲养细胞（feeder cell）。目前普遍使用的是小鼠腹腔巨噬细胞，按 2×10^5 个/ml 稀释于培养液中，也可应用脾细胞、胸腺细胞等。

2．细胞杂交融合

（1）筛选融合细胞的原理

细胞 DNA 的合成可通过两条途径进行。其一主要是从谷氨酰胺和尿核苷单酸合成 DNA，可被氨基喋呤（A）所阻断；其二是旁路（外源性）合成途径。通过次黄嘌呤磷酸核糖转移酶（HGPRT）利用次黄嘌呤（H）合成 DNA，或通过胸腺嘧啶核苷激酶（TK）利用酶腺嘧啶核苷（T）合成 DNA，缺乏其中任一种酶，DNA 合成就不能进行。但当这种缺乏某一种酶的细胞与另一种能供给这种酶的细胞融合后，细胞就能继续生存。因此，当脾细胞（含 HGPRT 和 TK）与缺乏 HGPRT 或 TK 的骨髓瘤细胞融合后，在 HAT 选择培养液中只有杂交瘤细胞才能生长。因为骨髓瘤细胞 DNA 的主要合成途径被氨基喋呤所封闭；又因没有 HGPRT，不能利用旁路途径合成 DNA，故亲代骨髓瘤细胞不能在 HAT 培养液中生长。融合的杂交细胞虽不能经主要途径合成 DNA，但从脾细胞获得了 HGPRT，可经旁路途径利用培养液中的次黄嘌呤和胸腺嘧啶核苷合成 DNA。因此，在 HAT 培养液中，只有融合杂交细胞才能生长繁殖，而亲代的骨髓瘤细胞和脾细胞相继死亡。

（2）细胞融合

将悬浮于 GKN 液中的脾细胞和骨髓瘤细胞按（2～10）∶1 混合，离心后吸去上清液，使管底细胞沉淀物混悬成糊状，于室温中 1 min 内逐渐加入 50% PEG 液；室温中静置 90 s，在轻摇下滴加入 GKN 液以终止 PEG 作用，静置 10 min，用移液管轻吹打数次使细胞沉淀散开，逐渐加入 HAT 培养液，分装于事先加有饲养细胞的塑料培养板中，置 37℃含饱和湿度 5%～7% CO_2 温箱中培养，按半量换液法，每 2～3 d 换 1/2 HAT 培养液，大约 10～14 d 后，亲本细胞以及各自的自身融合细胞均已死去，生长的细胞即为融合的杂交细胞。再用 HAT 培养液培养一周后，换入完全的 DMEM 培养液。

3. 检测抗体

当小孔中细胞集落面积超过培养孔 1/10～1/2 以上时，即可吸取小孔中的培养液检测抗体。检测方法主要有免疫琼脂扩散试验、免疫电泳、间接血凝、放射免疫测定、免疫酶测定、免疫荧光、空斑试验、斑点试验、细胞毒试验、^{51}Cr 释放试验等。具体应用时要根据抗原性质、抗体类型及灵敏度等加以选择，如抗原为可溶性、要求灵敏度不高时，可用简便的免疫琼脂扩散试验；要求灵敏度高时，则应用免疫电泳、间接血凝、放射免疫或免疫酶测定法等。当抗原为细胞或其他不溶性颗粒时，除用放射免疫和免疫酶测定外，还可采用免疫荧光测定法。

4. 杂交瘤细胞克隆化培养

克隆系指由一个细胞分化增殖的一群细胞。当检测有抗体产生的杂交活性细胞后，应立即进行克隆培养，以防不产生抗体的杂交细胞过度生长而淹没抗体产生的细胞。克隆化的阳性细胞，经过一段时间培养之后还会因细胞突变或特定染色体的丢失，使部分的细胞丧失抗体的能力，而需要再次或多次克隆化培养方能稳定产生单克隆抗体的能力，一般需 3～5 次克隆培养。

克隆培养的方法，根据分离单个细胞手段的不同，大体上可分为显微操作法、软琼脂平板法、有限稀释法及荧光激活细胞分类仪（FACS）分离法等，其中以有限稀释法和软琼脂平板法最常用。

5. 单克隆抗体制备

当杂交瘤细胞克隆化成功后即可大量制备抗体。一种方法是体外用旋转管或培养瓶培养单克隆细胞，然后从培养液中分离单克隆抗体，该法具有不易除去培养液中的牛血清、抗体含量较低，以及细胞易于死亡或丧失原有活性等缺点。另一种方法是在小鼠腹腔内培养，即先给同系小鼠腹腔注入降植烷（pristane）或其他矿物油使小鼠致敏，再注入单克隆杂交细胞繁殖，于接种后 2 周腹腔出现大量抗体的腹水，可反复抽出。

体外、体内培养产生的抗体，都含有一些不相关的蛋白或非特异性 IgG 分子，必须用硫酸铵盐或免疫亲和层析进一步纯化。

6．杂交瘤细胞的冷冻保存

为使建立的专一性单克隆抗体的杂交瘤细胞株不至死亡丢失，可将对数生长期的杂交细胞液氮保存，使用时经复苏后即可传代培养。

复习思考题

1. 基本概念：类毒素、高免血清、卵黄抗体、诊断制剂、标记抗体、单克隆抗体。
2. 细菌性灭活疫苗的制备主要包括哪些过程？
3. 细菌性活疫苗的质量受到哪些因素的影响？
4. 病毒性疫苗有哪几类，各有何优缺点？
5. 生产实践中，养殖户或大的养殖场主自己制备疫苗来预防畜禽传染病可行吗？
6. 简述类毒素制备的基本过程。
5. 想一想，现在为什么基本上不用免疫血清来防治动物疫病了？
6. 诊断制剂有哪些种类？各有何用途？
7. 简述诊断抗原的制备要点。
8. 简述标记抗体的种类及其基本制备过程。

第六章　冷冻真空干燥技术

【知识目标】

- 熟悉冷冻真空干燥的基本原理；
- 理解冷冻真空干燥技术在兽医生物制品生产中的应用；
- 掌握共熔点、冻干曲线的概念；
- 了解冻干程序。

【能力目标】

- 能操作冻干机组；
- 会应用冻干曲线。

第一节　概　述

冷冻真空干燥技术能够有效地保存生命物质的生物活性，特别是对热敏物质尤为适用，目的在于贮藏、保存和延长活性。兽医生物制品经冷冻真空干燥后，应符合一定的物理形态和色泽、残余水分含量及生物活性标准。

一、冷冻真空干燥的原理与特点

冷冻真空干燥又称冷冻干燥或冻干，是进行物质干燥的方法之一。通常将含有大量水分的生物活性物质先行降温预冻成固体，再在真空和适度加温（一般不超过－40℃）条件下使固体分子直接升华成水汽抽出，最后使生物活性物质形成疏松多孔、体积不变的干燥物的过程，称为冷冻真空干燥。

由于冷冻真空干燥全过程都在低温真空条件下进行，所以能有效地保护热敏性物质的生物活性，如酶、微生物、激素等经冷冻干燥后对生物活性影响甚微，有效地降低了氧分子对微生物、酶等活性物质的作用，从而保护了物质的性状。物质在冻结状态下升华干燥后呈海绵状结构，体积几乎不变，加水后能迅速溶解并且恢复原来状态。通过冷冻干燥可将物质中 95%以上的水分除去，有利于冻干物的长期保藏而不致变质。因此，冷冻真空干燥技术在生物医学上具有其他干燥方法无法比拟的优点。

二、冷冻真空干燥技术的应用

鉴于冷冻真空干燥技术具有其他干燥法无法比拟的优点，除已广泛应用于生物制品方面，如疫苗、诊断制剂、血清制品等的冻干外，在医药工业方面，如抗生素、维生素、酶制剂、血液制品等冻干；在食品和化学工业方面，如速溶咖啡、果汁、催化剂等的冻干也有广泛的应用。

第二节　冻干机组与冻干程序

一、冻干机组

生物制品的冻干过程在冷冻真空干燥系统中进行。这种装置称为真空冷冻干燥机，简称冻干机（图 6-1）。根据其在冷冻真空干燥过程中的作用，可将冷冻真空干燥系统分为制冷系统、真空系统、加热系统和控制系统四部分。

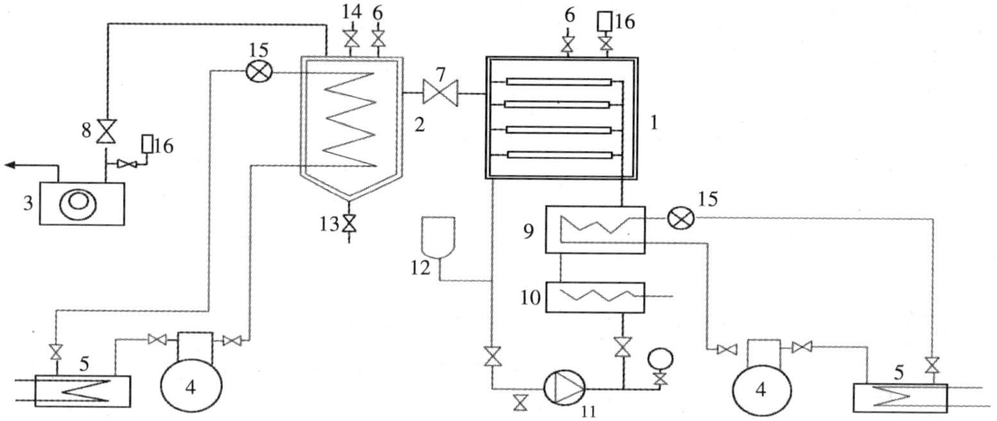

1. 冻干箱；2. 冷凝器；3. 真空泵；4. 冷冻机；5. 水冷冷凝器；
6. 放气阀；7. 冻干箱冷凝器阀；8. 真空泵冷凝器阀；9. 冷交换器；10. 电加热器；
11. 循环泵；12. 膨胀容器；13. 排出阀；14. 除霜阀；15. 膨胀阀；16. 真空测量头

图 6-1　冻干机组成示意图

（一）制冷系统

由冷冻机、冻干箱和冷凝器及内部管道等组成，冷冻机可以是相互独立的几套或合用一套。

冷冻机是使制冷剂蒸发而吸热，压缩而又冷凝成液体的一个封闭的机械系统。主要由压缩机、冷凝器、节流装置、蒸发器四部分组成（图 6-2）。冷冻机的功用是使冻干箱和冷凝器进行制冷，以维持冻干过程中的低温环境。

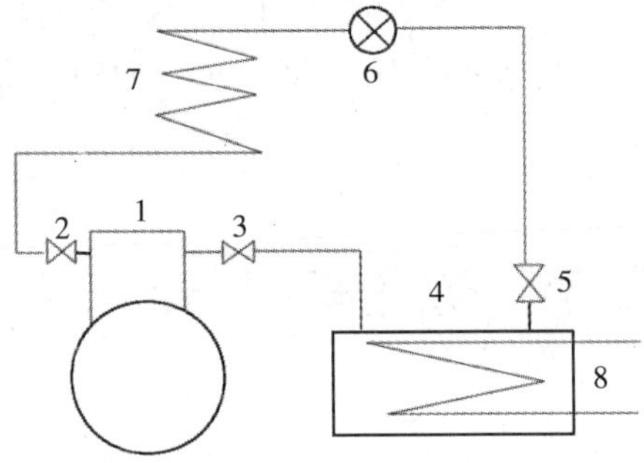

1. 压缩机；2. 吸入阀；3. 排出阀；4. 冷凝器；5. 出液阀；6. 节流装置；7. 蒸发器；8. 冷却水出入口

图 6-2　冷冻机组成示意图

冻干箱是一个能制冷到–40℃左右，加热到+50℃左右的高低温箱，同时也是一个能抽成真空的密闭容器。冻干箱是冻干机的主要部分，内有分层的金属板层，制品放置其上进行冷冻，并在真空下加温，使制品内的水分升华凝结在冷凝器内，从而达到干燥。

冷凝器也是真空密封容器，其内部有一个较大表面积的金属吸附面，通过大口径真空阀门与冻干箱连接，吸附面的温度能降低到–40℃以下，并能恒定地维持这种状态。冷凝器的主要作用是把冻干箱内的制品升华出的水蒸气以冰霜的形式凝结在金属表面，待冻干结束，冰霜融化后排出。

（二）真空系统

冻干机组的真空系统由冻干箱、冷凝器、真空泵、真空管道和阀门所构成。真空系统必须具有严格的密封性能，对制品水分子升华十分重要，而真空泵则是真空系统建立真空的重要部件。冻干时使用的真空度范围约为 0.13～66.66 Pa，要求在 30 min 左右达到要求的真空度。

（三）加热系统

不同冻干机组有不同的加热方式，有的利用直接加热法，也有的利用中间介质（传热流体）通过循环泵进行循环加热。加热系统可使冻干箱加热至+50℃，使物质中的水分不断升华而达到规定的残余水分要求。

（四）控制系统

由各种控制开关、指示和记录仪表、自动化元件等组成，有的较为简单，有的很复杂。一般自动化程度高的冻干机组的控制系统较为复杂。控制系统的功能是对冻干机组进行手动或自动控制，使其正常运行，保证冻干制品的质量。

二、冻干程序

（一）共熔点的概念

生物制品在冻干前多配成溶液或混悬液，溶液随温度降低而发生凝固冻结，达到全部凝固冻结的温度称为凝固点或称共晶点。不同物质的凝固点不同。实质上物质的凝固点也就是该物质的熔化点，故又称此温度为共熔点。由于冻干是在真空状态下进行的，只有制品全部冻结后才能在真空下进行升华。否则，有部分液体存在时，在真空下不仅会使液体迅速蒸发浓缩，使冻干制品的体积缩小，而且溶解在水中的气体在真空下会迅速逸出，造成冻干制品鼓泡，甚至溢出瓶外。因此，准备冻干的制品在升华之前，必须冷到共熔点以下，否则产品的质量将受到严重影响。

生物制品的共熔点依其组成成分而异，不同生物制品的共熔点也不同。因此，必须精确测定每种生物制品的共熔点后才有可能按此共熔点进行冻干。从外表和温度测定无法确定制品是否完全冻结成固体，必须通过测定制品溶液的电阻率来确定制品的共熔点。当温度降低时电阻增大，当降到共熔点时电阻即出现突然增大现象，此时的温度即是该溶液物质的共熔点。

共熔点的测定是将一对铂金丝电极插入制品溶液中，同时插入一支热电阻温度计，将电极、温度计、记录仪连接起来，电桥采用交流电供电，然后将溶液冷冻到−40℃以下低温，直至电阻达无穷大，随后缓慢升温至电阻突然降低的温度即为该溶液的共熔点温度。也可按图 6-3 所示的简单方法进行共熔点的测量。

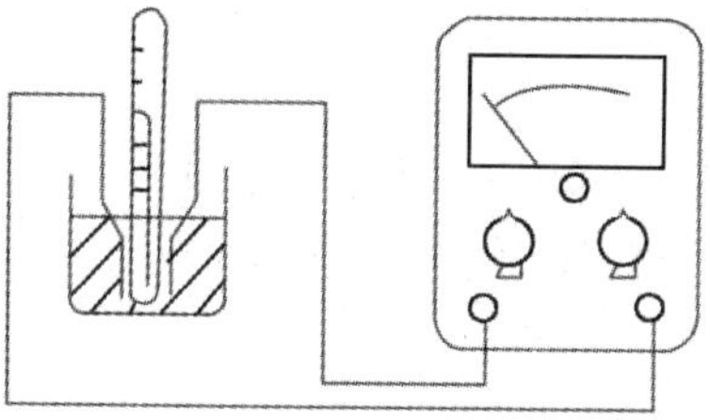

图 6-3　简单方法测量共熔点示意图

共熔点的数值与制品的品种、保护剂种类及浓度有直接关系，浓度高共熔点则低（表6-1）。

表 6-1　一些物质的共熔点

物　质	共熔点/℃
0.85%氯化钠溶液	−22
10%蔗糖溶液	−26
40%蔗糖溶液	−33
10%葡萄糖溶液	−27
2%明胶、10%葡萄糖溶液	−32
2%明胶、10%蔗糖溶液	−19
10%明胶、10%葡萄糖、0.85%氯化钠溶液	−36
脱脂牛乳	−26
马血清	−35

（二）冻干程序

1．预冻

冷冻干燥之前，先将制品溶液分装入适宜的容器，然后在低温（–40℃以下）下冻结称为预冻。预冻不仅是为了保护制品的主要性能，而且要使制品冻结后有合理的结构，以利于水分的升华。

预冻分冻干箱内预冻和冻干箱外预冻两种。箱内预冻是将制品溶液分装于小瓶或安瓿等小容器中，置冻干箱的分层隔板上后密闭，在–40℃以下进行预冻。箱外预冻是指制品分装后置–40℃以下低温冰箱冻结后再移入冻干箱内进行冻干。此外，如大装量的血浆制剂等则在箱外采用旋转冻结法预冻后再移入冻干箱内冻干。

预冻的主要目的是为了固定制品，以便在真空下进行升华。如果没有冻实，则抽真空时制品会溢出瓶外，失去一定形状；如果温度过低，则不仅浪费能源和时间，而且会降低某些制品的生物活性。因此，预冻对冻干制品的质量至关重要，影响预冻效果的因素有下列几方面。

（1）溶液物质的组分与浓度

生物制品通常由水、生物活性物质和保护剂组成，为了保证制品干燥后有一定形状，其中除水以外的物质都应含有一定比例，通常在4%～25%，以10%～15%最佳。

（2）装量

制品在冻干时，分装到容器中后存在一定的表面积与物质厚度之比，亦即冻干与装量有关。表面积大、厚度小有利于水分升华，容易冻干且质量理想。通常装量为容器容量的1/4～1/5，一般厚度不宜超过15 mm。

（3）预冻速度

溶液物质在冻结过程中由于机械效应和溶质效应而对细胞的活性有一定破坏作用。快速冷冻对细胞的影响较小，缓慢冷冻容易引起细胞死亡。此外，冷冻时所形成的晶体大小在很大程度上也影响干燥的速率和干燥后产品的溶解速度。大的冰晶有利于升华，但溶解缓慢；小的冰晶不利于升华，但溶解快。因此预冻前应根据不同物质的共熔点、冻干机性能，通过实验确定每种制品的最低预冻温度、预冻速率和预冻时间。生物制品一般预冻时间为3～4 h即可开始升华。

2．干燥

制品经预冻全部冻结之后即进入真空干燥过程，干燥过程分为两个阶段。

（1）升华干燥阶段

在共熔点温度将冻结物质中的水分除去的过程称为升华。制品在升华干燥中可除去85%以上的水分。制品在升华时需要吸收热量，1 g冰升华成水蒸气约需2 800 J热量。因此，升华阶段必须对制品进行加温，但不能使制品的温度超过共熔点温度，冻结物质的共熔点温度亦即其升华温度。升华干燥的制品温度如果低于共熔点温度过多，则升华的速率降低，升华时间延长；如果高于共熔点温度，则制品发生溶化，干燥后发生体积缩小、出现气泡、颜色加深、溶解困难等现象。升华干燥时间与物质品种有关，凡共熔点高的物质升华时间短而易于干燥。物质装量厚度与升华时间成正比。当冻干箱内的真空度为10～30 Pa时，冻结物质容易获得热量，升华速度增加，真空度超过30 Pa时，冻结物质热量减少，升华速度减慢，发生融化。

（2）解吸干燥阶段

使与物质结合的水分子通过加热方式除去的过程称为解吸干燥。在解吸干燥阶段，可以使制品的温度迅速上升到该制品的最高容许温度，并在该温度一直维持到冻干结束。制品的最高许可温度视制品的品种而定，通常在加热下迅速使物质温度上升到25～40℃，冻干箱内的真空度控制在15～30 Pa。病毒性制品为25℃，细菌性制品为30℃，血清、抗生素等可高达40℃，甚至更高。解吸干燥的时间一般不少于2 h。

解析干燥的时间与物质品种有关，最高许可温度高的制品的解吸干燥时间要短些；还与干燥制品的残余水分含量标准有关，标准低、含水量高的解析干燥时间就短；此外，与冻干机组的性能也有密切关系，性能高的机组的解吸干燥时间就短，制品质量也优良。

生物制品的冷冻真空干燥过程实质是水的物态变化及转移过程，即含水物质先冻结成固态，然后在真空下固态的冰升华为水汽，水汽再在冷凝器表面结成冰霜，待冻干完成后，冰霜融化成水排出，而热量的传递则贯穿于冻干过程。因此，为了提高物质的传递，提高干燥速率，应注意以下几点：减少制品分装的厚度；合理设计瓶、塞，减少瓶口阻力；合理设计冻干机，减少机器管道阻力；选择合适的浓度和保护剂，使干燥制品形成疏松多孔的结构，减少干燥层的阻力；试验确定最优的预冻方法，造成有利于升华的冰晶结构等。

3．冻干曲线与时序

冷冻真空干燥的生物制品应有一定的物理形态、均匀的颜色、合格的残余水分含量、良好的溶解性、高的存活率或效价和较长的保存期。因此，为了获得优良的产品，不仅要对配制过程和冻干后的密封保存进行控制，更要对整个冷冻真空干燥过程中的各个参数都要进行测定并加以控制，而冻干曲线和时序就是对冷冻真空干燥过程控制的基本依据。

（1）冻干曲线和影响因素

冻干曲线是冻干箱板层温度与时间之间的关系曲线。一般以温度为纵坐标，时间为横坐标。冻干曲线反映了在冻干过程中，不同时间板层温度变化的情况（图 6-4）。

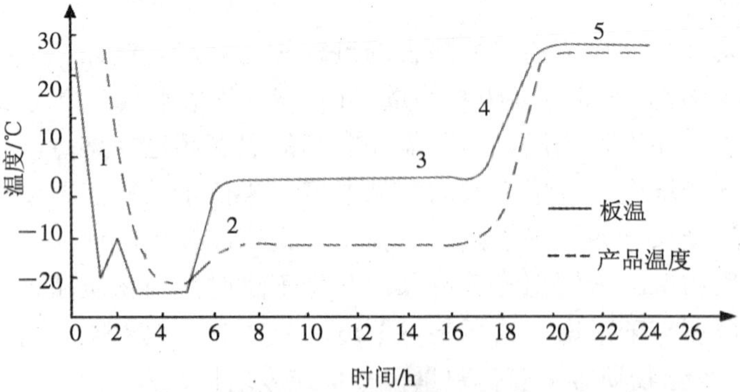

1．降温阶段；2．第一阶段升温；3．维持阶段；4．第二阶段升温；5．最后维持阶段

图 6-4　冻干曲线示意图

制品的温度是受板层温度支配的，控制了板层温度，也就控制了制品温度。因此，制定冻干曲线应以板层温度为依据。在制定冻干曲线时，应注意下列因素：

① 制品的品种：不同的制品其共熔点不同，共熔点低的制品要求的预冻温度低，加热时板层温度亦相应低些。一般细菌性制品受冷冻的影响较大，病毒性制品受冷冻的影响较小。应根据试验确定其最优冷冻速率，以缩短冷冻真空干燥的时间，获得高质量的制品。不同制品的残余水分标准不同，残余水分含量高的制品，冻干时间可短些；残余水分含量低的制品，冻干时间需长些。

② 制品装量：包括冻干箱内的总装量和每个容器内制品的装量。装量多的冷冻真空干燥所需的时间长。

③ 制品分装容器：容器的形态厚薄影响着传热，底部平整和较薄的瓶子传热较好，冻干时间短；底部不平整和瓶壁厚的传热较差，冻干时间长。

④ 冻干机性能：不同冻干机组的性能各不相同，有些机器性能较好，有些机器性能

较差。因此，尽管是同一制品，当用不同型号的冻干机进行冻干时，其冻干曲线也是不一样的，不能照搬其他型号机器的冻干曲线。

（2）冻干曲线和时序的制定

冻干时序是在冻干过程中的不同时间各种设备的启闭运行情况。冻干曲线和时序制定的依据及参数如下：

① 预冻速率：通常只能以预冻温度和装箱时间来推算确定。如欲预冻速率快，则可将冻干箱预先降温，然后迅速装箱；如预冻速率慢，则制品装箱后再让冻干箱降温。

② 预冻最低温度：取决于制品的共熔点，预冻最低温度应低于该制品的共熔点。

③ 预冻时间：制品装量的多少、冻干机组的性能等影响预冻的时间，一般在全部溶液物质冻结后再持续最低温度 1～2 h 即可。

④ 冷凝器降温时间：一般冷凝器应在预冻末期、预冻尚未结束、抽真空之前开始降温，要求在预冻结束抽真空的时候，冷凝器的温度应达到–40℃左右。该时间由冷凝器的降温性能来决定。

⑤ 抽真空时间：预冻结束之时即是抽真空开始，按要求在 30 min 左右真空度必须达到 10 Pa。在抽真空的同时打开冻干箱与冷凝器间的真空阀，并开动真空泵一直持续到冻干结束。

⑥ 预冻结束时间：预冻结束即停止冻干箱板层的降温，通常在抽真空的同时或真空抽到规定要求时停止板层的降温。

⑦ 开始加热时间：开始加热之时是在真空度达到 10 Pa 后，即是升华开始的时候。

⑧ 真空报警和真空控制工作时间：真空报警装置的工作时间在加热开始之时到校正漏孔使用之前，或从开始一直使用到冻干结束。一旦在升华过程中真空度下降而发生真空报警时，一方面发出报警信号，一方面自动切断冻干箱的加热，同时开起冻干箱的冷冻机，使制品降温，以保护制品不致发生溶化。真空控制的目的是为了改进冻干箱内的热量传递，通常在第二阶段干燥时使用，待制品温度达到最高许可温度之后即可停止使用，继续恢复高真空状态。使用时间的长短由制品的品种、装量和调定的真空度的数值所决定。

⑨ 制品加热最高许可温度：不同性质的物质在冻干过程中所许可的最高温度也不同，非生物活性物质较耐热，可加热到 40℃左右；细菌性制品可耐受 30℃左右的温度；病毒性制品为 25℃左右，维持 2 h，可使制品含水量达到 4%以下。在升华干燥阶段板层温度可略高于制品许可的温度，但在解吸干燥阶段板层温度应与制品许可温度相一致。由于传热的温差，板层的温度可比制品的最高许可温度略高些。

⑩ 冻干全程时间：预冻时间、升华干燥时间和解吸干燥时间之和即为冻干全程时间。冻干全程时间取决于制品的品种、分装容器品种、装箱方式、装量及冻干机组性能等因素。一般生物制品的冻干全程时间约为 18～24 左右，有些特殊的制品需要几天时间。

根据以上各段的依据及参数就可制定出每种生物制品的冻干曲线和时序，作为生物制品流程之一。

4. 加塞与压盖

制品在冻干箱内干燥完毕时，冻干箱仍处于真空状态，制品出箱必须放入无菌干燥空气或氮气后才能打开箱门，取出制品。干燥制品一旦暴露在空气中，很快会吸收空气中的水分而潮解，并增高制品的含水量，因此，制品一出箱就必须迅速加塞和压盖，进行封口。

根据冻干机组的结构及性能，干燥制品加塞的方式有箱内加塞法和箱外加塞法两种。

（1）箱内加塞法

箱内加塞是防止干燥制品受空气中水分和氧气影响的根本办法。采用有特殊装置的冻干箱和特制的瓶与塞相配合，冻干箱配有液压或气压压塞的动力装置。将具有四脚的丁醛胶塞安置在冻干瓶口上，在真空下或在放入惰性气体下进行自动压塞。

① 胶塞的硅化处理

为了使箱内压塞机械操作能顺利进行，减少胶塞与机械、胶塞与瓶子之间的摩擦力，减少压塞的阻力，应对胶塞预先进行硅化处理。

首先用洗涤剂对胶塞进行清洗，去除尘土和颗粒，然后用清水冲去洗涤剂，再用蒸馏水和无热源水冲洗。洗净的塞子放入清洁的不锈钢容器内，用无热源水浸没塞子，水面高出塞子 25 mm 左右，然后按照 1 kg 胶塞使用 0.2 ml 硅油（运动黏度为 350 mm^2/s），不断搅拌将硅油均匀涂布到所有塞子的表面，最后把水放掉。也可使用 2%～5%的硅油乳化液浸泡进行硅化处理，不需要进行搅拌。硅化的塞子采用空气干燥或真空干燥，然后进行高压蒸汽灭菌。

② 箱内压塞注意事项

由于冻干瓶口上有四脚胶塞，从而增加了水汽溢出阻力，因此冻干曲线需作相应调整，加热要适当减慢，时间要适当延长。冻干箱内各板层的冻干瓶要均匀安排，缺少部分要用同样的带塞空瓶垫足，以防压力不均；压塞力量不宜调得过大或过小。对于活动板层的加压方式，由于每层是串联的，即一层压一层，每一层的压力即为全箱的压塞总力，而一层的力就是每一瓶所需的力乘以该层上放置的瓶数。例如：每瓶压塞所需力为 5 kg，每一层板放置 1 000 瓶，则压塞的力为 5 kg×1 000=5 000 kg=5 t。

制品压塞完毕，放气出箱，压上铝盖、贴上标签后包装入库，待检验合格后即为正式产品。

（2）箱外压塞法

在冻干结束后即放入无菌干燥空气或氮气，开启冻干箱门，迅速加塞、抽真空、封蜡，或加塞、压盖铝帽，再抽空。如果制品数量较多而封口时间太长，应采取适当措施，分批出箱或转移到另一个干燥柜中分批进行封口。

5．冻干机的清洗和消毒

冷冻干燥的制品中带有对人体有危害的物质时，冻干机应带有清洗装置，有些制品虽然对人体无害，但升华时随气流而飘到冻干箱内各处，最好也要带清洗装置。每次工作完毕后，应对冻干箱进行清洗，清洗用的水应符合制药要求的规定。

清洗完毕后还应对冻干机进行消毒，常用的消毒方法有蒸汽消毒法和化学消毒法两种。

使用蒸汽消毒法的冻干机本身相当于一台高压蒸汽消毒柜，为了提高消毒效果和缩短消毒时间，消毒方式均为预真空式。

化学消毒法常用的消毒剂有酒精、甲醛和环氧乙烷。酒精一般用于喷洗法，甲醛、环氧乙烷一般用于熏蒸法。有些冻干机上配有环氧乙烷消毒装置（图 6-5），使用更为方便。

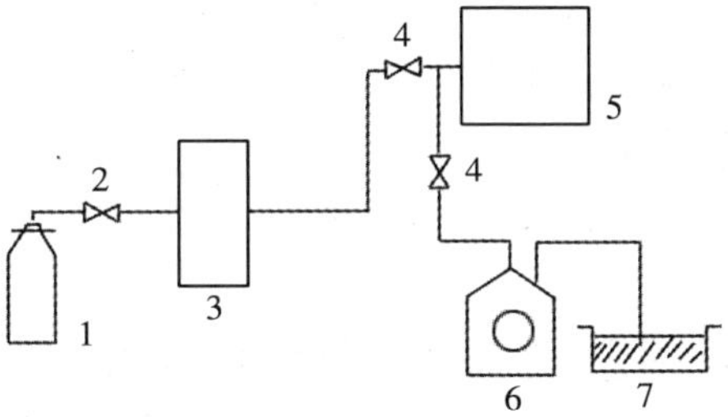

1．混合气体钢瓶；2．减压阀；3．缓冲灌；4．控制阀；5．冻干箱；6．回收泵；7．专用排水

图 6-5　环氧乙烷消毒装置示意图

复习思考题

1．基本概念：冻干、共熔点、升华干燥、解吸干燥、冻干曲线、冻干全程时间。
2．冷冻干燥的基本原理是什么？有何意义？
3．简述冻干机组的组成和兽医生物制品冻干的基本过程。
4．影响兽医生物制品预冻的因素有哪些？
5．冻干曲线的影响因素有哪些？
6．冻干曲线和时序制定的依据是什么？

第七章　兽医生物制品质量控制

【知识目标】

- 了解制造兽医生物制品的条件；
- 熟悉兽医生物制品监察制度；
- 掌握兽医生物制品质量检验的程序及方法。

【能力目标】

- 能按照兽医生物制品质量检验程序及方法进行操作；
- 能进行兽医生物制品的申报与审批；
- 能进行菌种和毒种管理，新制品及进出口制品的管理。

兽医生物制品的生产有其特殊性，如使用的微生物和动物种类繁多；产品种类较多而产量较低；产品本身易被污染；产品在生产中有感染生产人员和散毒的危险性。因此，要结合兽医生物制品的特点搞好生产和质量控制，使其质量达到理想的安全性、有效性和可接受性，只有按照兽药生产质量管理规范（Good Manufacturing Practice，GMP）进行管理，最大可能地控制生产过程中的每一步。

世界上首先颁发 GMP 的国家是美国，经 40 多年的发展和完善，现已被世界大多数国家和组织所接受，并得到广泛实施。我国于 1989 年颁布《兽药生产质量管理规范（试行）》，1994 年又颁布《兽药生产质量管理规范实施细则（试行）》，2002 年 3 月颁布《兽药生产质量管理规范》（具体内容详见附录一），并于同年 6 月实施。

GMP 是对兽医生物制品生产全过程中的人员、厂房和设备、原料采购入库、检验、发料、加工、半成品检验、分包装、成品检验、产品运输、销售、用户意见及使用反应、处理等在内的全过程的质量管理，包括人员、厂房和设备等硬件以及管理制度等软件两个方面的内容。因此，制造兽医生物制品的条件必须达到 GMP 的要求。

第一节　制造生物制品的条件

一、制造生物制品的基本条件

制造生物制品必须具备下列基本条件：经国家有关部门批准取得生产许可证；一定比例的专业技术人员，包括能掌握生产技术和检验技术的专业人员；相应的厂房；相应的生产设备，具有防止散毒的设施和隔离条件，具有良好的卫生环境；具有良好的消毒和排污设施；保证水、电供应；具有稳定的合乎标准要求的菌、毒种；合格细菌、病毒的培养基质；相应的实验动物和动物舍。

（一）生产许可证

我国《兽药管理条例》（详见附录二）明确规定，凡生产兽医生物制品的单位必须经农业部批准，取得《兽药生产许可证》和当地工商行政管理机构批准发给的营业执照。生产的各种制品还必须取得农业部或所在省、市、自治区农（牧）行政管理机构颁发的批准文号。

（二）人员

应当有和生产规模相适应的素质较好的适当数量的管理人员、专业技术人员和生产人员。

1．厂长

必须具有医药或相关专业大专以上学历，相当的技术职称和较丰富的实践经验，经过相关专业领域和基础理论的培训和学习，熟悉生物制品生产技术，并从事生物制品生产工作5年以上。

2．负责生产和质量检验的部门负责人

（1）与厂长的要求相似；

（2）生产和质量管理部门负责人不得互相兼任，且不得由顾问性质的工作人员或兼职人员担任。

3．生产人员和质量检验人员

应当具有与所从事的工作相适应的文化程度和专业知识，要有一定比例的受过高等或中等专业教育的技术人员，应经过培训，具有一定的实际工作经验。对新参加工作的人员，必须经过实习培训，方可正式上岗。

（三）厂房

1．选择厂址时应注意考虑满足的条件

（1）应在大气含尘、含菌浓度低，无有害气体，自然环境好，对产品质量无不利影响，卫生条件较好的区域。

（2）交通方便，但应远离铁路、码头、机场、交通要道以及散发大量粉尘和有害气体的工厂（如化工厂、染料厂及屠宰厂等）、贮仓、堆场等有严重空气污染、水质污染、振动和噪音干扰的区域。若不能远离严重空气污染区，则应位于其最大频率风向上风侧，或全年最小频率风向下风侧。

（3）排水良好，应无洪水淹没危险。

（4）在目前和可预见的市政区域规划中，不会使厂址环境产生不利于产品质量的影响。

（5）水、电、燃料、排污、物资供应和公用服务条件较好或所存在的问题在目前和今后发展时能有效、妥善地解决。

（6）地势高燥，有利于污水的排放与净化。

2．厂区布置

（1）生产、行政、生活和辅助区的总体布局应合理，不得互相妨碍。

（2）生产车间与实验动物房、附属车间分开，即洁净区与污染区、非洁净区分离，以保证产品质量和防止散毒、污染；人流与物流分开；洁净物与污染物分流。

（3）生产房应充分利用组合式车间结构，并根据要求设立不同洁净级（100 级、1000 级、10000 级、100000 级）的洁净生产区和缓冲区，前者为全封闭式，后者为半封闭式；各国的洁（超）净标准不尽一致，我国的标准见表 7-1。

（4）生产厂房内部墙壁、墙角、天花板（上边是夹层，供安装水、电、气、通风管道及维修）等用防腐、防尘、防酸碱涂料，以利于消毒。

（5）生产用菌（毒）种和非生产用菌（毒）种、生产用细胞与非生产用细胞、强毒与弱毒、死毒与活毒、脱毒前与脱毒后的制品和活疫苗与灭活疫苗、预防制品等的加工或灌装不得同时在同一生产厂房内进行，其贮存要严格分开。

（6）实验动物是兽医生物制品生产和检验的重要原材料，也是制品质量的基础，所以必须建立等级实验动物房，当前以供应普通级、清洁级小动物（小鼠、大鼠、家兔等）和非免疫鸡、SPF 鸡及鸡蛋为主。动物房的设置应符合国家颁布的有关规定，并有专用的排污和空调设施。

（7）用水量大、潮湿的洗涤室和操作室最好不设在无菌室集中的主建筑物内，质量控制实验室应与生产区分开。

（8）道路路面应选用整体性好、灰尘少的材料，如沥青、混凝土。厂房与道路之间应有一定距离的卫生缓冲带，缓冲带可种植草坪，严禁种花，树木周围以卵石覆盖土壤，绿化设计要做到“土不见天”。

（9）周围宜设环形消防车道（可利用交通道路），如有困难时，可沿厂房的两个长边设置消防通道。

表 7-1　我国生产厂房的洁净等级标准

洁净级别/级	尘粒数/（个/m^3）		活微生物数/（个/m^3）	
	≥0.5 μm	≥5 μm	沉降菌	浮游菌
100	≤3 500	0	≤1	≤5
1000	≤35 000	≤2 000	≤3	≤100
10000	≤350 000	≤20 000	≤10	≤500
＞10000	≤3 500 000	≤200 000	—	—

（四）设备与设施

生产生物制品的企业应配置无菌设备、转瓶机、培养罐、孵化箱、冻干机、过滤器、压盖包装机、高压灭菌柜、烘烤箱及冷藏设备等。GMP 要求相关设施和设备要体积小、重量轻和噪音低；材料具有惰性、耐磨、抗腐蚀和易于消毒等特点；自动化程度高；有利于维修。

1．无菌设备

无菌室、超净工作室或超净工作台是生物制品厂不可缺少的重要设置。

（1）无菌室

过去的无菌操作室多为木制框架，现多采用铝合金框架无菌室，具体要求有：

① 严密，不能有缝隙；

② 采光良好；

③ 有缓冲间；

④ 有紫外灯，操作之前进行空气消毒；

⑤ 有条件的单位，应安装空气净化设备，使室内保持正压，外界有菌空气不能进入；

⑥ 操作人员进入无菌室前，开紫外灯照射不少于 1～2 h，操作人员须穿戴灭菌衣、帽和口罩进入。

（2）超净工作台

超净工作台（图 7-1）可在无菌室内使用，也可在洁净的普通房间使用。使用过程应注意：

① 认真清洗新安装或长期不用的超净工作台，清洁周围环境；

② 工作前应将风机启动，使设备自净 10～20 min 才能开始工作；

③ 工作区内无杂物，以免影响气流及效率。

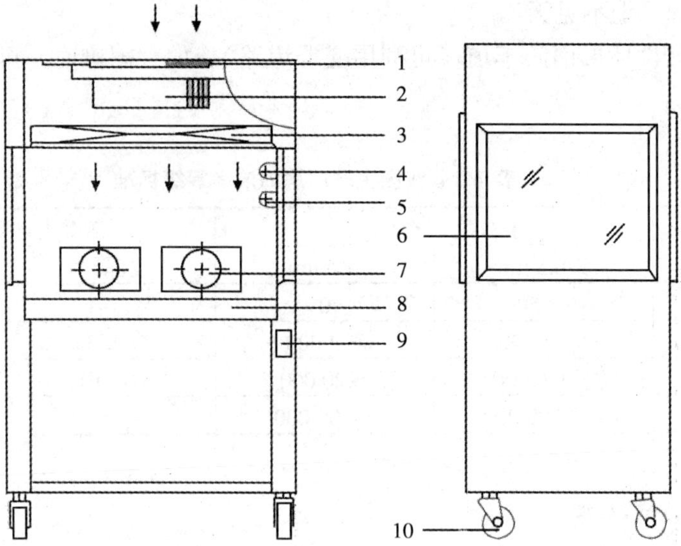

1．预过滤；2．可变风量送风机组；3．高效过滤器；4．荧光灯；5．紫外灯；
6．侧挡板（钢化玻璃）；7．操作孔；8．不锈钢台面；9．操作板；10．万向脚轮

图 7-1　超净工作台

2．培养设备

细胞细菌培养装置、温室和温箱是生物制品生产的重要设备。

（1）转瓶机

这是一种大量生产细胞的专用设备。它能自动调温、调速和报警，它靠一台马达驱动，架子分上下几层，每层可放一排无毒塑料转瓶，转瓶搁置在滚轮上，以每小时 8～14 转的转速转动（图 7-2）。

（2）培养罐

大型发酵培养罐是生物制品厂的必备设备，用来进行细菌和细胞的培养（图 7-3）。这种罐的优点是可自动调温、调 pH 值，用无级马达、磁搅拌、消泡、控制氧压、自动补液、换液、自动高压灭菌、自动计算呼吸商等仪表来大量繁殖细胞。目前悬浮培养罐有用计算机来控制的 1 000 L 不锈钢培养罐，操作简便，可控制污染。

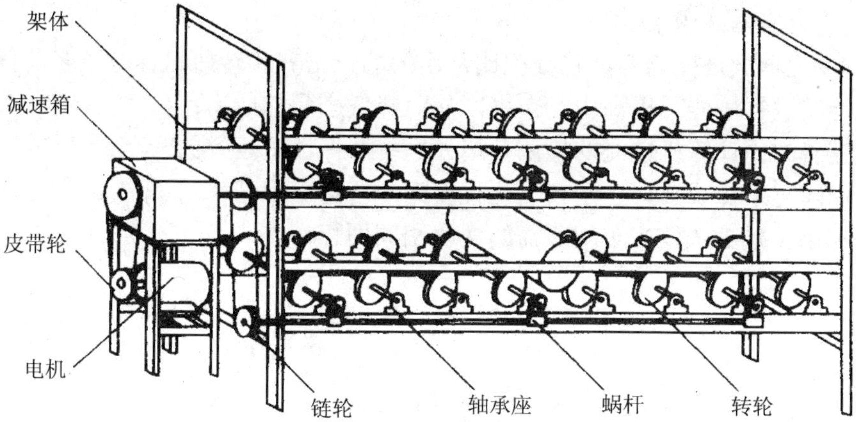

图 7-2　转瓶机

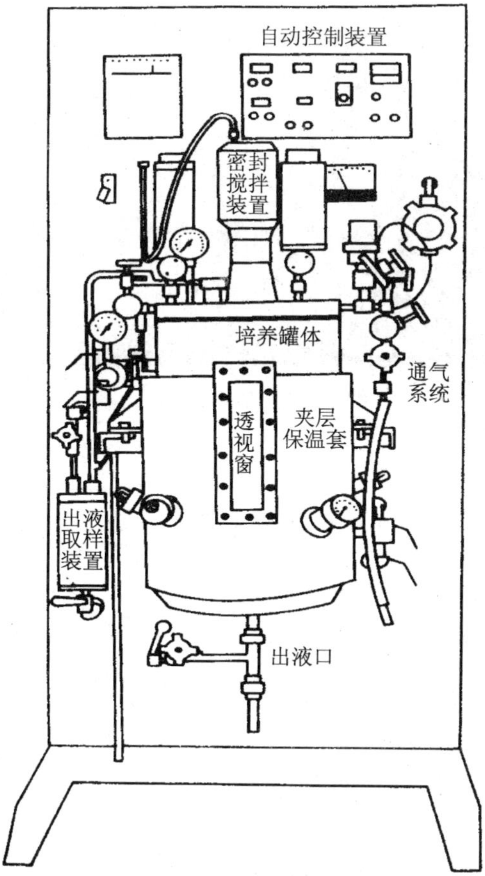

图 7-3　发酵培养罐

（3）生物反应器（图 7-4）

用生物反应器大规模培养动物细胞比常用的静止培养和转瓶培养有更多的优越性。

① 可连续进行培养，提高生产效率，从而降低产品的成本；

② 有完善的由计算机控制的检测及培养系统，保证了运行的安全；

③ 可以随时采样观察，由于自动化程度高，污染率很低；

④ 体积小，减少了生产车间所需的净化空间面积。

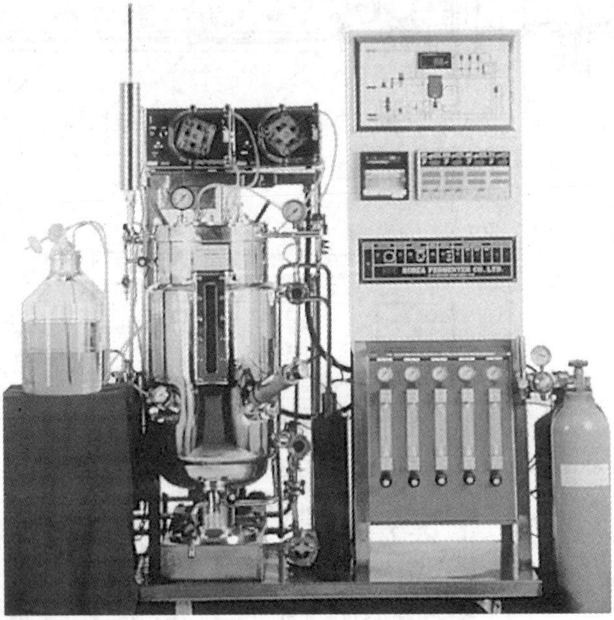

图 7-4　生物反应器

（4）温室和温箱

温室是指用保温建筑材料建筑的一种恒温暖房，是生物制品制造的必备设备。具体要求有：

① 采用电子控温仪等作为自动调温装置，以能达到自动控温的目的；

② 采用 110 V 电压，使电热丝不易起火燃烧；

③ 在温室门框上装上风扇和通风小孔，使温室内空气能自然交换；

④ 温室的进门处应有缓冲间，能预热进入温室的外界冷空气；

⑤ 温室的温度应随培养物的不同而异，如用作细菌或病毒的培养为 37～38℃，培养霉菌为 20～25℃，检查污染的杂菌需用 30℃。

温箱是温室的缩小，但比温室具有更高的精密度。

3．孵化设备（孵化器）

新型孵化器多用高分子材料制造，要求能耐热、耐湿，抗酸碱。孵化 SPF 鸡胚的孵化器还必须具有空气过滤系统，使进入的空气呈无菌状态。

4．冻干设备

主要包括冻干机及其附属设备。

5．灭菌设备

包括干热灭菌器、高压蒸汽灭菌器及流通蒸汽消毒器等。

（1）高压灭菌器

高压灭菌器有圆形、方形、矩形，有卧式、立式、台式和手提式等多种形式，大小不一，种类繁多，生物制品厂不同于一般实验室，多半用大型卧式灭菌器。近年来，国内外已生产出自动程控高压蒸汽灭菌器（图 7-5）。根据待灭菌的物品种类可选择器械类、衣物类和液体类三种程序，可自动进行灭菌。灭菌物品的保存期：工具、用具、器皿、工作衣帽等灭菌后保存期不超过 48 h；培养基、溶液等应保存于干燥冷暗处，最好在 72 h 内使用，最长保存期不超过 1 周。

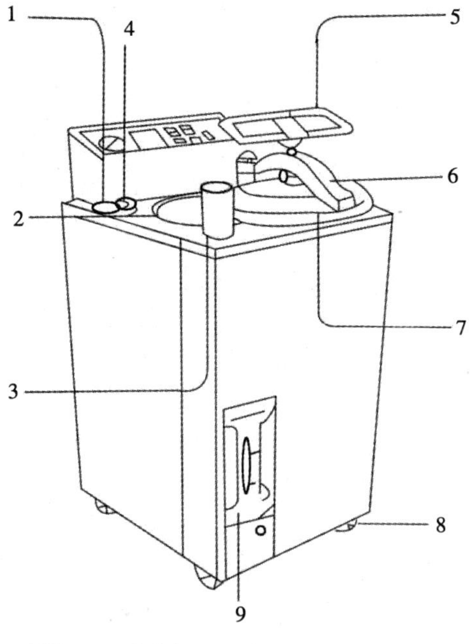

1．安全阀保护盖；2．灭菌室；3．档柱；4．安全阀；5．把手；6．支架；7．灭菌室盖；8．底轮；9．调节水箱

图 7-5　全自动高压蒸汽灭菌器（SANYO MLS-3020）

（2）干热灭菌器

适用于在 160～170℃高温中灭菌不变质的物品以及不能使用湿热方法灭菌、潮湿后

容易分解或变性的物品。常用于玻璃瓶、培养皿、试管、吸管等玻璃器皿的灭菌。使用过程中应注意：

① 灭菌物品必须包扎、装盒，瓶口与试管口塞好棉花塞，再用纸包扎，以免灭菌后再被污染；

② 各种灭菌玻璃器皿灭菌前必须洗涤干净、完全干燥，以免破裂；

③ 装灭菌器皿时要留有间隙，不宜过紧过挤，且不能与干燥箱壁接触，以免烤焦；

④ 灭菌开始应把排气孔敞开，以排除冷气和潮气；

⑤ 灭菌器须缓慢升温，使被灭菌物品均匀升温；

⑥ 灭菌结束后，必须让灭菌器内的温度下降到 60℃以下，才能缓慢开门，否则可能引起棉花、纸张起火和器皿炸裂；

⑦ 灭菌后的物品一般要求 5 d 内用完。

6．分装与包装设备

疫苗分装与包装设备的质量是疫苗生产流程中能否提高工效、保证产品质量的重要环节。

（1）生产冷冻干燥疫苗的设备

要求便于流水作业、配套安装与使用。大多由理瓶旋转工作台、多头分装机、胶塞定位机、收集器、压盖机、贴签机、封口机、包装机等组成作业流水线。

（2）瓶装液体制剂分装包装设备

瓶装液体制剂分装包装的主要设备有理瓶工作台、灌装机、加铝帽机、贴签机、装盒或装箱机，如组成自动生产线，还应包括洗瓶机和干燥灭菌机。

7．冷藏设备

（1）冷藏箱

冷藏箱使用时应注意：

① 带有制冷装置的冷藏箱，在压缩机初次开机后，必须注意润滑油的更换和过滤网的清洗和定期全面检修；

② 注意箱体保温层和箱门密封垫完好，不宜开门次数过多；

③ 当蒸发器排管达到 1 cm 厚时，应进行除霜；

④ 一般冷藏箱不用时，应放置于干燥通风的地方，防止产生霉菌。

（2）冷藏运输设备

生物制品的运输过程中必须使用具有隔热车体及降温装置的冷藏车。我国目前一般使用冰箱冷藏车，该车具有良好的隔热车体、制冷降温装置、空气循环装置和温度指示表。

（3）液氮罐

液氮罐内加入液氮，可达−196℃的超低温，是保存活组织细胞和微生物的理想容器。使用过程中应注意：

① 必须事先预冷后，才能装液氮并使液面略低于容器颈部，使用中液氮量不得少于

容器总体积的2/3；

② 保护液氮容器外部不受磨损，做到四不碰：不碰嘴、不碰颈、不碰罐体、不碰口；

③ 液氮充满后如出现液氮沸腾不止或罐的外部结霜，证明此罐的性能已不正常；

④ 取放罐内物品时，宜用竹制镊子，且动作要快，使物品迅速浸入或离开液氮面；

⑤ 搬运或移动液氮罐应提把手，不得推拖；

⑥ 定期清洗消毒。

（五）实验动物和动物舍

实验动物是兽医生物制品生产和检验的重要原材料，也是制品质量的基础，所以必须建立等级实验动物房，当前以供应普通级、清洁级小动物（小鼠、大鼠、家兔等）和非免疫鸡、SPF鸡及鸡蛋为主。

（六）排污和防止散毒设施

根据国家保护自然环境和自然资源，防止污染和其他公害的规定和《兽医生物制品制造及检验规程》的规定，生物制品的制造、检验及试验研究部门的污水必须经过无害处理后才能排放，粪便等带毒材料应就地消毒，尸体应全部化制或焚毁。

1. 排污处理设施

生物制品生产及研究单位的污水中含有各种病原微生物及非病原微生物，必须经过无害处理方准排放。无害处理的方法包括物理法、化学法和生物法。

（1）物理法

如加热、沉淀、过滤和离心分离等，目的是除去杂质。

（2）化学法

利用中和、氧化、还原、吸附或电解等化学反应来改变污染物的性质，使之无害化。

（3）生物法

利用微生物的作用，使污水中呈溶解及胶体状态的有机污染物转化为无害物质。

污水的处理过程大致是：带毒污水→过滤滤除粗渣→放入一级沉淀池→放入沉淀后污水贮存池，用臭氧或化学药品处理→曝晒→排放（如放入专用鱼塘）。比较好的处理污水方法是臭氧法，但需要臭氧发生机，在无臭氧发生机的情况下，亦可用4%氢氧化钠对沉淀后的污水进行处理。

污水的排放标准是：

① 生化需氧量（Biochemical Oxygen Demand，BOD）：（5 d，20℃）达到60 mg/L，生化需氧量越高，表示水中有机污染物越多；

② 化学需氧量（Chemical Oxygen Demand，COD）：达到100 mg/L，氧化剂可用重铬酸钾或高锰酸钾，此标准指重铬酸钾法；

③ 动物检测：水中是否存在病原菌，应当用对该菌（毒）敏感的动物进行检验。我国规定检验污水使用的动物种类、数量及剂量是：家兔 2 只，皮下接种 2.0 ml；豚鼠 2 只，肌肉注射 1.0 ml；小鼠 2 只，皮下接种 0.1～0.3 ml；鸽子 2 只，肌肉注射 1.0 ml；鸡 2 只，肌肉注射 1.0 ml；猪 2 头，皮下注射 10 ml。如监测口蹄疫病毒，用 2～3 日龄乳鼠 5 只以上，皮下注射 0.1 ml，观察 21 天应健活；检测猪丹毒杆菌用鸽 2 只，肌肉注射 1.0 ml，观察 10 d 应健活；检测猪瘟病毒用无母源抗体的断奶仔猪 2 只，肌肉注射 10 ml。

2．强毒室的防护

强毒室必须隔离，人畜不得任意出入。门窗等处设必要的防护设备，防止犬、猫、飞禽及野鼠进入。强毒实验时，夏季应设铁纱窗，防止蚊、蝇飞入飞出，传带菌（毒）。强毒区各工作房舍门口应设消毒池。凡有车辆出入的，应设能使车轮全面消毒的消毒池。

3．带毒粪便及垫草的处理

带毒粪便及垫草等均采用生物发酵法处理，在生物发酵池中自然发酵两年以上方可作为肥料使用。

4．尸体处理

尸体应用焚尸炉焚烧或化制。但有时因为带毒尸体太少不够一炉火化时，尸体堆积容易散发臭气甚至被野兽拖走造成散毒的危险，在此情况下有的将尸体高压蒸汽（121℃、30 min）灭菌后，按粪便处理办法进行生物发酵处理，亦很安全。

二、兽医生物制品生产的申报与审批

根据农业部公告（第 442 号）《兽用生物制品注册分类及注册资料要求》（参见附录三），新制品注册分为三类：

第一类　未在国内外上市销售的制品。

第二类　已在国外上市销售但未在国内上市销售的制品。

第三类　对已在国内上市销售的制品使用的菌（毒、虫）株、抗原、主要原材料或生产工艺等有根本改变的制品。包括：

（1）已在国内上市销售但采用新的菌（毒、虫）株生产的制品；

（2）已在国内上市销售但保护性抗原谱、DNA、多肽序列等不同的制品；

（3）已在国内上市销售但表达体系或细胞基质不同的制品；

（4）由已在国内上市销售的非纯化或全细胞（细菌、病毒等）疫苗改为纯化或组分疫苗；

（5）采用国内已上市销售的疫苗制备的联苗；

（6）已在国内上市销售但改变靶动物、给药途径、剂型、免疫剂量的疫苗；

（7）已在国内上市销售但改变佐剂、保护剂或其他重要生产工艺的疫苗。

根据规定，我国新制品的生产与审批需经以下步骤。

（一）实验室试验

如需要使用第一类病原微生物的，还应当具备国务院兽医行政管理部门规定的条件，并在实验室阶段前报国务院兽医行政管理部门批准。使用第一、二类病原微生物的，应该在生物安全三级或四级的实验室进行。

实验室试验应包括菌（毒、虫）种的选育和鉴定，毒力、抗原性、免疫原性、稳定性、特异性试验和生产工艺、制品的安全性、效力（对实验动物及使用对象动物）、免疫期及保存期试验等。实验室各项试验要求批数见表 7-2。

表 7-2　新制品实验室各项试验要求批数

分　类	试验批数			
	安全	效力	免疫期	保存期
第一类	5	5	3	3
第二类	3	3	3	3
第三类	3	3	3	3

（二）中间试制

根据实验室生产工艺，在生物药品厂或国家认可的具备一定条件的中试车间试制连续 5～10 批制品，由中间试制单位出具中间试制报告。中间试制报告应包括以下内容：

（1）中间试制的生产负责人和质量负责人、试制时间和地点；

（2）生产产品的批数（连续 5～10 批）、批号、批量；

（3）每批中间试制产品的详细生产和检验报告；

（4）中间试制中发现的问题等。

（三）临床试验申请

根据规定，应当在临床试验前向国务院兽医行政管理部门提出申请，研究中使用了第一类病原微生物的应当提供批准进行有关实验室试验的批准性文件复印件，使用第一、二类病原微生物的应该在生物安全三级或四级的实验室进行，国务院兽医行政管理部门应当自收到申请之日起 60 个工作日内将审查结果书面通知申请人。

应按照有关技术指导原则的要求提出拟进行的临床试验的详细方案，并报告已经进行的临床试验的详细情况。

临床试验中应使用至少 3 批经检验合格的中间试制产品进行较大范围、不同品种的使用对象的动物试验，进一步观察制品的安全性和效力。

临床试验中每种靶动物的数量应符合表 7-3 要求。

临床试验结束后应收集临床试验研究资料及临床试验期间进行的有关改进工艺、完善质量标准等方面的工作总结。

表 7-3　临床试验中动物的数量要求

生物制品类别	供试动物种类与数量（头、只、尾）			
	大动物	中小动物	禽类	鱼
第一类疫苗	2 000	20 000	40 000	40 000
第二、三类疫苗	1 000	10 000	20 000	20 000
诊断制剂	≥1 000	≥1 000	≥1 000	≥1 000

注：（1）第一类制品的临床试验动物数量应加倍；
（2）数量较少、饲养分散的特殊动物的数量可酌情减少；
（3）大动物是指牛、马、骡、驴、骆驼等；
（4）中小动物是指猪、羊、犬、狐狸、鹿、麝、兔、猪、貂、獭等；
（5）禽类是指鸡、鸭、鹅、鸽等。

（四）新制品注册

新制品经过实验室试验、中间试制和临床试验之后，证明工艺完善，安全性和效力良好，研制单位可提出新制品制造及检验规程草案，连同有关技术资料报农业部。新制品注册需要提供的资料项目有以下 8 种。

1. 一般资料

（1）生物制品的名称。包括通用名、英文名、汉语拼音和商品名。通用名应符合兽用生物制品命名原则的规定。必要时，应提出命名依据。

（2）证明性文件。

① 申请人合法登记的证明文件、中间试制单位的《兽药生产许可证》《兽药 GMP 合格证》、基因工程产品的安全审批书、实验动物合格证、实验动物使用许可证、临床试验批准文件等证件的复印件。

② 申请的新制品或使用的配方、工艺等专利情况及其权属状态的说明，以及对他人的专利不构成侵权的保证书。

③ 研究中使用了第一类病原微生物的，应当提供批准进行有关实验室试验的批准性文件复印件。

④ 直接接触制品的包装材料和容器合格证明的复印件。

⑤ 制造及检验试行规程（草案）、质量标准及其起草说明，附各项主要检验的标准操作程序。制造及检验试行规程（草案）、质量标准，应参照有关要求进行书写。起草

说明中应详细阐述各项主要标准的制定依据和国内外生产使用情况。各项检验的标准操作程序应详细并具有可操作性。

⑥ 说明书、标签和包装设计样稿。应按照国家有关规定进行书写和制作。

2．生产与检验用菌（毒、虫）种的研究资料

（1）生产用菌（毒、虫）种来源和特性。

（2）生产用菌（毒、虫）种种子批建立的有关资料。

（3）生产用菌（毒、虫）种基础种子的全面鉴定报告。

（4）生产用菌（毒、虫）种最高代次范围及其依据。

（5）检验用强毒株代号和来源。

（6）检验用强毒株纯度、毒力、含量测定，血清学鉴定等试验的详细方法和结果。

3．生产用细胞的研究资料

包括来源和特性、细胞库及代次范围及其依据。

4．主要原辅材料选择的研究资料

指来源、检验方法和标准、检验报告等。对生产中使用的原辅材料，如国家标准中已经收载，则应采用相应的国家标准，如国家标准中尚未收载，则建议采用相应的国际标准。

5．生产工艺的研究资料

（1）主要制造用材料、组分、配方、工艺流程等。

（2）制造用动物或细胞的主要标准。

（3）构建的病毒或载体的主要性能指标（稳定性、生物安全）。

（4）疫苗原液生产工艺的研究。

6．产品的质量研究资料

（1）成品检验方法的研究及其验证资料。

（2）与同类制品作比较的研究报告。

（3）用于实验室试验的产品检验报告。

（4）实验室产品的安全性研究报告。

（5）实验室产品的效力研究报告。

（6）至少 3 批产品的稳定性（保存期）试验报告。

7．中间试制研究资料

由中间试制单位出具的中间试制报告。

8．临床试验研究资料

（1）临床试验研究资料。

（2）临床试验期间进行的有关改进工艺，完善质量标准等方面的工作总结及试验研究资料。

以上有关新兽医生物制品注册资料要求的详细内容参见附录三。

（五）新兽药注册审批

农业部在收到新兽药注册申请及其他有关材料后，依据《兽药管理条例》《兽药注册办法》（2004 年农业部令第 44 号）及农业部第 442 号公告分别进行材料受理、项目审查、质量复核、专家评审，最后由农业部兽医局根据终审结论提出审批方案，报经部长审批后办理批件。合格者发给新兽药注册证书。

第二节 我国兽医生物制品监察制度

兽医生物制品是一种特殊商品，其质量可靠与否，不仅关系到动物的防病灭病效果，而且还涉及到人类健康，世界各国均建立了国家监察制度，对生物制品质量进行监督。我国在 1952 年建立并颁布了兽医生物药品监察制度，设立中国兽药监察所，统一监督管理全国兽医生物制品的生产与质量。中国兽药监察所的职能包括贯彻、检查《兽医生物制品制造及检验规程》的执行，选育、保藏、鉴定与分发生产用的菌种和毒种，抽查出厂产品的质量，组织新产品和新工艺的审定，处理或仲裁有关的产品质量事故，以及传播生物制品方面的信息与技术培训等。同时自 1952 年开始制定并定期修订《兽医生物制品制造及检验规程》（以下简称《规程》）；各厂设立监察室，监察室有权代表中监所抽检各项产品、签发合格证，并保管、鉴定、分发自中监所领来的菌（毒）种；督促检查生产过程中《规程》的执行情况及防止散毒；了解生物制品的使用情况和参与处理质量事故。监察室的业务归国家中监所领导和指导。

一、菌种与毒种管理

2004 年 11 月 12 日，国务院发布第 424 号令《病原微生物实验室生物安全管理条例》（参见附录四），其中第七条对病原微生物进行了分类。根据病原微生物的传染性、感染后对个体或者群体的危害程度，将病原微生物分为以下四类：

第一类病原微生物是指能够引起人类或者动物非常严重疾病的微生物，以及我国尚未发现或者已经宣布消灭的微生物。

第二类病原微生物是指能够引起人类或者动物严重疾病，比较容易直接或者间接在人与人、动物与人、动物与动物间传播的微生物。

第三类病原微生物是指能够引起人类或者动物疾病，但一般情况下对人、动物或者环境不构成严重危害，传播风险有限，实验室感染后很少引起严重疾病，并且具备有效治疗和预防措施的微生物。

第四类病原微生物是指在通常情况下不会引起人类或者动物疾病的微生物。

第一类、第二类病原微生物统称为高致病性病原微生物。根据《动物病原微生物分类名录》(2005年农业部第53号令）的规定（参见附录五），兽用生物制品、疫苗生产用的各种弱毒病原微生物属于第四类病原微生物。

2005年，农业部还颁布了《高致病性动物病原微生物实验室生物安全管理审批办法》(2005年农业部第52号令）（参见附录六）。

用于兽医生物制品制造和检验的菌（毒）种，应在鉴定通过并列入《规程》时移交给中国兽药监察所统一管理，少数由于条件尚不具备者可委托指定单位管理。管理单位必须按规定定期进行鉴定，详细记入档案，以保证菌（毒）的稳定性。各厂由监察室根据需要按规定程序申请领取菌（毒）种，在分发和运输中必须严密包装、附上标志，以保证安全。

二、防止散毒的原则与措施

无论生物制品生产厂或研究所均涉及到病原微生物，如无严格的措施，就有可能成为传染病疫源地，危及动物和人类健康。所以防止散毒是各国GMP和监察制度的主要内容之一。

防止散毒的原则和措施应贯穿于厂址选择、厂房布局、污物污水处理、生产程序和人员素质等各方面，无一例外。诸如厂址应选在市镇郊区高地；厂区应划分生活区、生产区，生产区又应划分为洁净区、控制区和污染区；严密的尸体、污物及污水处理系统；严密的生产程序和严格的工作制度；切实有效的卫生防疫措施等。

三、新制品管理

凡菌（毒）种的变换、生产工艺的重大改变或新的生物制剂的研制成功，经实验室试验、区域性试验和中间试验三个步骤证明安全有效，并有一定的数据者均属新制品。新制品可按国家新制品管理要求申报列入《规程》。

申报新制品的资料应符合《兽药注册办法》(2004 年农业部令第 44 号）（参见附录七）及《兽用生物制品注册分类及注册资料要求》(中华人民共和国农业部公告第442号）的要求。

新制品只能在经兽药规程委员会审定认可后方可正式生产、销售。

四、进出口制品管理

根据《兽药管理条例》的规定，对进口的兽医生物制品一律报农业部注册和审批。获得《进口兽药登记许可证》才能准许进口，并在我国销售。注册审批程序为：先填报申请资料，经农业部药政处预审，再经审评委员会初审，再经中监所质量复核、临床试验后经新兽药审评委员会审议，最后经农业部审批后颁发《进口兽药登记许可证》。

进口兽用生物制品的单位必须按照《进口兽药登记许可证》中载明的品种、生产厂家、规格、数量和口岸进货，由接受报验的口岸兽药监察所进行核对并抽取样品。

对国家防疫急需、国内尚不能满足供应的未登记产品和为科学研究试验或为积累临床数据进行试验而进口的生物制品，可直接向农业部申报批准，但该类产品只限自用，不得转让、销售。

第三节　兽医生物制品质量检验程序及方法

生物制品的质量管理又称为全面质量管理，是 GMP 的中心。生物制品质量管理应包括菌（毒）种鉴定、原材料检验、生产程序和半成品检查，以及成品检验。

成品检验是生物制品质量管理中的重要程序之一，也是最后一道程序，由监察室承担。

一、抽样

监察室在接到生产车间的成品检验通知书后，即由产品检验人员按每种产品规定的比例进行随机抽取样品，其中部分用于成品检验，部分用作留样保存。

世界卫生组织要求人的生物制品抽检量应按 $0.4\sqrt{N}$ 抽样，N 代表产品总数。我国兽药按灭活菌苗及血清批量在 50 万毫升以下者每批抽样 5 瓶，50 万～100 万毫升者抽样 10 瓶，100 万毫升以上者抽样 15 瓶；同批冻干制品分几个柜冻干者，应以柜为单位，每柜抽样 5 瓶；诊断液每批抽样 5 瓶。效力检验，同批菌疫苗分为若干组分装时应逐组随机抽样检验，抽取样品数依需要而定。

监察室抽样后应在规定期限内按《规程》规定的项目、方法进行检验，并做出结论。

二、无菌检验或纯粹检验

生物制品都应无外来杂菌，所以均需进行抽样做无菌检验或纯粹检验。活菌菌苗和灭活疫苗灭活前的半成品也应作纯粹或无菌检验，不得混有杂菌。

（一）检验用培养基与检验方法

不同产品所用的培养基和检验方法不同，通常选择最适宜于各种易污染细菌生长而对活菌制品细菌不适合生长的培养基。有时为了检测出污染的某些细菌，还需要使用特殊的培养基和特殊的培养方法，如禽类生物制品中的沙门氏菌的检验，按规定必须使用SS琼脂培养基或麦康凯琼脂培养基。

凡含有防腐剂、灭活剂或抗生素的产品必须用小瓶或大管培养基稀释后再移植培养；含有抗生素的冻干产品应稀释 10 倍后进行培养检查，以消除抗生素的影响；在厌氧菌检验时，除给予厌氧条件外，有些厌氧菌生长较缓慢，有些厌氧菌形成芽孢时间较长，故须适当延长培养时间才能获得确切的结果。各类成品检验的原则与方法如下。

1．血清、诊断液与需氧菌灭活菌苗的检验

每瓶样品需用马丁肉汤琼脂斜面或普通琼脂斜面、血液琼脂斜面各 1 支，厌气肉肝汤、改良沙氏培养基（或不修正 pH 普通琼脂斜面）各 2 支，分别接种被检物 0.2 ml。50～100 ml 马丁肉汤 1 小瓶，接种被检物 0.5～1.0 ml。除改良沙氏培养基置 20～30℃外，其余均置 37℃培养 3 d。自马丁肉汤小瓶内吸取适量培养液移植于血液琼脂斜面、厌气肉肝汤各 1 支，继续于 37℃培养 7～10 d。均应无菌生长。

2．厌氧菌灭活菌苗的检验

每瓶样品需用改良沙氏培养基（或不修正 pH 普通琼脂培养基）、马丁肉汤琼脂斜面各 2 支，每支接种菌苗 0.2 ml；另用 50～100 ml 装量的厌气肉肝汤和马丁肉汤各 1 瓶，分别接种菌苗 0.5～1.0 ml。除改良沙氏培养基置 20～30℃培养观察外，其余均在 37℃培养。在培养 7 d 后，自厌气肉肝汤和马丁肉汤小瓶吸取适量移植于厌气肉肝汤、马丁肉汤琼脂斜面各 1 支，继续于 37℃培养 7 d 后判定。均应无细菌生长。

3．弱毒活菌苗的检验

每瓶冻干样品按原分装量加入肉汤、蛋白胨水或生理盐水溶解稀释，液体活菌苗则用原苗，接种于马丁肉汤、厌气肉肝汤、血液琼脂斜面、马丁肉汤琼脂斜面或普通琼脂斜面和改良沙氏琼脂斜面各 2 支，每管接种菌苗 0.2 ml。除改良沙氏培养基置 20～30℃培养观察外，其余均在 37℃培养观察 5～10 d，应无杂菌生长。

4．加有抗生素的组织苗或细胞培养疫苗

每瓶样品按组织含量或原苗量用生理盐水或肉汤作 10 倍稀释后进行接种培养。接种改良沙氏培养基 2 支，每支接种 0.2 ml，置 20～30℃培养。分别以 0.5～1.0 ml 接种 50～100 ml 马丁肉汤及厌气肉肝汤各 1 小瓶，放 37℃培养 3 d 后，自马丁肉汤培养物取适量移植于血液琼脂斜面、马丁肉汤各 1 支，自厌气肉肝汤培养物取适量移植于血液琼脂斜面、厌气肉肝汤各 1 支，继续培养 4～6 d 观察结果。均应无菌生长。若细胞培养疫苗发现有菌生长则全部疫苗报废；如某些组织苗产品允许存在一定量非病原性细菌，应做出污染菌的病原性鉴定及杂菌计数，最后按《规程》规定标准做出结论。

（二）污染菌病原性鉴定 计数

像猪瘟兔化弱毒乳兔组织疫苗、鸡新城疫鸡胚组织疫苗等，按《规程》允许存在一定数量的非病原性杂菌，所以一经无菌检验证明存在污染杂菌，即应进行污染菌的病原性鉴定和杂菌数计数，以便做出合格与否的结论。

1．污染菌病原性鉴定

鉴定方法有两种，其一是制品中污染需氧性细菌时，将无菌检验的培养物移植于马丁肉汤，置37℃培养24 h，取培养物作100倍稀释后对3只小鼠进行皮下接种0.2 ml；其二是制品中污染厌氧性细菌，则将无菌检验的厌气肉肝汤培养物延长培养至96 h，然后于65℃加热30 min，再移植至厌气肉肝汤内于37℃培养24～72 h，如有菌生长，取培养物对2只豚鼠进行皮下注射0.5 ml。上述接种动物均观察10 d，不应有死亡或发生局部化脓、坏死等变化。

2．污染杂菌计数

在排除了污染菌的病原性后，应对污染的杂菌进行计数，当污染的杂菌数超过一定数量时，应判为不合格产品。抽取样品3瓶，用肉汤或蛋白胨水按组织量作50倍稀释，取适量均匀接种于含4%血清和0.1%血红蛋白的马丁肉汤琼脂平皿上，每个样品接种2个平皿，置37℃培养48 h后移置于室温24 h，计算杂菌数。如猪瘟兔化弱毒乳兔组织疫苗、牛瘟兔化绵羊弱毒组织疫苗等，每克组织的非病原性细菌不得超过5 000个，即每头剂疫苗含菌不得超过75个。羊痘鸡胚化弱毒羊体反应组织疫苗，每克组织的非病原菌不得超过1万个，即每头剂疫苗不超过100个。鸡新城疫Ⅰ系和Ⅱ系鸡胚组织疫苗，每克组织或胚液含杂菌不得超过1 000个，即相当于滴鼻时不超过5个菌、饮水时不超过10个菌。

三、安全检验

安全性是一切兽医生物制品的首要条件，各种制品都必须进行安全检验，合格后方准出厂。

（一）安全检验内容

1．检查外源性细菌污染

兽医生物制品外源性污染来源于原材料和外环境，既有致病性微生物，也有非病原性微生物，两类微生物及其代谢产物都可影响制品的安全性。接种污染的生物制品后，往往会引起动物局部反应、发病或死亡，甚至传染病的流行；使用污染的诊断液又会得出错误的结果。例如在猪瘟兔化弱毒细胞培养疫苗生产时采用污染带毒的仔猪肾细胞增殖培养，就有可能引入猪瘟病毒，而导致猪瘟流行；牛腹泻病毒也可能会污染犊牛血清制品；至于马传染性贫血病毒也有可能会经马血清和白细胞污染疫苗；利用鸡胚制造的疫苗则很有可能发生白血病病毒的污染。由此可见，生物制品的安全检验除加强生产过程中的中间检验外，对成品的安全性检验是保证制品质量必不可少的程序。

2. 检查杀菌、灭活或脱毒状况

灭活疫苗和类毒素均要经过杀菌、灭活或脱毒处理，有的使用甲醛、结晶紫等化学药品处理，有的应用紫外线、加热等物理方法进行，而这些处理方法的处理效果往往又与微生物及其代谢产物的种类与性质及处理温度、时间、浓度等多种因素有关。若处理不当或不完全，都可影响制品的安全性。此项检查需用适于本菌生长的培养基及对原毒种敏感的动物。

3. 检查残余毒力或毒性物质

多数用于制造弱毒疫苗的弱毒株，不管它是自然弱毒株或人工选育的弱毒株，均保持有一定程度的残余毒力，但不得超过《规程》所规定的毒力标准。例如无毒炭疽芽孢菌苗的毒力标准允许小鼠、家兔和豚鼠在注射局部发生水肿，但家兔不得死亡、豚鼠可死亡 1/2、小鼠可全部死亡；羊痘鸡胚弱毒疫苗，按安全检验标准为允许 2/3 安检羊可发生不全经过型痘肿，接种局部皮肤可出现 0.5～4.0 cm 微红或无色丘疹（痘肿），持续 10～15 d 后消失，或间有体温反应。

毒性物质系指死菌苗或类毒素等制品，在注射一定量后会引起的副作用，有些则由污染细菌及其代谢产物所致。例如仔猪副伤寒弱毒菌苗，在冻干过程中存在的大量死菌也会引起注苗猪的毒性反应。因此，多采用口服接种以避免其副作用。

此外，疫苗中过量的灭活剂、防腐剂等也可导致毒性反应，所以对狂犬病疫苗等需要作防腐剂（石炭酸）含量检查，以确保安全。

4. 检查对胚胎的致畸和致死毒性

有些病毒（包括强毒株和弱毒株）存在影响胚胎发育的毒性，可导致胎儿畸形或死亡。例如猪瘟病毒、日本乙型脑炎病毒等弱毒疫苗株能使孕兽产生死胎、胎儿畸形或产下生活力弱的仔兽，所以对一些弱毒疫苗在特定的条件下需进行胚胎毒性检查，通常都用妊娠早期同龄、同源动物进行。

（二）安全检验要点

生物制品成品的安全检验主要用动物进行，所用的实验动物应是普通级或清洁级动物，有些制品要使用 SPF 级动物，除禽类制品的安全检验多使用本动物外，其他制品可用小实验动物（啮齿类）代替。

1. 动物

用于安全检验的实验动物除要求等级动物外，尚要求符合敏感性高的一定年龄或体重的规定品种、品系的动物。例如猪丹毒菌以鸽和 10 日龄小鼠最敏感；猪巴氏杆菌以家兔最敏感；来航鸡对鸡新城疫病毒特别敏感。

2. 剂量

生物制品安全检验的剂量应大于免疫剂量，通常高于免疫剂量 5～10 倍以上，以确保疫苗的安全性，必要时还需要用同源动物进行复检。

3．外源性病原体检查

对一些混进疫苗内的外源性病原体，可通过鸡胚培养、细胞培养出现的病变，及血清学方法检查。

4．安全检验结果判定

除按《规程》规定的各种制品的安全检验标准判定外，凡属下列结果应另作处理：

（1）在安全检验期内，如发生经剖检证明非产品所致者，应作重检；如检查结果可疑而难以下结论时，应以加倍动物进行重检。

（2）凡对规定要用多种动物作安全检验的产品，应以全部动物安全为合格。

（3）在用小动物检验不合格时，有的产品规定可用同源的动物重检，但若用同源动物检验不合格者，不允许再用小动物重检。

四、效力检验

兽医生物制品的效力检验目的在于评定制品的实际使用价值，如疫苗和类毒素的免疫力，血清的特异性抗体效价及其抗病效力，诊断试剂的特异性、灵敏性和检出率等。

（一）效力检验内容

1．免疫原性

菌（毒）种的免疫原性决定疫苗的免疫力，但在疫苗制造过程中由于处理不当也会影响菌（毒）的免疫原性，从而影响疫苗的免疫效果。此外，有些疫苗株具有对多个血清型良好的免疫原性，而有些疫苗株则存在严格的特异免疫原性，前者如布氏杆菌猪 2 号弱毒株，后者如口蹄疫型毒株。

2．免疫产生期与持续期

疫苗的免疫产生期与持续期和菌（毒）株的性质、抗原性有关。一般抗原性强的疫苗株对同源动物的免疫产生期早而免疫持续期较长。如兔出血症组织灭活疫苗接种兔后 3～4 d 即产生强免疫力，血清 HI 抗体滴度很高，免疫力可持续 1 年以上。

通常可根据疫苗的免疫产生期与持续期制定出合理的免疫程序。

3．抗原量的测定

任何疫苗免疫动物时均需要含有一定的抗原量，才能导致机体对其产生免疫应答，从而形成免疫力，此时疫苗的抗原量即为疫苗的最小免疫量。最小免疫量通常以半数保护量（PD_{50}）或半数免疫量（ImD_{50}）表示。在测定时，应以菌落单位（CFU）或空斑单位（PFU）作为疫苗分装时的剂量单位，而不是以稀释度为标准。例如马立克氏病火鸡疱疹病毒疫苗以 1 500 PFU 作为一个最小免疫量。

（二）效力检验要点

生物制品的效力检验，多数采用动物、培养或免疫血清学等方法进行，少数（如诊断抗原）也可用化学方法检查。

1. 动物保护力试验

动物保护力试验为兽医生物制品特别是疫苗类制品最常用的效力检验方法，疫苗的免疫原性、免疫产生期与持续期、最小免疫量等都可通过动物进行检测或测定。各种制品所用的动物种类、标准各不相同，或用敏感的等级实验动物，或用同源动物，通常在所用的实验动物难以判定时可允许用同源动物重检。动物保护力试验方法很多，但大多采用攻毒方法，并设立对照动物。

（1）定量免疫定量强毒攻击法

攻击用的强毒量，通常都依据实验资料，多为最小致死量的若干倍，不同动物的强毒攻击量也不同。一般在动物经免疫后 2～3 周，连同对照动物用定量的强毒攻击，然后以攻击动物的存活或不感染比例判定该制品的免疫效果（即保护力）。例如在猪丹毒弱毒菌苗效力检验时，以每只注射含有 1 000 万个猪丹毒弱毒菌苗的小鼠 5 只，在免疫 14 d 后连同 3 只以上对照小鼠各攻击 1 000 个小鼠致死量的猪丹毒强毒菌，免疫鼠应活存 4/5 以上，对照鼠应全部死亡方可判定菌苗效力检验合格。

（2）变数免疫定量强毒攻击法

将疫苗作不同稀释度并各免疫一定数量动物，经一定时间建立免疫后，各免疫组动物连同对照动物用同一剂量强毒攻击，观察一定时间后统计存活和死亡数，以统计学处理计算 PD_{50}。例如，在鸡新城疫油佐剂灭活疫苗效力检验时，选择 3～4 周龄敏感鸡 35 只，以 1/25、1/50、1/100 稀释疫苗 0.5 ml 各皮下或肌肉注射 10 只鸡，另 5 只为对照，3～4 周后各肌肉注射 10^5 EID_{50} 的新城疫强毒，观察 14 d，按每组的死亡数、对照组全死的结果计算出 PD_{50}。并规定该苗每一个使用剂量（0.5 ml）的效价不低于 50 个 PD_{50}。

（3）定量免疫变量强毒攻击法

设免疫组与对照组动物，各又分为动物数量相等的小组。免疫组动物用同一剂量制品免疫，经一定时间建立免疫后与对照组动物用不同稀释度的强毒攻击，观察、计算、比较免疫组与对照组的存活率。按 LD_{50} 计算，如对照组攻击 10^{-5} 稀释度强毒有 50%的动物死亡，而免疫组动物攻击 10^{-3} 稀释度强毒动物死亡 50%，即免疫组动物对强毒的耐受力比对照组高 100 倍，也就是免疫组有 100 个 LD_{50} 保护力。目前，狂犬病疫苗的效力即按此方法检验。

（4）血清免疫抗体测定

部分生物制品效力可用检测免疫动物血清中特异性抗体效价来衡量免疫力或效力。例如，抗炭疽血清效力检验，给 8 只敏感豚鼠分别注射血清 0.5 ml 与 1.0 ml，各 4 只，

24 h 后，连同 4 只对照组豚鼠攻击致死量的炭疽芽孢液，对照组豚鼠应在 7 d 内全部死亡，两组免疫豚鼠应存活 6 只以上；或对照组死亡 3/4，免疫组存活，血清制品效力检验即判定为合格。

2．活菌计数与病毒量滴定

多数活疫苗的保护力和某些诊断液的效价与菌数或病毒量有直接关系，所以其效力检验应测定细菌数或滴定病毒量。

（1）活菌计数

按《规程》规定，每批冻干菌苗抽样 3 瓶，按原分装量加入灭菌蒸馏水充分溶解混匀，液体活菌苗用原苗进行。以肉汤或蛋白胨水作适当稀释，接种于最适宜生长的琼脂培养基，37℃培养，计算 CFU。以 3 瓶中的最低数作为判定标准，确定每批苗的使用头剂，低于标准者判为不合格。例如，无毒炭疽芽孢苗的芽孢计数，判定标准为每毫升应含活芽孢 1 500 万～2 500 万；布氏杆菌 19 号液体苗的活菌数每毫升应含 1.2×10^{10}～1.6×10^{10} 为合格。

（2）病毒量滴定

通常利用细胞培养计算蚀斑数以测定病毒量，计量单位为 PFU。例如，马立克氏病火鸡疱疹病毒（HVT FC126）冻干疫苗的病毒量滴定，每批抽样 3 瓶作蚀斑计数，以 10^{-3}、10^{-4} 稀释度分别接种的三瓶中的最低数的平均数确定每批苗的使用头剂，每瓶苗的含毒量不应低于 5 000 PFU；鸡新城疫Ⅱ系疫苗则测定其对鸡胚半数感染量（EID_{50}），$EID_{50}\geqslant 10^{-7}/0.1$ ml 为合格。

猪瘟兔化弱毒细胞培养疫苗的效力检验：采用测定对兔的发病病毒量，规定含毒量达 10^{-6} 稀释度出现定型热反应为合格。多数用细胞培养生产的疫苗则采用细胞的半数感染量（$TCID_{50}$）计算病毒滴度，以检验疫苗的效力。

3．免疫血清学试验

以血清学方法检测生物制品的抗原活性（敏感性、特异性）和抗体水平，以检验制品的效力。例如，利用凝集试验检验布氏杆菌凝集抗原与阳性血清的效价，沉淀试验用于检测炭疽沉淀素血清的抗体效价，以及中和试验用于检测马传染性贫血驴白细胞弱毒疫苗、牛流行热疫苗等的中和抗体效价，以评定其效力。

用类毒素单位测定法检验破伤风类毒素的效力，其类毒素结合力单位（EC）应不低于 250 个 EC。

五、物理性状检验

各种生物制剂都应逐瓶检查其装量是否正确、封口是否严密，包装是否整洁美观，以及内容物是否有异物等。通常将生物制品按其性质分为三类，各类制品的物理性状标准如下。

1. 液体疫苗与诊断液

各种液体疫苗及诊断液均各有其规定的外在和内在的物理性状标准，凡变质者均应剔除；装量不足、封口不严、外观污秽不洁和标签不符者均应废弃。例如，灭活的氢氧化铝胶苗，静置时上部为黄棕色、黄褐色、粉红色或褐色透明液体，下部为氢氧化铝胶沉淀，振摇后为均匀的混悬液。

2. 血清制品

各种血清制品应是微带乳光的橙黄色或茶色液体，不可有絮块、异物或混浊，若有少量沉淀时，稍加振摇即变成均匀的混浊状。

3. 冻干疫苗

应为海绵状疏松物，呈微白、微黄或微红色，无异物和干缩现象，安瓿口无裂缝及烧焦物。加水或稀释液后，常温下应在 5 min 内即溶解成均匀一致的混悬液。

六、真空度检查

冻干生物制品无论在入库保存时或在出库前 2 个月时都应进行真空度检查，剔除无真空的制品，但不得重新抽空后出厂。测定真空可通过用高频火花真空测定器检查，凡瓶内出现蓝紫色或紫色或白色或粉色光者为合格。

七、残余水分测定

冻干制品残余水分含量均不得超过 4%，否则会严重地影响制品的保存期和质量。每批冻干制品随机抽取 4 瓶（每瓶冻干物不少于 0.3 g），进行真空烘箱测定法或卡氏测定法测定含水量。前者以烘烤至恒重时，每 100 g 样品中所含的恒重前后减少的重量的百分比即为残水百分率；后者的原理是水与碘、二氧化硫作用，一分子水与一分子碘化合成碘化物，溶液由棕色变为无色，以此滴定终点，计算制品的含水量。

第四节　兽医生物制品的生物安全

自美国“炭疽邮件”事件后，生物安全问题备受世人瞩目。生物安全牵涉到动物与人类的生存与生活，兽用生物制品生物安全是全球生物安全中的关键环节。

一、生物安全的含义

生物安全（Biosecurity）可理解为国家安全的组成部分，它是指与生物有关的各种因素对国家、社会、经济、人民健康及生态环境所产生的危害或潜在风险。在这个定义中，与生物有关的因素是生物安全的主体，社会、经济、人类健康和生态环境是承载生物安全的客体。现实危害或潜在风险是生物安全的外在表现（或称效应）。与生物有关的因素主要有自然界天然的生物因子、转基因生物和生物技术。

作为畜禽疾病预防控制的有利武器，兽用生物制品在畜牧业的发展中发挥着越来越重要的作用。但由于生物制品本身的特性和安全防护方面的漏洞，也会出现某些生物灾害，造成不应有的损失。概括起来主要有相关实验研究人员的感染、病原微生物对环境的污染以及遗传性状不稳定。可以说兽用生物制品从研制开发到产品的应用，甚至可以延伸到应用之后的一定时期，都存在着生物安全方面的因素与风险。

二、我国兽用生物制品生物安全性问题

我国的兽用生物制品经过数十年的发展已经取得了巨大进步，但是，兽用生物制品从研发到生产管理、使用过程都存在着许多问题，使得兽用生物制品的生物安全问题显得尤为重要和突出。

（一）法律意识淡薄，非法研制、生产现象严重

我国对兽用生物制品的管理历来比较严格，已颁布了《兽用生物制品制造及检验规程》《兽药管理条例》《兽用生物制品管理办法》《兽用新生物制品管理办法》等法令和法规。但有的科研单位或生产厂家制备的中试产品（甚至正式产品）缺乏严格的区域试验和田间试验；对致病微生物的操作未按照生物安全级别的要求进行，造成病原散播，甚至暴发疫病流行。基因工程疫苗研制与生产不按有关规定进行严格的安全操作、评估与环境释放，将对动物或人类造成生物安全风险或潜在的危险。

（二）研究与生产环境的落后

某些单位的生产场所是“作坊式”的，从工艺布局到净化级别以及生产设备、设施都不符合生物制品的研制与生产要求。因此很难保证从菌（毒）种到最终产品的纯净、稳定与安全，也无法保证病原微生物的生物逃逸现象的发生。因此，不良产品对动物和人类的生物危害以及病原微生物、经人工改造的基因片段从实验室或生产车间的生物逃逸而造成的对环境及物种的不良影响，已经不是理论上进行探讨的“可能”的问题，而

是一种摆在我们面前不得不面对的重要的危险因素。

（三）不良原料和实验动物的标准化的影响

兽用生物制品的生产原料大多具有生物活性，因此，原料的纯度与质量不仅仅是产品质量的保证，更是生物安全的保证。不良的原料往往会造成制品的污染，如禽疫苗生产的主要原料鸡胚，要求用 SPF 鸡胚，但很多单位依然使用非 SPF 鸡胚进行生产，而使禽用疫苗中带有支原体、禽白血病病毒或网状内皮细胞增生症病毒等使得危险性增加；猪用细胞培养苗中常带有牛病毒性腹泻病毒或猪圆环病毒等；一些传代细胞遗传背景不清、外源病毒检测不完善。

兽用生物制品的研究、生产、检验离不开各种实验动物。实验动物的质量直接关系到产品的质量和生物安全性。一些生产研究单位的实验动物质量不高，标准化程度不够，用这些实验动物进行的研究，其数据的真实性令人怀疑。一些单位所用的实验动物系谱不清，来源复杂，甚至连最基本的普通级都无法达到，而且饲养管理粗放，饲养条件简陋，更不要谈什么试验动物的控制与监测。试验动物连自身的安全性都无法保障，就更无法保障产品的质量与安全了。

（四）现代生物技术带来的生物安全问题

1. 实验室重组 DNA 试验隐含的生物危害

当开发基因工程疫苗时，首先，也是最重要的就是要获得一个符合需要的优秀的基因工程菌（毒）株，因此也就必须进行实验室内的基因切割、连接、修饰等工作。而这些基因工程菌（毒）株在鉴定为无害或确定安全等级之前，都存在着可预见或潜在的生物安全因素。如某些基因工程菌（毒）株或基因片段带有致病基因、抗药基因等，如缺乏足够的安全意识而使这些菌（毒）株或基因片段进入到环境中，它们一旦在外界环境中发生突变或与环境中的物种发生基因重组等，就会很可能造成生物灾害。

2. 基因工程工业化生产的潜在危害

工业化生产基因工程产品也同实验室研究一样存在着上述生物危害，而且其安全控制更加困难。

3. 重组基因活疫苗的安全性问题

对于重组活疫苗不但存在着实验室和生产过程中的安全问题，与普通活疫苗一样发生基因突变、重组的几率也相对较高。因此对于重组活疫苗从研究、设计到田间释放，都要进行严格的安全评估和控制。

4. 质粒 DNA 疫苗的安全性问题

质粒 DNA 疫苗就是将经过人工改造的质粒 DNA 直接免疫动物，以此获得的免疫保护的疫苗同样存在在野外与动物体基因组或其他生物发生整和重组的可能。

5. 细胞、组织来源的安全性问题

兽用生物制品生产的许多时候应用一些组织和细胞，这些组织、细胞都是来自动物或人，特别是某些传代细胞本身就是肿瘤细胞，因此其安全性问题也是我们不得不面对和关注的方面。

三、加强兽用生物制品生物安全管理的措施

（一）依法组织兽用生物制品的生产、研究与经营

从事兽用生物制品研究、生产、经营活动的单位与个人应严格遵守国家和行业的有关法令、法规。提高生物安全意识，应认真学习和遵守《兽药生产质量管理规范》《兽药管理条例》《兽用新生物制品管理办法》《兽用生物制品管理办法》《生物制品生产车间管理办法》等有关法令、法规。实施兽药 GMP 管理制度对保证制品的质量，规范生物制品生产活动起着至关重要的作用，同时也是生产、管理水平的集中体现。

严格按照《中华人民共和国兽用生物制品规程》进行生产与检验，并遵守其规定的某些行业规范。如生产与检验用菌（毒）种要严格实行种子批和分级管理制度；用于菌（毒、虫）种研究、制备和检验的动物、组织或细胞及有关原材料，应符合上述规程的有关规定。对于新生物制品的开发应严格按照有关规定进行，特别是要遵守关于实验室试验、田间试验、区域试验的有关规定。

（二）严格控制和提高原料的质量

生产禽胚疫苗和禽源细胞苗的最主要的原料就是鸡胚，因此加强鸡胚的 SPF 化是保证产品的纯净、安全的重要因素之一。对于血清、组织的采集，应对采集动物进行良好的监测与检测，保证其来自健康动物群体，不带有诸如牛腹泻与黏膜病毒、猪圆环病毒、禽白血病毒、网状内皮细胞增生症病毒等外源病毒和其他会影响制品质量和安全的各种因素。一些组织、细胞，特别是传代细胞系要符合生产、检验用细胞标准。生物酶类也是同样要求，如生产常用的胰酶应经过检测不含细小病毒。

（三）加强生产、检验动物的控制与管理

生产与检验动物应符合《国家试验动物管理条例》和兽用生物制品《生产、检验用动物暂行标准》的规定与要求。其中兔、豚鼠、大白鼠、地鼠应符合国家规定的一级标准；小白鼠应符合二级（清洁级）标准。禽类制品生产检验所用鸡、鸡胚应符合三级（SPF）标准。试验用猪应无猪瘟病毒、细小病毒、伪狂犬病毒、口蹄疫病毒、兰耳病病毒、弓形虫感染和体外寄生虫。实验动物的引进、饲养、管理、使用要符合相关要求。

（四）加强基因工程产品的管理与控制

从实验室的基因操作、废弃物的处理到田间释放都应进行严格而慎重的管理。要加强安全管理，防止遗传工程体及其产品对人类健康、人类赖以生存的环境和农业生态平衡可能造成的危害。应按照农业部颁布的《农业生物基因工程管理实施办法》《农业转基因生物安全评价管理条例》以及国家和行业的其他要求进行安全等级的划分和安全性评价。对于研究、生产和环境释放应按规定要求谨慎进行，根据不同安全级别应有不同的硬件要求和管理措施，具体可参见国家与行业相关要求。

（五）加强生物安全意识，提高人员素质

这里所讲的人员不仅是指兽用生物制品的从业人员（研发、生产、管理、检验、经营）人员，还包括使用人员，也就是广大的用户。兽用生物制品（特别是动物疫苗）虽然作为一种高科技含量的产品，但其所面对的用户却大多是基层的养殖用户，他们的素质普遍不高，缺乏足够的疫苗使用和生物安全方面的知识，甚至头脑中没有生物安全的概念。因此，对包括用户在内的所有相关人员进行培训与教育是十分必要的。通过人员素质的提高，来带动行业的发展并为生物安全提供人员的保障。

复习思考题

1. 基本概念：GMP、无菌检验、纯粹检验、安全检验、效力检验、成品检验。
2. 我国兽医生物制品的管理体系和有关条例有哪些？
3. 简述我国兽医生物制品生产菌种、毒种、虫种的管理。
4. 简述我国对新兽医生物制品和进口兽医生物制品的管理要求。
5. 简述无菌或纯粹检验、安全检验及效力检验的基本要点。
6. 成品检验的主要内容有哪些？
7. 你认为如何加强兽用生物制品的生物安全管理？

第八章　兽医生物制品的使用

【知识目标】

- 熟悉免疫接种的形式；
- 理解免疫程序及免疫程序的制定；
- 掌握兽医生物制品的运输、保存与使用方法；母源抗体的概念；免疫程序的概念；
- 了解母源抗体的转移途径。

【能力目标】

- 能进行兽医生物制品的使用；
- 能处理分析免疫失败的原因。

第一节　兽医生物制品的运输与保存

一、运输

不论用何种运输工具运送兽医生物制品，均应注意避免高温、曝晒和冻融。运输时，药品要逐瓶包装，衬以厚纸或软草然后装箱。凡需低温保存的活疫苗，应按制品要求的温度进行包装运输。少量运送时，可先将制品装入盛有冰块的保温瓶或保温箱内运送，切忌把制品放在衣袋内，以免由于体温较高而降低制品的效力。大量运输时，应用冷藏车运输。灭活疫苗、诊断液及血清应在 2～8℃下运送。在寒冷地区要注意避免制品冻结，尤其要避免由于温度高低不定而引起的反复冻结和融化。

二、保存

兽医生物制品厂应设置相应的冷库，防疫部门也应根据条件设置冷库或冷藏箱。

冷冻真空干燥的疫苗，多数要求放在–15℃下保存，温度越低，保存时间越长。如猪瘟兔化弱毒冻干苗，在–15℃可保存一年以上，在 0～8℃只能保存 6 个月，若放在 25℃左右，至多 10 天即失去了效力。实践证明，一些冻干苗在 27℃条件下保存 1 周后有 20%不合格，保存 2 周后有 60%不合格。冻干苗的保存温度与冻干保护剂的性质有密切关系，一些国家的冻干苗使用的是耐热保护剂，可以在 4～6℃保存。

多数活湿苗，只能现制现用，在 0～8℃下仅可短时期保存。

灭活苗、血清、诊断液等保存在 2～15℃，不能过热，也不能低于 0℃。

冻结苗应放在–70℃以下的低温条件下保存。

工作中必须坚持按规定温度保存，不能任意放置，防止高温存放或温度忽高忽低，以免破坏制品的质量。同时还要注意分类、分批存放，不要将不同种类、不同批次的疫苗混存，以免用错和过期失效造成浪费。

总之，不论何种疫苗，均应尽量保持疫苗抗原的一级结构、二级结构和立体构型，保护其抗原决定簇，才能保持疫苗的良好免疫原性。

第二节　疫苗的使用

一、免疫接种形式

疫苗是用于免疫预防的生物制品。疫苗的预防接种形式可以分为以下几种情况。

1．定期预防接种

有组织的定期预防接种是将疫苗强制地或有计划地反复投给，是以易感动物全群为目标。此种接种形式多为全国性的，如我国的猪瘟疫苗和鸡新城疫疫苗接种，法国及德国的口蹄疫疫苗接种，日本的猪瘟疫苗接种均属此类。

2．环状预防接种（包围预防接种）

环状预防接种（包围预防接种）是以疾病发生地点为中心，划定一个范围，对范围内所有易感性动物全部免疫。

3．屏障（国境）预防接种

屏障（国境）预防接种是以防止病原体从污染地区向非污染地区侵入为目的而进行的，对接触污染地区境界的非污染地区的易感性动物进行免疫。如土耳其在其国境的东部及南部沿着国境进行口蹄疫预防接种。南非共和国的 Kruger 国家公园是口蹄疫常发地，所以在公园周围约 30 km 以内给所有易感性动物投给疫苗以形成屏障，控制疾病避免扩散。

4. 紧急接种

紧急接种是在发生传染病时，为了迅速控制和扑灭疫病的流行，面对疫区和受威胁区尚未发病的动物进行的应急性接种，与环状接种近似，只要受到威胁的地区均应接种，接种地区不一定呈环状。

二、免疫接种途径

疫苗的接种途径对免疫的效果有着显著的影响，例如黏膜途径或注射途径接种所引起的免疫系统反应就有很大的区别（表 8-1）。同样属于黏膜途径或同样属于注射途径的不同途径接种，其免疫后抗体反应分布及幅度也有所不同，因此在疫苗的开发过程中必须需考虑到此变量。此外疫苗接种途径的选择尚需考虑到疫苗的安全性、疫苗的价格和使用的方便性。

表 8-1　黏膜途径与注射途径免疫接种比较

黏膜途径（口、鼻、眼等途径）	注射途径（肌肉与皮下等途径）
人工成本低，较易投予	人工成本高，常需受过训练的人实施
易被病人或动物接受	疼痛，不易被病人或动物接受
针对局部免疫部位给予	并非针对局部免疫部位给予
可激起黏膜及全身性免疫反应	只激起全身性免疫反应
可保护对抗疾病及感染	主要只保护对抗疾病
较不易交叉污染	有交叉污染的可能
群体免疫时，会受到许多因素干扰	疫苗接种剂量最准确
动物应激与接种反应通常较低	通常对动物应激大，接种反应较高

在各种接种途径中，皮下或肌肉的注射途径可能是最简单、确实的疫苗接种方式，尤其是对相对数量较少的动物可以提供对全身性免疫重要疾病的保护，因此，人和宠物的疫苗大多数经注射途径给予。但在许多情况下，全身性免疫的重要性可能不如局部免疫，因为大部分的感染都是经由黏膜感染（如呼吸系统），在这些情况下，针对病原体可能侵入部位接种疫苗可能较为恰当。例如为了获得呼吸道的局部免疫（黏膜免疫），接种方法不用皮下或肌肉注射，而用点眼、滴鼻、喷雾等黏膜途径接种法，可以使接种动物的呼吸道黏膜比血中抗体能较早形成稳固的局部免疫，以对抗从鼻腔、口、眼睛侵入的野外毒。由于鸡有哈氏腺的构造，因此亦可经由点眼接种的方式来提供局部免疫保护。

免疫接种途径的选择，尚需考虑到疫苗接种的人工成本，对大规模饲养的动物很难实施针对每一动物个体分别进行接种。因此，出现了气雾化疫苗的开发和使用，经喷雾免疫的方式使多数动物个体同时吸入疫苗，例如鸡的新城疫疫苗、传染性支气管炎疫苗，貂的犬瘟热疫苗、貂肠炎疫苗等。另外的群体免疫方式则是将疫苗加在饲料或饮水中的口服疫苗，例如猪的猪丹毒疫苗、传染性胃肠炎疫苗，鸡的新城疫疫苗、家禽脑脊髓炎疫苗等。此外由于生物技术的进步，基因重组疫苗可包裹在可降解的聚合物中，甚至在农作物食物中，经由口服的途径直接投予人或其他动物。口服疫苗除了投予方便外，由于可激起较强的肠道免疫反应，因此是针对一些肠道疾病免疫的良好选择。此外口服免疫途径除了会激起肠道免疫反应，在其他黏膜部位例如呼吸道黏膜与生殖道黏膜也会产生局部免疫反应，因此一些由呼吸道或生殖道侵入的疾病疫苗也可选择口服的途径给予。口服途径免疫的另外一个优点是不会受到母源抗体的干扰。对于鱼及虾等水产动物亦有将疫苗加在其生活水域的浸泡接种方式。

免疫接种途径的选择主要考虑两个方面，一是病原体的侵入门户及定位，这种途径符合自然情况，不仅全身的体液免疫系统和细胞免疫系统可以发挥防病作用，同时局部免疫也可尽早地发挥免疫效应；二是要考虑制品的种类与特点，如新城疫Ⅰ系弱毒苗多用注射途径，人的痘苗只能皮肤划痕，虽然天花是呼吸道传染病，但痘苗却不能用气雾法免疫，因为这种疫苗病毒可以通过黏膜感染，进入眼内可以造成角膜感染，甚至失明，故只能皮肤划痕。

在各种动物的疫苗免疫接种途径中，以家禽的免疫途径最为多元化，常用的免疫接种途径主要有以下几种。

（一）注射免疫法

1. 注射免疫的方式

注射免疫的方式，主要包括皮下注射、肌肉注射和皮内注射三种方式。三种方式的免疫效果因疫苗而异，如犬狂犬病疫苗肌肉注射的免疫效果远比皮内注射免疫效果好，而犬瘟热疫苗皮下注射和肌肉注射免疫的效果相差不多。皮内接种由于接种量较少，因此成本较低，但所引起的免疫反应一般也较肌肉注射与皮下注射方式为差，但对细胞免疫重要的疾病可能具有较好的免疫保护力，如人的卡介苗、B 型肝炎疫苗、狂犬病疫苗等。灭活疫苗必须以注射的方式免疫，活疫苗有些亦以注射的方式免疫。

2. 注射免疫的特点

以注射的方式免疫，疫苗接种剂量最准确，免疫反应最为一致，也最为持久，但这些方法都需捕捉动物，最耗费人工成本，同时对动物的应激也大，影响生产力。

皮下接种的优点是免疫确实，效果好，吸收较皮内快，缺点是用药量较大，副作用也较皮内法稍大。

肌肉注射的优点是操作简便，吸收快；缺点是有些疫苗会损伤肌肉组织，如果注射部位不当，可能引起跛行。

皮内接种的优点是使用药液少，注射局部副作用小，产生的免疫力比相同剂量的皮下接种为高；缺点是操作需要一定的技术与经验。皮内接种目前只适用于羊痘苗和某些诊断液等。

3．注射免疫的注意事项

一般而言，灭活疫苗的效果较差，为了提高效力，常常添加免疫佐剂，最好以肌肉注射方式给予。肌肉注射应避开韧带、肌腱与骨骼。但对食用动物尚需考虑到屠体的健全性，肌肉如有吸收不完全的佐剂存在将会在屠宰检查时被判定为应废弃，因此肉鸡接种灭活疫苗时推荐在颈部皮下注射。疫苗在实际使用时，应依照疫苗说明书上所规定的接种途径进行免疫，不要随便更改。

操作者应该注意自我保护，最好戴手套操作；注意定期校正注射器的刻度，以确保注射剂量；疫苗使用前应回温至室温（21～25℃），以免温度过低刺激接种部位组织，影响吸收与免疫效果；注射时应随时摇动疫苗，以保持均质性；应避免因赶时间、“打飞针”而接种不确实；群体免疫时，应注意更换针头，以减少可能的污染；针头的大小应选用适宜，针头太大容易引起疫苗的回流，而无法达到良好的免疫。

（二）滴鼻、点眼接种

1．滴鼻、点眼的特点

滴鼻、点眼可能是活疫苗的各种接种方法中效果最好的，但却相当费时，此法适用于需个体投予的特定疫苗，如牛传染性鼻气管炎，马腺疫、猫鼻气管炎、猫杯状病毒感染、鸡新城疫、鸡传染性喉气管炎等疫苗。在牛、马等较大型动物的鼻腔内接种疫苗，通常是以鼻腔内喷雾的方式给予。鼻腔黏膜下有丰富的淋巴样组织，能产生良好的局部免疫。点眼与滴鼻的免疫效果相同，比较方便、快速。眼部的哈德尔氏腺呈现局部应答效应，不受血清抗体的干扰，因而抗体产生迅速。

2．滴鼻、点眼接种注意事项

疫苗必须以灭菌的稀释液、生理盐水或蒸馏水来稀释配制，疫苗一次只可配制足够30 min 的使用量。夏天应注意避免手持操作增温因而影响疫苗的效力。所有的容器及器具都应进行煮沸消毒，不能使用消毒剂消毒，以防消毒剂破坏疫苗。接种时应确认疫苗是否完全吸入，以免影响疫苗接种的免疫效果。

（三）气雾免疫

1．气雾免疫的特点

通过气雾发生器，用压缩空气将稀释的疫苗喷射出，使之形成雾化粒子浮游在空气中，通过口腔、呼吸道黏膜等部位以达到免疫作用。此种群体免疫的方式可以省时、省力、成本低，但是疫苗必须确实散布于整个群体才能达到免疫的效果，且由于疫苗接种反应，应只针对健康群体实施。气雾免疫的缺点是容易激发潜在的慢性呼吸道疫病，这种激发作用与粒子大小成负相关，粒子越小，激发的危险性越大。

2．气雾免疫的形式

气雾免疫包括气溶胶和喷雾两种形式，但最主要的是气溶胶免疫。气溶胶根据粒子大小及运动性质可分为三种。

（1）高分散度气溶胶

高分散度气溶胶又称蒸发性气溶胶，雾粒直径在 0.01 μm，粒子随空气布朗运动而上升。

（2）中分散度气溶胶

中分散度气溶胶又称浮游性气溶胶，粒子直径为 0.01～10 μm，粒子的布朗运动和重力下降作用相平衡，在大气中较稳定漂浮。

（3）低分散度气溶胶

低分散度气溶胶粒子直径在 10～100 μm，粒子大，易下沉。

气雾发生器喷出的疫苗雾粒多为高分散度和中分散度气溶胶，90%以上小于 5 μm。动物吸入后产生免疫应答。气雾免疫不受或少受母源抗体的干扰。气雾免疫的效果与粒子大小直接有关。一般 4～5 μm 以下的气雾粒子容易通过上呼吸道屏障进入肺泡，有利于吞噬细胞的吞噬，产生良好的免疫力。但对具有鸡慢性呼吸道病潜在危险的鸡群，不应采用气雾免疫法，也可用粗分散度气溶胶（雾粒直径 60 μm 左右）法以减少激发病的发生。

气雾化疫苗可个别直接喷到动物的鼻腔内，对家禽亦可将气雾化疫苗以喷雾的方式使多数鸡只个体同时吸入疫苗。

（四）经口免疫

有些病原体常在入侵部位造成损害，免疫机制以局部抗体为主，如呼吸道病常以呼吸道局部免疫为主，而消化道传染病可用经口免疫模拟病原微生物的侵入途径进行免疫。过去曾认为经口免疫抗原在消化道会遭到破坏而使免疫失败。近几年的研究表明，皮下、黏膜下众多淋巴样组织形成免疫力的 2/3。胃肠道黏膜下淋巴样组织丰富，可以接受抗原刺激而形成局部免疫。

1．经口免疫的特点

经口免疫方法省时省力，简单方便，反应也最小，适用于一些活毒疫苗的群体免疫用，饮水或拌料口服均可，但饮水比拌料效果好，因为饮水并非只进入消化道，还要与口腔黏膜、扁桃体等接触，而这些部位有较丰富的淋巴样组织。由于个体饮水和采食量的差异，每头动物所获得的疫苗量不同，因而免疫程度不同、疫苗用量大、抗原易受外界环境因素的影响等是经口免疫的缺点。

2．经口免疫的形式

（1）饮水免疫

饮水免疫是将疫苗混入动物的饮用水中，通过动物饮水进行免疫。在饮水疫苗中常添加干燥脱脂乳粉，因为乳蛋白可中和少量可能存在于水中的清洁剂（如氯离子）和金属离子等的干扰，并且可保护抗原。本法适用于肠道疾病的免疫，但本法常因饮水量不均而影响疫苗免疫抗体的整齐度，甚至有高达 12%的鸡未曾饮水的观察报告，而饮水中的杂质或残留物亦会严重地影响免疫效果，饮水接种前的断水期可能对鸡造成应激。因此只有在良好的管理与监控之下才会有好的免疫效果。

（2）拌饲免疫

目前有供喷洒在饲料上的鸡球虫疫苗。此外在马来西亚、印度等国家有在饲料中投予预防鸡新城疫疫苗的方法，但免疫效果并不一致。另外在欧美为了控制狂犬病，在食饵中加入疫苗后，将食饵撒布在狐狸、郊狼等野生动物的行经路径以进行免疫。在水产动物方面，亦将疫苗加在颗粒状饲料中对鱼进行免疫的研究。

（3）可食疫苗免疫

利用基因工程技术将病原体的部分抗原基因植入农作物食品中，人或动物食入后产生免疫反应，例如美国德州的 ProdiGene 公司已成功地开发出了可经玉米表达的猪传染性胃肠炎病毒口服疫苗。第一个人体试验的可食疫苗是在 1997 年美国马里兰大学进行，志愿者食入含有大肠菌部分毒素基因的马铃薯，结果有 91%受试者血中抗体上升 4 倍，有 55%受试者肠道抗体上升 4 倍。可食疫苗研制成功后将成为一种方便、易被接受、易储存及使用，并且成本低的疫苗。

3．经口免疫的注意事项

经口免疫的疫苗必须是活苗，且要加大疫苗的用量，一般认为口服苗的用量应为注射量的 10 倍以上。灭活苗免疫力差，不适于口服。经口免疫前，一般应停饮或停饲适当时间，以保证每个动物能在规定时间内尽可能食入足够的剂量。饮水免疫前的停水时间应根据外界温度与湿度决定，天热时，一般在疫苗投予前应停止供水 1～2 h，天冷时则停水 2～4 h，而且最好在清晨进行为宜。

对喂饲的饲料品质及水质要选择，过酸的饲料、过高的温度均影响抗原的活力。饮水器必须清洁，饮水不可含消毒剂、清洁剂等，以免破坏疫苗抗原。疫苗使用前三天至使用后一天，应停止在饮水或饲料中添加任何消毒剂、药品等。同时保证足够的饮水、采食空间，防止动物争食饮水。同是饮水免疫，不同的饮水习性免疫效果也不相同，鸭饮水免疫的效果比鸡好，因为鸭饮水常将整个鼻部浸在水中，增加了鼻咽黏膜接触疫苗的机会。

疫苗应避免高温及阳光的直接照射，投放疫苗不可使用金属或石棉、水泥制的水（饲）槽，以防降低免疫效果。疫苗应混合均匀，最好在饮水中加入脱脂奶粉，以保护抗原。

（五）其他疫苗接种途径

1．皮肤刺种

主要用于预防禽痘，此外一些家禽脑脊髓炎或家禽霍乱的疫苗亦可使用本法，甚至有二者混合的商品。可以使用双管刺种针或蘸水笔先浸入疫苗中，然后进行皮肤刺种。刺种时应注意避开血管。接种针要干净、锐利且注意消毒，以防病原（如葡萄球菌性关节炎）的传播。操作者在接种之前和开始接种后每隔 30 min 都应该清洁及消毒双手。接种疫苗后 7～14 d 之内，应观察接种部位有无疫苗反应（稍突起的肿胀，俗称“发”），以确保鸡群得到理想的保护力。

2．卵内接种法

1992 年，美国 Embrex 公司开发出一种针对 18 日龄鸡胚胎接种马立克氏病疫苗的系统，每小时可接种 20 000～30 000 个蛋。目前在美国已有马立克氏病、鸡传染性法氏囊病等疫苗经核准使用此方法，使用此法的工作人员必须先接受训练来操作设备，而且孵化场的卫生亦需达到高标准，以获得满意的存活率。

3．浸泡免疫法

对养殖鱼虾类水产动物疫苗接种的方法有浸泡、口服、注射、喷雾等方法，但以浸泡法最为常用，疫苗可由鳃和皮肤吸收。浸泡法免疫成功的关键在于鱼的大小（＞4 g）与水温（＞6℃），每只鱼应至少浸泡 20 s。

三、母源抗体与免疫程序

（一）母源抗体

1．母源抗体的概念

动物通过胎盘、初乳或卵从母体所获得的抗体称为母源抗体（maternal antibody）。由于母源抗体的存在，幼小动物或雏禽对某些疾病具有较强的抵抗力。母源抗体不仅在抗病免疫中具有重要意义，而且对疫苗接种后机体的免疫应答也有严重干扰，因而对免疫程序有巨大影响，应当引起注意。

2．母源抗体的转移途径

母源抗体从母体到达胎儿的途径，取决于胎盘屏障结构的组成。反刍兽的胎盘呈结缔组织绒毛膜型，胎儿与母体之间组织层次为 5 层；而马、驴和猪的胎盘则为上皮绒毛膜型，胎儿与母体之间的组织层次为 6 层，具有这两种胎盘的动物，免疫球蛋白分子通过胎盘的通路全被阻断，母源抗体必须从初乳获得。犬和猫的胎盘是内皮绒毛膜性的，胎儿与母体之间组织层次为 4 层，这些动物能从母体获得少量 IgG，大量抗体也来自初乳。

人和其他灵长类动物的胎盘是血绒毛膜型的，母体血液可以直接与滋养层接触，母体和胎儿之间的组织层次是 3 层。这种类型的胎盘容许母体的 IgG_1、IgG_3、IgG_4 通过，进入胎儿的血液循环，因此，新生婴儿具有与其母体基本相同水平的循环 IgG，但 IgG_2、IgM、IgA 和 IgE 不能通过胎盘。由于 IgG 的这种转移，可以保护婴儿不患败血性传染病。

禽类的抗体可经卵传给下一代。产卵前一周，母鸡的抗体通过卵胞膜进入卵黄，因此产卵时抗体（IgG）在卵黄内。鸡卵孵化的第 4 天，抗体转移到卵白内，12～14 d 抗体在鸡胚中出现。出壳后的 3～5 d 内，继续从残余的卵黄中吸收剩余的抗体，因此母源抗体滴度的高峰在出壳后的第 3 d 左右。

3．母源抗体的持续期

母源抗体在初生畜禽体内的持续时间及依靠母源抗体所获得的免疫保护的持续时间，对免疫程序的制定至关重要。未吃初乳的新生动物，正常情况下其血清内只含有极低水平的免疫球蛋白；吮吸初乳的动物，血清免疫球蛋白的水平迅速升高，尤其是 IgG，接近于成年动物的水平。由于肠壁上皮细胞吸收的特性，故在生后 24～36 h，其血清抗体水平达到高峰。在吸收终止之后，这种被动获得的抗体，通过正常降解作用立即开始下降，下降的速度因动物种类、免疫球蛋白的类别、原始浓度及半衰期的不同而异（表 8-2）。关于母源抗体持续期问题，研究报告很多，例如，多数的研究报告表明，雏鸡新城疫母源抗体的持续期大约为 2～3 周。

表 8-2　动物血清免疫球蛋白

动物种类	半　衰　期/d			
	IgG	IgA	IgM	IgE
马	11.5～23	—	—	—
牛	17（G_1）～22（G_2）	2.8	4.8	2.0
绵羊	10.6（G_2）～14.5（G_1）	1.8	4.1	—
猪	6.5～22.5	2.3	3.5～6.5	—
鸡	4.1	1.7	—	—
人	23	6.0	5.0	2.7

（二）免疫程序

免疫程序是指根据动物疫病种类、疫苗免疫有效期特性、畜（禽）机体免疫反应以及免疫工作中的实际条件，而制定的可能性计划免疫的具体实施程序。免疫程序的内容包括疫苗种类，接种对象、方法、剂量、次数。由于各地的疫情情况、动物种类、饲养方式、饲养条件等不同，目前没有一个通用的免疫程序，各地应根据实际工作中的具体情况制定和实施。在确定对各种动物、各种疫病的合理免疫程序时，应主要考虑本地区疫情、疫苗类型及其免疫效能、幼畜（禽）的母源抗体水平、病的流行病学特点。如果母畜（禽）接种过疫苗，仔畜（禽）通过初乳或卵获得了母源抗体，初次免疫应予以后延，以防母源抗体可能存在的干扰，尤其对活疫苗的干扰更为严重。而母畜（禽）没有免疫过或受某种传染病威胁，则应较早地进行预防接种。

四、免疫失败的原因及控制

免疫失败包括免疫无效与严重反应两种类型。免疫无效是指畜（禽）群经免疫接种某种疫苗后，在其有效免疫期内，不能抵挡相应传染病的流行或效力检查不合格；严重反应是指免疫接种后的一定时间内（一般为 24～48 h）全群普遍出现严重的全身反应，甚至大批死亡。

（一）免疫失败的原因

1．疫苗种类和质量的影响

（1）疫苗种类

同种传染病可用多种不同毒株的疫苗预防，而产生的免疫应答也各不相同。如鸡新城疫常用疫苗有低毒型Ⅱ系（B1 株）、Ⅲ系（F 株）、Ⅳ系（La Sota 株）、N79、NGM88、克隆 30、克隆 70 和中毒型 I 系（Muktesmr）株、Roakin 系、Komarov 系等。鸡传染性支气管炎疫苗有荷兰型 H52、Hl20 及美国型 M41 等。在生产中若选择不当，常会导致免疫无效或严重反应，甚至诱发其他疾病。

（2）疫苗本身的质量问题

诸如免疫原性差、污染了强毒、灭活方法不当、疫苗效力较差、疫苗过期等，都会引起免疫有效期内的畜（禽）群免疫无效或产生严重反应。如果用于制造疫苗的种蛋带有蛋源性疾病病原，如禽白血病和霉形体病等。则除了影响疫苗的质量和免疫效果外，还有可能传播疫病。

（3）疫苗运输、保管不当

在没有合适的冷藏设施的条件下进行长途运输，长时间暴露于高温场合，会造成疫苗失效或效价降低。在农村许多基层兽医站，没有足够的冷藏设备，只好让疫苗置于高温处，即使有冷藏设备，由于经常停电，致使保存温度不稳定，疫苗反复冻融；更有甚者，有些基层兽医将疫苗视同一般化学药品，放在黑色手提包内数日，甚至过期失效了，照样使用。所有这些，均会导致免疫力下降或免疫期缩短或无效等后果。此外，中转环节多，剧烈振荡等都会有可能使疫苗效价下降。有试验表明，鸡新城疫弱毒冻干度苗，经过 3 次中转运输后，其疫苗效价下降 1～2 个滴度。

2．免疫机体的影响

（1）畜禽感染某些疫病

传染性法氏囊病、马立克氏病、网状内皮增生病、传染性贫血及霉菌毒素、细菌毒素中毒等，可使机体正常的免疫反应受到抑制；某些疫病，如鸡新城疫、禽流感、传染性支气管炎、传染性喉气管炎、鸡痘等病毒可在机体内产生干扰素，影响特异性免疫的形成；此外，畜禽群感染霉形体病、大肠杆菌病、沙门氏菌病等慢性传染病或寄生虫病时，使机体抵抗能力下降，常由于免疫接种而产生应激，形成严重反应。

（2）遗传素质的影响

某些疫病与遗传素质有关，这些畜禽群即使免疫接种后，仍保持敏感性或免疫力产生很慢，如马立克氏病就与遗传素质有关，具有基因易感性；个别机体先天免疫缺陷，也常常导致免疫无效或效力低微。

（3）继发性免疫缺陷

除原发性免疫缺陷外，免疫球蛋白合成和细胞介导免疫还可因淋巴组织遭到肿瘤细胞侵害或被传染因子破坏，或因用免疫抑制剂而被抑制，引起继发性免疫缺陷。免疫缺陷增加了畜禽群对疫病的易感性，并常导致死亡。

（4）早期感染的影响

在进行疫苗预防时，往往有一部分畜禽已感染疫原而处于潜伏期，此期间接种常常可使畜禽群在短期内发病。

3．病原的影响

（1）毒力、毒型的影响

有些疫病，如马立克氏病、法氏囊病、新城疫等，由于超强毒株的出现，导致原有的疫苗对其不能保护；同一疫病病原有的有多种血清型，若使用的疫苗与感染病原的毒型不对或毒型相差甚远、各型之间交叉免疫能力又比较弱时，其免疫效果有时也不理想。

（2）过量野毒攻击

在某些疫病严重污染的地区，由于过量的野毒攻击，其毒力、数量、侵入途径等因素与免疫畜禽群的免疫力之间不断相互作用，并发生复杂的量和质的变化。在一定条件下，病原突破免疫畜禽群的免疫保护，并在其机体内大量繁殖，使畜禽感染发病，免疫接种难以达到对畜禽群完全保护的目的。

4．免疫接种技术的影响

（1）接种剂量不足或过量

高剂量的抗原能使 T 细胞和 B 细胞都不发生应答反应，低剂量的抗原虽然只能使 T 细胞陷于无反应状态，但由于辅助性 T 细胞失去活性，所以也影响抗体的形成。生产中如疫苗稀释不当，过浓或过稀；饮水免疫时，饮水量不均，饮水时间过长，没有添加保护剂，使用金属容器；滴鼻、点眼时，速度过快，疫苗未被吸入，或使用工具未经校对盲目使用，造成剂量不足或过量；气雾免疫时，粒子过粗，气雾动力过大，温度过高，湿度过高或过低等均可影响免疫效果。此外，疫苗稀释后没能及时使用完，如马立克氏疫苗要求在 2 h 内用完，而在实际工作中常会出现一次稀释很多疫苗，在温度较高的环境下长时间使用，致使疫苗效价大幅度下降。

（2）无菌观念不强

免疫时，行为粗暴，应激严重；漏防较多，没有把应该接种的畜禽全部接种，尤其是忽视农村家庭散养畜禽的防疫；消毒时不仔细，酒精流入疫苗内等。免疫过程中，对稀释瓶、注射器、针头等消毒不严，或一针连续使用等，常会造成严重后果，尤其在紧急预防接种时最为危险。

（3）免疫接种途径错误

没有按照说明书要求使用疫苗，随意更改免疫接种途径、部位。

（4）疫苗选择贪多求洋

不了解当地疫病流行情况及疫病种类，盲目引用疫苗，尤其引入该地没有相应传染病的毒力较强的活疫苗，导致该病过早暴露，扩散疫情。

（5）免疫程序不合理

不同畜禽群免疫前的抗体水平是不一致的，因而免疫的时间、方法是有差别的。对幼畜、雏禽过早接种疫苗，常由于母源抗体存在而影响免疫效果；鸡传染性支气管炎疫苗 H_{52}、H_{120} 和新城疫各系苗使用间隔不到 10 d 的，则影响新城疫的免疫效果；在接种传染性法氏囊疫苗之后，常有轻微肿胀现象，此时接种其他疫苗，可能会影响免疫效果；产蛋高峰期的家禽接种疫苗，既影响产蛋量，又能引起严重反应。

（6）多种疫苗联合使用

两种或两种以上的疫苗未经试验，只图省事，随意混合使用，在一定程度上存在着抗原竞争和相互干扰现象。尤其在病毒联合疫苗中，干扰现象更为突出。如一日龄雏鸡同时接种马立克氏疫苗和新城疫疫苗，则新城疫的免疫效果受到抑制。

5．饲养管理因素的影响

（1）营养缺乏

畜禽机体内营养缺乏能直接影响免疫效果，严重时亦会引起继发性免疫缺陷。体内红细胞除具有携带氧气、调节体内酸碱平衡等功能外，还具有识别抗原，减少免疫复合物对机体的危害的免疫调节功能。蛋白质缺乏时，抗体形成受阻，因而免疫机能下降；含硫氨基酸、胆碱不足时，其胸腺退化；日粮中缺乏苏氨酸、缬氨酸时，其体内的抗新城疫抗体减少，免疫反应降低；V_A、V_D、V_E、V_C、V_{B6}，V_{B12} 等在免疫调节和抗病方面起着重要的作用。在矿物质营养方面，一些微量元素，如锌、铁、硒、铜等在免疫方面具有重要的地位。

（2）环境卫生差

畜禽群的密度过大，通风不良，氨气浓度过高，卫生状况差，对免疫效果也有着很大的影响。

6．其他因素的影响

长途运输、寒冷、炎热、饥饿、干渴和啄斗等应激因素都会使畜禽免疫能力下降，且对抗体免疫反应抑制的长短与这些因素的强弱、持续时间及次数有一定关系。

（二）免疫失败的控制措施

1．加强综合卫生措施

疫病预防是一个综合防治过程，免疫接种工作只是控制疫病的开始而不是结束，任何期待“一针见效”的幻想都是不现实的，也是在实际工作中不可取的。必需理解除进行免疫接种外，良好的饲养管理和有效的卫生环境也是非常重要的。要强化“生物安全”体系的卫生观念和措施，提高机体的抵抗能力和免疫应答能力，确保畜禽体质健康，降低畜禽群对各种疫病的感染频率，减少感染机会。

2．掌握疫情和接种时机

在疫苗接种前，应当了解当地疫病发生情况，有针对性地作好疫苗和血清的准备工作。注意接种时机，应在疫病流行季节之前1～2个月进行预防接种，如夏初流行的疫病，应在春季注苗。但也不能过早，否则免疫力降低以至消失，到了流行季节得不到相应的保护。最好在疫病的流行高峰期以前完成全程免疫，当流行高峰时节，畜群免疫力达最高水平。

3．合理选用疫苗

选用什么疫苗为合适，应根据当地疫病流行情况、畜禽的日龄等来选择。应注意病原有无型号问题。如口蹄疫病毒分为A、O、C、SAT-1、SAT-2，SAT-3、Asia-1 7个主型，将近70个亚型，主型之间交互免疫差，甚至同一主型的不同亚型也不能完全交叉免疫。一般当地疫病流行不严重或日龄较小的，应选择毒力较低的、比较温和的疫苗。疾病严重流行地区，则应选用毒力较强的疫苗。对从未发生过某种传染病的地区，可不进行该病的免疫接种，尤其是该疫苗是毒力较强的活苗时，更不可轻率地引入该地区，以免过早暴露该病。应选用高质的、国家认证的厂家的疫苗。

4．注意防疫密度

预防接种首先是保护被接种动物，即个体免疫。传染病的流行过程，就是传染源（患畜或带菌动物）向易感动物传播的过程。当对禽群进行预防接种，使之对某一传染病产生了免疫，当免疫的动物数达到75%～80%时，免疫动物群即形成了一个免疫屏障，从而可以保护一些未免疫的动物不受感染，这就是群体免疫。如果预防接种既达到个体免疫又达到了群体免疫的目的，就能收到最好的预防效果。为了达到群体免疫，既要注意整个地区的接种率，也要注意基层单位的接种率，如果某个具体单位接种率低，易感动物比较集中，一旦传染源传入，也可引起局部流行。

5．加强疫苗的保管、运输、发放和使用

各种疫苗的最佳保存温度，应参照厂家说明书，但有些疫苗不可冻结保存，如活菌苗、类毒素、油乳剂苗及稀释液等，以 2～8℃保存为宜。疫苗用前应进行认真检查，看有无瓶签，瓶签是否完整，字迹是否清楚；瓶塞是否松动，瓶体是否破裂；瓶内有无杂物霉变；疫苗的物理状态及色泽与说明书上是否相符；是否过期失效等，如有一项发生疑问，则不可使用。

6．依免疫程序适时接种

母源抗体滴度具有一定的消长规律，其抗体水平和消长时间，因个体而有差异。过早地接种疫苗，常会发生母源抗体干扰现象，极易引起免疫无效或免疫减弱；过迟接种疫苗，则野毒可能在免疫空白期感染畜禽，使其发病，产生不应有的损失。所以免疫接种最好在母源抗体降至一定水平时进行。有条件的应通过免疫监测技术来测定母源抗体水平，建立科学的免疫程序，从而确定免疫接种时间。如新城疫的免疫临界界限在 3～4（log2），新城疫母源 HI 抗体的平均半衰期为 4.5，因此，雏鸡最佳首免日龄=4.5×（1 日龄时母源 HI 抗体均值的对数值－4）+5。制定免疫程序时应当注意当地的疫病流行情况、母源抗体及上次免疫残留抗体水平、畜禽的免疫应答能力、疫苗种类、免疫接种方法等，没有固定的模式。

7．加强畜禽群健康检查和规范操作

免疫接种前应对畜禽群健康状况进行检查，注意被免疫动物的体质情况、年龄及是否怀孕等，做到心中有数，对不适宜当时免疫的，应登记造册，随后适当时间进行补防。在进行免疫接种前后 24 h 内不得使用抗生素、磺胺类药物及含有药物的饲料添加剂等，以防影响免疫效果。稀释疫苗只能使用指定的稀释液并按规定进行，做到疫苗现用现配，及时使用。一般气温在 15～25℃时，6 h 内用完；25℃以上时，4 h 内用完。马立克氏疫苗要求 2 h 内用完。严格执行无菌操作，使用的接种用具如注射器、针头、滴管等应洗净后灭菌，并做好接种部位的消毒工作，已吸出的疫苗不可再回注入稀释瓶内。使用饮水免疫时，事先应停水 3～5 h（依据气温而定）以保证疫苗在 2 h 内饮完。此外，配苗时应在饮水中加入 0.1%～0.5%的脱脂奶粉，同时应注意水质、水温、动物的大小等因素。使用滴鼻、点眼免疫时，应注意滴入鼻、眼中的量。一般可事先将滴管、空眼药水瓶或注射器（磨去针尖）试一试 1 ml 水有多少滴，然后再进行接种，接种后应确认疫苗是否被吸入。使用气雾免疫时，雏鸡免疫时的雾滴要大些，约 50～100 μm；2 月龄以上的鸡免疫时，雾滴约 5～20 μm；温度以 15～20℃、湿度在 70%以上为宜。使用注射途径免疫时，应做到接种方法正确、注射确实、剂量准确。免疫时机宜安排在晴天、无风的夜晚或凌晨进行，并在饲料中添加适量维生素 C，以尽量减少、避免畜禽发生应激反应。弱毒活疫苗的毒种或菌种，多数是以人工方法致弱的，但对不同年龄、不同饲养环境、不同饲养方法等饲养的家禽，对各种毒种、菌种的敏感性是不同的。因此，稀释后的空疫苗瓶及免疫后多余的疫苗，不可到处乱抛，应集中进行消毒处理，以防弱毒活疫苗中的活病毒散播到自然环境中返强。

8．加强兽医生物制品市场管理

兽医生物制品是一种特殊的商品，应实行专营，以确保质量和安全。禁止生产劣质低效疫苗以及以假乱真、胡乱销售。坚决取缔无证经营，整顿经营秩序。有关部门应加强疫苗的研制、生产管理，以保证疫苗本身的质量。

复习思考题

1. 基本概念：母源抗体、免疫程序、免疫失败。
2. 如何进行兽医生物制品的运输与保存？
3. 免疫接种的形式有哪些？
4. 免疫接种的途径有哪些？各有何优缺点？
5. 母源抗体的转移途径有哪些？
6. 免疫程序制定的注意事项有哪些？
7. 分析免疫失败的原因。

附录一　兽药生产质量管理规范*

<table><tr><td>

中华人民共和国农业部令

第 11 号

《兽药生产质量管理规范》于二〇〇二年三月十九日业经农业部常务会议审议通过，现予发布，自二〇〇二年六月十九日起施行。

部　长　杜青林

二〇〇二年三月十九日

</td></tr></table>

兽药生产质量管理规范

第一章　总　则

第一条　根据《兽药管理条例》规定，制定本规范。

第二条　本规范是兽药生产和质量管理的基本准则，适用于兽药制剂生产的全过程、原料药生产中影响成品质量的关键工序。

第二章　机构与人员

第三条　兽药生产企业应建立生产和质量管理机构，各类机构和人员职责应明确，并配备一定数量的与兽药生产相适应的具有专业知识和生产经验的管理人员和技术人员。

第四条　兽药生产企业主管兽药生产管理的负责人和质量管理的负责人，应具有制药或相关专业大专以上学历，有兽药生产和质量管理工作经验。

第五条　兽药生产管理部门的负责人和质量管理部门的负责人应具有兽医、制药及相关专业大专以上学历，有兽药生产和质量管理的实践经验，有能力对兽药生产和质量管理中的实际问题作出正确的判断和处理。

兽药生产管理部门负责人和质量管理部门负责人均应由专职人员担任，并不得互相兼任。

---

* 根据教学需要，本书附录引用了相关法规的原文。

第六条 直接从事兽药生产操作和质量检验的人员应具有高中以上文化程度，具有基础理论知识和实际操作技能。从事生产辅助性工作的人员应具有初中以上文化程度。

第七条 兽药生产企业应制订人员培训计划，按本规范要求对从事兽药生产的各类人员进行培训，经考核合格后方可上岗。

对从事高生物活性、高毒性、强污染性、高致敏性及与人畜共患病有关或有特殊要求的兽药生产操作人员和质量检验人员，应经相应专业的技术培训。

第八条 质量检验人员应经省级兽药监察所培训，经考核合格后持证上岗。质量检验负责人的任命和变更应报省级兽药监察所备案。

第三章 厂房与设施

第九条 兽药生产企业必须有整洁的生产环境，其空气、场地、水质应符合生产要求。厂区周围不应有影响兽药产品质量的污染源；厂区的地面、路面及运输等不应对兽药生产造成污染；生产、仓储、行政、生活和辅助区的总体布局应合理，不得互相妨碍。

第十条 厂房应按生产工艺流程及所要求的空气洁净度级别进行合理布局，同一厂房内以及相邻厂房之间的生产操作不得相互妨碍。厂房设计、建设及布局应符合以下要求：

1．生产区域的布局要顺应工艺流程，减少生产流程的迂回、往返；

2．洁净度级别高的房间宜设在靠近人员最少到达、干扰少的位置。洁净度级别相同的房间要相对集中。洁净室（区）内不同房间之间相互联系应符合品种和工艺的需要，必要时要有防止交叉污染的措施；

3．洁净室（区）与非洁净室（区）之间应设缓冲室、气闸室或空气吹淋等防止污染的设施；

4．洁净厂房中人员及物料的出入门应分别设置，物料传递路线应尽量缩短；

5．物料和成品的出入口应分开；

6．人员和物料进入洁净厂房要有各自的净化用室和设施，净化用室的设置和要求应与生产区的洁净度级别相适应；

7．操作区内仅允许放置与操作有关的物料，设置必要的工艺设备，用于生产、贮存的区域不得用作非区域内工作人员的通道；

8．电梯不宜设在洁净区内，确需设置时，电梯前应设缓冲室。

第十一条 厂房及仓储区应有防止昆虫、鼠类及其他动物进入的设施。

第十二条 厂房应便于进行清洁工作。非洁净室（区）厂房的地面、墙壁、天棚等内表面应平整、清洁、无污迹，易清洁。洁净室（区）内表面应平整光滑、耐冲击、无裂缝、接口严密、无颗粒物脱落，并能耐受清洗和消毒，墙壁与地面的交界处宜成弧形或采取其他措施，地面应平整光滑、无缝隙、耐磨、耐腐蚀、耐冲击，易除尘清洁。

第十三条 根据需要，厂房内应划分生产区和仓储区，具有与生产规模相适应的面积和空间，便于生产操作和安置设备，存放物料、中间产品、待验品和成品，并应最大限度地减少差错和交叉污染。

第十四条 根据兽药生产工艺要求，洁净室（区）内设置的称量室和备料室，其空气洁净度级别应与生产条件的要求一致，并有捕尘和防止交叉污染的设施。

第十五条 物料进入洁净室（区）前必须进行清洁处理，物料入口处须设置清除物料外包装的房间。无菌生产所需的物料，应经无菌处理后再从传递窗或缓冲室中传递。

第十六条 洁净室（区）内各种管道、灯具、风口以及其他公用设施，在设计和安装时应考虑使用中避免出现不易清洁的部位。

第十七条 洁净室（区）内应根据生产要求提供足够的照明。主要工作室的最低照度不得低于 150 勒克斯，对照度有特殊要求的生产部位可设置局部照明。厂房应有应急照明设施。厂房内其他区域的最低照度不得低于 100 勒克斯。

第十八条 进入洁净室（区）的空气必须净化，并根据生产工艺要求划分空气洁净级别。洁净室（区）内空气的微生物数和尘粒数应定期监测，监测结果应记录存档。

第十九条 洁净室（区）的窗户、天棚及进入室内的管道、风口、灯具与墙壁或天棚的连接部位均应密封。空气洁净度级别不同的相邻洁净室（区）之间的静压差应大于 5 帕。洁净室（区）与非洁净室（区）之间的静压差应大于 10 帕。洁净室（区）与室外大气（含与室外直接相通的区域）的静压差应大于 12 帕，并应有指示压差的装置或设置监控报警系统。对生物制品的洁净室车间，上述规定的静压差数值绝对值应按工艺要求确定。

第二十条 洁净室（区）的温度和相对湿度应与兽药生产工艺要求相适应。无特殊要求时，温度应控制在 18～26℃，相对湿度控制在 30%～65%。

第二十一条 洁净室（区）内安装的水池、地漏不得对兽药产生污染。

第二十二条 不同空气洁净度级别的洁净室（区）之间的人员及物料出入，应有防止交叉污染的措施。

第二十三条 生产青霉素类、β-内酰胺结构类等高致敏性兽药应使用相对独立的厂房、设施及独立的空气净化系统，分装室应保持相对负压，排至室外的废气应经净化处理并符合要求，排风口应远离其他空气净化系统的进风口。如需利用停产的该类车间分装其他产品时，则必须进行清洁处理，不得有残留并经测试合格后才能生产其他产品。

第二十四条 生物制品应按微生物类别、性质的不同分开生产。强毒菌种与弱毒菌种、生产用菌毒种与非生产用菌毒种、生产用细胞与非生产用细胞、活疫苗与灭活疫苗、灭活前与灭活后、脱毒前与脱毒后其生产操作区域和贮存设备应严格分开。

第二十五条 中药制剂的生产操作区应与中药材的前处理、提取、浓缩以及动物脏器、组织的洗涤或处理等生产操作区分开。中药材前处理操作工序应有良好的通风、排烟、除尘设施。

第二十六条 工艺用水的水处理及其配套设施的设计、安装和维护应能确保达到设定的质量标准和需要，并制订工艺用水的制造规程、贮存方法、质量标准、检验操作规程及设施的清洗规程等。

第二十七条 与兽药直接接触的干燥用空气、压缩空气和惰性气体应经净化处理，其洁净程度应与洁净室（区）内的洁净级别相同。

第二十八条 仓储区建筑应符合防潮、防火的要求，仓储面积应适用于物料及产品的分类、有序存放。待检、合格、不合格物料及产品应分库保存或严格分开码垛贮存，并有易于识别的明显标记。

对温度、湿度有特殊要求的物料或产品应置于能保证其稳定性的仓储条件下储存。

易燃易爆的危险品、废品应分别在特殊的或隔离的仓库内保存。毒性药品、麻醉药品、精神药品应按规定保存。

仓储区应有符合规定的消防间距和交通通道。

第二十九条 仓储区应保持清洁和干燥，照明、通风等设施及温度、湿度的控制应符合储存要求并定期监测。

仓储区可设原料取样或称量室，其环境的空气洁净度级别应与生产要求一致。如不在取样室取样，取样时应有防止污染和交叉污染的措施。

第三十条 质量管理部门应根据需要设置检验、中药标本、留样观察以及其他各类实验室，能根据需要对实验室洁净度、温湿度进行控制并与兽药生产区分开。生物检定、微生物限度检定和生物制品检验用强、弱毒操作间要分室进行。

第三十一条 对环境有特殊要求的仪器设备，应放置在专门的仪器室内，并有防止外界因素影响的设施。

第三十二条 实验动物房应与其他区域严格分开，其设计建造应符合国家有关规定。生产兽用生物制品必须设置生产和检验用动物房。生产其他需进行动物实验的兽药产品，兽药生产企业可采取设置实验动物房或委托其他单位进行有关动物实验的方式，被委托实验单位的实验动物房必须具备相应的条件和资质，并应符合规定要求。

第四章 设 备

第三十三条 兽药生产企业必须具备与所生产产品相适应的生产和检验设备，其性能和主要技术参数应能保证生产和产品质量控制的需要。

第三十四条 设备的设计、选型、安装应符合生产要求，易于清洗、消毒或灭菌，便于生产操作和维修、保养，并能防止差错和减少污染。

生产设备的安装需跨越两个洁净度级别不同的区域时，应采取密封的隔断装置。

第三十五条 与兽药直接接触的设备表面应光洁、平整、易清洗或消毒、耐腐蚀，不与兽药发生化学变化或吸附兽药。设备所用的润滑剂、冷却剂等不得对兽药或容器造成污染。

第三十六条 与设备连接的主要固定管道应标明管内物料名称、流向。

第三十七条 纯化水、注射用水的制备、储存和分配系统应能防止微生物的滋生和污染。储罐和输送管道所用材料应无毒、耐腐蚀。管道的设计和安装应避免死角、盲管。储罐和管道应规定清洗、灭菌周期。注射用水储罐的通气口应安装不脱落纤维的疏水性除菌滤器。注射用水的储存可采用80℃以上保温、65℃以上保温循环或4℃以下存放。

第三十八条 用于生产和检验的仪器、仪表、量器、衡器等的适用范围和精密度应符合生产和检验的要求，有明显的合格标志，并定期经法定计量部门校验。

第三十九条 生产设备应有明显的状态标志，并定期维修、保养和验证。设备安装、维修、保养的操作不得影响产品的质量。不合格的设备应搬出生产区，未搬出前应有明显标志。

第四十条 生产、检验设备及器具均应制定使用、维修、清洁、保养规程，定期检查、清洁、保养与维修，并由专人进行管理和记录。

第四十一条 主要生产和检验设备、仪器、衡器均应建立设备档案，内容包括：生产厂家、型号、规格、技术参数、说明书、设备图纸、备件清单、安装位置及施工图，以及检修和维修保养内容及记录、验证记录、事故记录等。

第五章 物 料

第四十二条 兽药生产所用物料的购入、贮存、发放、使用等应制定管理制度。

第四十三条 兽药生产所需的物料，应符合兽药标准、药品标准、包装材料标准、兽用生物制品规程或其他有关标准，不得对兽药的质量产生不良影响。进口兽药应有口岸兽药监察所的检验报告。

第四十四条 兽药生产所用的中药材应符合质量标准，其产地应保持相对稳定。中药材外包装上应标明品名、产地、来源、加工日期，并附质量合格证。

第四十五条 兽药生产所用物料应从合法或符合规定条件的单位购进，并按规定入库。

第四十六条 待验、合格、不合格物料应严格管理，有易于识别的明显标志和防止混淆的措施，并建立物料流转帐卡。不合格的物料应专区存放，并按有关规定及时处理。

第四十七条 对温度、湿度或其他条件有特殊要求的物料、中间产品和成品，应按规定条件贮存。固体、液体原料应分开贮存；挥发性物料应注意避免污染其他物料；炮制、整理加工后的净药材应使用洁净容器或包装，并与未加工、炮制的药材严格分开；贵细药材、毒性药材等应在专柜内贮存。

第四十八条 兽用麻醉药品、精神药品、毒性药品（包括药材）及易燃易爆和其他危险品的验收、贮存、保管、使用、销毁应严格执行国家有关的规定。菌毒种的验收、贮存、保管、使用、销毁应执行国家有关兽医微生物菌种保管的规定。

第四十九条 物料应按规定的使用期限贮存，未规定使用期限的，其贮存一般不超过三年，期满后应复验。贮存期内如有特殊情况应及时复验。

第五十条 兽药的标签、使用说明书应与畜牧兽医行政管理部门批准的内容、式样、文字相一致。标签内容包括：兽用标记、兽药名称（通用名、商品名）、有效成分及其含量、规格、作用用途、用法用量、批准文号、生产批号、有效期、停药期、生产厂名及地址等。

产品说明书内容应包括兽用标记、兽药名称、主要成分、性状、药理作用、作用用途、用法用量、不良反应、注意事项、停药期、有效期、贮存、生产批号、生产厂名等。

必要时标签与产品说明书内容可同时印制在产品标签、包装盒和袋上。

标签、使用说明书应经企业质量管理部门校对无误后印刷、发放、使用。

第五十一条 兽药的标签、使用说明书应由专人保管、领用，并符合以下要求：

1．标签、使用说明书均应按品种、规格有专柜或专库存放，由专人验收、保管、发放、领用，并凭批包装指令发放，按实际需要量领取；

2．标签要计数发放，领用人核对、签名，使用数、残损数及剩余数之和应与领用数相符，印有批号的残损或剩余标签及包装材料应由专人负责计数销毁；

3．标签发放、使用、销毁应有记录。

第六章　卫　生

第五十二条 兽药生产企业应有防止污染的卫生措施，制定环境、工艺、厂房、人员等各项卫生管理制度，并由专人负责。

第五十三条 兽药生产车间、工序、岗位均应按生产和空气洁净度级别的要求制定厂房、设备、管道、容器等清洁操作规程，内容应包括：清洁方法、程序、间隔时间，使用的清洁剂或消毒剂，清洁工具的清洁方法和存放地点等。

第五十四条 生产区内不得吸烟及存放非生产物品和个人杂物，生产中的废弃物应及时处理。

第五十五条 更衣室、浴室及厕所的设置及卫生环境不得对洁净室（区）产生不良影响。

第五十六条 工作服的选材、式样及穿戴方式应与生产操作和空气洁净度级别要求相适应，不同级别洁净室（区）的工作服应有明显标识，并不得混用。

洁净工作服的质地应光滑、不产生静电、不脱落纤维和颗粒性物质。无菌工作服必须包盖全部头发、胡须及脚部，并能最大限度地阻留人体脱落物。

不同空气洁净度级别使用的工作服应分别清洗、整理，必要时消毒或灭菌。工作服洗涤、灭菌时不应带入附加的颗粒物质。工作服应制定清洗制度，确定清洗周期。进行病原微生物培养或操作区域内使用的工作服应消毒后清洗。

第五十七条　洁净室（区）内人员数量应严格控制，仅限于该区域生产操作人员和经批准的人员进入。

第五十八条　进入洁净室（区）的人员不得化妆和佩戴饰物，不得裸手直接接触兽药。

第五十九条　洁净室（区）内应使用无脱落物、易清洗、易消毒的卫生工具，卫生工具应存放于对产品不造成污染的指定地点，并应限定使用区域。洁净室（区）应定期消毒，使用的消毒剂不得对设备、物料和成品产生污染。消毒剂品种应定期更换，防止产生耐药菌株。

第六十条　生产人员应建立健康档案。直接接触兽药的生产人员每年至少体检一次。传染病、皮肤病患者和体表有伤口者不得从事直接接触兽药的生产。

第七章　验　证

第六十一条　兽药生产验证应包括厂房、设施及设备安装确认、运行确认、性能确认、模拟生产验证和产品验证及仪器仪表的校验。

第六十二条　产品的生产工艺及关键设施、设备应按验证方案进行验证。当影响产品质量的主要因素，如工艺、质量控制方法、主要原辅料、主要生产设备或主要生产介质等发生改变时，以及生产一定周期后，应进行再验证。

第六十三条　应根据验证对象提出验证项目，并制订工作程序和验证方案。验证工作程序包括：提出验证要求、建立验证组织、完成验证方案的审批和组织实施。

第六十四条　验证方案主要内容包括：验证目的、要求、质量标准、实施所需要的条件、测试方法、时间进度表等。验证工作完成后应写出验证报告，由验证工作负责人审核、批准。

第六十五条　验证过程中的数据和分析内容应以文件形式归档保存。验证文件应包括验证方案、验证报告、评价和建议、批准人等。

第八章　文　件

第六十六条　兽药生产企业应有完整的生产管理、质量管理文件和各类管理制度、记录。

第六十七条　各类制度及记录内容应包括：

1．企业管理、生产管理、质量管理、生产辅助部门的各项管理制度：

2．厂房、设施和设备的使用、维护、保养、检修等制度和记录；

3．物料验收、发放管理制度和记录；

4．生产操作、质量检验、产品销售、用户投诉等制度和记录；

5．环境、厂房、设备、人员、工艺等卫生管理制度和记录；

6．不合格品管理、物料退库和报废、紧急情况处理、“三废”处理等制度和记录；

7．本规范和专业技术培训等制度和记录。

第六十八条 产品生产管理文件主要包括生产工艺规程、岗位操作法或标准操作规程、批生产记录等。

1．生产工艺规程内容包括：品名，剂型，处方，生产工艺的操作要求，物料、中间产品、成品的质量标准和技术参数及贮存注意事项，物料平衡的计算方法，成品容器，包装材料的要求等。

2．岗位操作法内容包括：生产操作方法和要点，重点操作的复核、复查，中间体、半成品质量标准及控制，安全和劳动保护，设备维修、清洗，异常情况处理和报告，工艺卫生和环境卫生等。

3．标准操作规程内容包括：题目、编号、制定人及制定日期、审核人及审核日期、批准人及批准日期、颁发部门、生效日期、分发部门、标题及正文。

4．批生产记录内容包括：产品名称、剂型、规格、本批的配方及投料、所用容器和标签及包装材料的说明、生产批号、生产日期、操作者、复核者签名，有关操作与设备、相关生产阶段的产品数量、物料平衡的计算、生产过程的控制记录、检验结果及特殊情况处理记录，并附产品标签、使用说明书。

第六十九条 产品质量管理文件主要包括：

1．产品的申请和审批文件；

2．物料、中间产品和成品质量标准，企业内控标准及其检验操作规程；

3．产品质量稳定性考察；

4．批检验记录，并附检验原始记录和检验报告单。

第七十条 兽药生产企业应建立文件的起草、修订、审查、批准、撤销、印刷和保管的管理制度。分发、使用的文件应为批准的现行文本，已撤销和过时的文件除留档备查外，不得在工作现场出现。

第七十一条 生产管理文件和质量管理文件应符合以下要求：

1．文件标题应能清楚地说明文件的性质；

2．各类文件应有便于识别其文本、类别的系统编号和日期；

3．文件数据的填写应真实、清晰，不得任意涂改，若确需修改，需签名和标明日期，并应使原数据仍可辨认；

4．文件不得使用手抄件；

5．文件制定、审查和批准的责任应明确，并有责任人签名。

第九章 生产管理

第七十二条 兽药生产企业应制定生产工艺规程、岗位操作法或标准操作规程，并不得任意更改。如需更改时应按原文件制订程序办理有关手续。

第七十三条 生产操作前，操作人员应检查生产环境、设施、设备、容器的清洁卫生状况和主要设备的运行状况，并认真核对物料、半成品数量及检验报告单。

第七十四条 每批产品应按产量和数量的物料平衡进行检查。如有显著差异，必须查明原因，在得出合理解释、确认无潜在质量事故后，方可按正常产品处理。

第七十五条 批生产记录应及时填写，做到字迹清晰、内容真实、数据完整，并由操作人及复核人签名。记录应保持整洁，不得撕毁和任意涂改；更改时应在更改处签名，并使原数据仍可辨认。

批生产记录应按批号归档，保存至兽药有效期后一年。未规定有效期的兽药，批生产记录应保存三年。

第七十六条 在规定期限内具有同一性质和质量，并在同一连续生产周期中生产出来的一定数量的兽药为一批。每批产品均应编制生产批号。

第七十七条 兽药生产操作应采取以下措施：

1．生产前应确认生产环境中无上次生产遗留物；

2．应防止尘埃的产生和扩散；

3．不同产品品种、规格的生产操作不得在同一生产操作间同时进行；有数条包装线同时进行包装时，应采取隔离或其他有效防止污染或混淆的设施；

4．生产过程应按工艺、质量控制要点进行中间检查，并填写生产记录；

5．生产过程中应防止物料及产品所产生的气体、蒸汽、喷雾物或生物体等引起的交叉污染；

6．每一生产操作间或生产用设备、容器应有所生产的产品或物料名称、批号、数量等状态标志；

7．不同药性的药材不得在一起洗涤，洗涤后的药材及切制的炮制品不宜露天干燥；

8．药材及中间产品的灭菌方法以不改变药材的药效、质量为原则。

第七十八条 应根据产品工艺规程选用工艺用水，工艺用水应符合质量标准，并定期检验，检验有记录。应根据验证结果规定检验周期。

第七十九条 产品应有批包装记录，内容包括：

1．待包装产品的名称、批号、含量规格和包装规格；

2．印有批号的标签和使用说明书及产品合格证；

3．待包装产品和包装材料的领取数量及发放人、领用人、核对人签名；

4．已包装产品的数量；

5．前次包装操作的清场记录（副本）及本次包装清场记录（正本）；

6．本次包装操作完成后的检验核对结果、核对人签名；

7．生产操作负责人签名。

第八十条 每批产品的每一生产阶段完成后必须由生产操作人员清场，填写清场记录。清场记录内容应包括：工序、品名、生产批号、清场日期、检查项目及结果、清场负责人及复查人签名。清场记录应纳入批生产记录。

第十章　质量管理

第八十一条　兽药生产企业质量管理部门负责兽药生产全过程的质量管理和检验，受企业负责人直接领导。质量管理部门应配备一定数量的质量管理和检验人员，并有与兽药生产规模、品种、检验要求相适应的场所、仪器、设备。

第八十二条　质量管理部门的主要职责：

1．制定企业质量责任制和质量管理及检验人员的职责；

2．负责组织自检工作；

3．负责验证方案的审核；

4．制（修）订物料、中间产品和成品的内控标准和检验操作规程，制定取样和留样观察制度；

5．制定检验用设施、设备、仪器的使用及管理办法，实验动物管理办法及消毒剂使用管理办法等；

6．决定物料和中间产品的使用；

7．审核成品发放前批生产记录，决定成品发放；

8．审核不合格品处理程序；

9．对物料、标签、中间产品和成品进行取样、检验、留样，并出具检验报告；

10．定期监测洁净室（区）的尘粒数和微生物数和对工艺用水的质量监测；

11．评价原料、中间产品及成品的质量稳定性，为确定物料贮存期、兽药有效期提供数据；

12．负责产品质量指标的统计考核及总结报送工作；

13．负责建立产品质量档案工作。产品质量档案内容应包括：产品简介；质量标准沿革；主要原辅料、半成品、成品质量标准；历年质量情况及留样观察情况；与国内外同类产品对照情况；重大质量事故的分析、处理情况；用户访问意见、检验方法变更情况、提高产品质量的试验总结等；

14．负责组织质量管理、检验人员的专业技术及本规范的培训、考核及总结工作；

15．会同企业有关部门对主要物料供应商质量体系进行评估。

第十一章　产品销售与收回

第八十三条　每批成品均应有销售记录。根据销售记录能追查每批兽药的售出情况，必要时应能及时全部追回。销售记录内容应包括：品名、剂型、批号、规格、数量、收货单位和地址、发货日期等。

第八十四条 销售记录应保存至兽药有效期后一年。未规定有效期的兽药，其销售记录应保存三年。

第八十五条 兽药生产企业应建立兽药退货和收回的书面程序，并有记录。兽药退货和收回记录内容应包括：品名、批号、规格、数量、退货和收回单位及地址、退货和收回原因及日期、处理意见。

因质量原因退货和收回的兽药制剂，应在企业质量管理部门监督下销毁，涉及其他批号时，应同时处理。

第十二章 投诉与不良反应报告

第八十六条 企业应建立兽药不良反应监察报告制度，指定专门部门或人员负责管理。

第八十七条 对用户的产品质量投诉和产品不良反应应详细记录和调查处理，并连同原投诉材料存档备查。对兽药不良反应应及时向当地农牧行政管理部门提出书面报告。

第八十八条 兽药生产出现重大质量问题和严重的安全问题时，应立即停止生产，并及时向当地农牧行政管理机关报告。

第十三章 自 检

第八十九条 兽药生产企业应制定自检工作程序和自检周期，设立自检工作组，并定期组织自检。自检工作组应由质量、生产、销售等管理部门中熟悉专业及本规范的人员组成。自检工作每年至少一次。

第九十条 自检工作应按自检工作程序对人员、厂房、设备、文件、生产、质量控制、兽药销售、用户投诉和产品收回的处理等项目和记录定期进行检查，以证实与本规范的一致性。

第九十一条 自检应有记录。自检完成后应形成自检报告，内容包括自检的结果、评价的结论以及改进措施和建议，自检报告和记录应归档。

第十四章 附 则

第九十二条 本规范下列用语的含义是：

兽药制剂：片剂、注射剂、粉剂、预混剂、口服溶液剂、混悬剂、胶囊剂、散剂、颗粒剂、软膏剂、酊剂、灌注剂、流浸膏与浸膏剂、兽用生物制品等。

物料：原料、辅料、包装材料等。

批号：用于识别“批”的一组数字或字母加数字。用以追溯或审查该批兽药的生产历史。

待验：物料在允许投料、使用或出厂前所处的搁置、等待检验结果的状态。

批生产记录：一个批次的待包装品或成品的所有生产记录。批生产记录能提供该批产品的生产历史，以及与质量有关的情况。

物料平衡：产品或物料的理论产量或理论用量与实际产量或用量之间的比较，并适当考虑可允许的正常偏差。

标准操作规程：经批准用以指示操作的通用性文件或管理办法。

生产工艺规程：规定为生产一定数量成品所需起始原料和包装材料的数量，以及工艺、加工说明、注意事项，包括生产过程中控制的一个或一套文件。

工艺用水：兽药生产工艺中使用的水，包括：饮用水、纯化水、注射用水。

纯化水：为蒸馏法、离子交换法、反渗透法或其他适宜的方法制得供药用的水，不含任何附加剂。

注射用水：符合2000年版《中国兽药典》注射用水项下规定的水。

洁净室（区）：需要对尘粒及微生物含量进行控制的房间（区域）。其建筑结构、装备及其使用均具有减少该区域内污染源的介入、产生和滞留的功能。

验证：证明任何程序、生产过程、设备、物料、活动或系统确实能达到预期结果的有文件证明的一系列活动。

兽药不良反应：包括所有危及动物健康或生命及导致饲料报酬明显下降的不良反应；疑为兽药所致的致畸、致癌、致突变反应；各种类型的过敏反应；疑为兽药间相互作用所致的不良反应；因兽药质量或稳定性问题引起的不良反应；其他一切意外的不良反应。

第九十三条 不同类别兽药的生产质量管理特殊要求列入本规范附录。

第九十四条 本规范由农业部负责解释。

第九十五条 本规范自2002年6月19日起施行。原农业部颁布的《兽药生产质量管理规范（试行）》（[1989]农[牧]字第52号）和《兽药生产质量管理规范实施细则（试行）》（农牧发[1994]32号）同时废止。

兽药生产质量管理规范附录

总　则

1．本附录为《兽药生产质量管理规范》对无菌兽药、非无菌兽药、原料药、兽用生物制品、预混剂、中药制剂等生产和质量管理特殊要求的补充规定。

2．兽药生产洁净室（区）的空气洁净度划分为四个级别：

洁净度级别	尘粒最大允许数/（个/m^3）（静态）		微生物最大允许数（静态）		换气次数
	≥0.5 μm	≥5 μm	浮游菌/（个/m^3）	沉降菌/[个/（皿·0.5 h）]	
100 级	3 500	0	5	0.5	附注（2）
10000 级	350 000	2 000	50	1.5	≥20 次/h
100000 级	3 500 000	20 000	150	3	≥15 次/h
300000 级	10 500 000	60 000	200	5	≥10 次/h

注：（1）尘埃粒子数，要求对≥0.5 μm 和≥5 μm 的尘粒均测定，浮游菌和沉降菌可任测一种。测沉降菌的皿为 Φ90 皿。
（2）100 级洁净室（区）0.8 m 高的工作区的截面最低风速：垂直单向流 0.25 m/s；水平单向流 0.35 m/s。
（3）洁净室的测定参照 JGJ 71—90《洁净室施工及验收规范》执行。

3．洁净室（区）的管理需符合下列要求：

（1）洁净室（区）内人员数量应严格控制，对进入洁净室（区）的临时外来人员应进行指导和监督。

（2）洁净室（区）与非洁净室（区）之间必须设置缓冲设施，人、物流走向合理。

（3）100 级洁净室（区）内不得设置地漏，操作人员不应裸手操作，手部应及时消毒。

（4）传输设备不应在 10000 级的强毒、活毒生物洁净室（区）以及强致敏性洁净室（区）与低级别的洁净室（区）之间穿越，传输设备的洞口应保证气流从相对正压侧流向相对负压侧。

（5）100000 级及其以上区域的洁净工作服应在洁净室（区）内洗涤、干燥、整理，必要时应按要求灭菌。

（6）洁净室（区）内设备保温层表面应平整、光洁，不得有颗粒性物质脱落。

（7）洁净室（区）鉴定或验收检测，要求两种粒径的尘埃粒子数以及浮游菌数或沉降菌中任一种结果均必须符合静态条件下的规定数值，此外还应定期监测动态条件下的洁净状况。

（8）洁净室（区）的净化空气如可循环使用，应采取有效措施避免污染和交叉污染。

（9）洁净室（区）的噪声不应高于 60 分贝（A），其中局部 100 级的房间宜不高于 63 分贝（A），局部百级区和全室 100 级的房间应不高于 65 分贝（A）。

（10）洁净室的换气次数和工作区截面风速，一般应不超过其级别规定的换气次数和截面风速的130%，特殊情况下应按设计结果选用。

（11）空气净化系统应按规定清洁、维修、保养并作记录。

4．兽药生产过程的验证内容必须包括：

（1）空气净化系统；

（2）工艺用水系统；

（3）工艺用气系统；

（4）生产工艺及其变更；

（5）设备清洗；

（6）主要原辅材料变更。

无菌兽药生产过程的验证内容还应增加：

（1）灭菌设备；

（2）药液滤过及灌封（分装）系统。

5．水处理及其配套系统的设计、安装和维护应能确保供水达到设定的质量标准。

6．印有与标签内容相同的兽药包装物，应按标签管理。

7．兽药零头包装只限两个批号为一个合箱，合箱外应标明全部批号，并建立合箱记录。

8．兽药放行前应由质量管理部门对有关记录进行审核，审核内容应包括：配料、称重过程中的复核情况；各生产工序检查记录；清场记录；中间产品质量检验结果；偏差处理；成品检验结果等。符合要求并有审核人员签字后方可放行。

二、无菌兽药

无菌兽药是指法定兽药标准中列有无菌检查项目的制剂。

1．无菌兽药生产环境的空气洁净度级别要求：

（1）最终灭菌兽药

10000级背景下的局部100级：大容量静脉注射剂（≥50毫升）的灌封；

10000级：注射剂的稀配、滤过；

大容量非静脉注射剂和小容量注射剂的灌封；

直接接触兽药的包装材料最终处理后的暴露环境；

100000级：注射剂浓配或采用密闭系统的稀配；

直接接触兽药的包装材料的最后一次精洗。

（2）非最终灭菌兽药

10000级背景下局部100级：灌装前不需除菌滤过的药液配制；

注射剂的灌封、分装和压塞；

直接接触兽药的包装材料最终处理后的暴露环境。

10000 级：灌装前需除菌滤过的药液配制。

100000 级：轧盖，直接接触兽药的包装材料精洗的最低要求。

（3）其他无菌兽药

2．无菌灌装设备应定期用微生物学方法检查，并定期验证，结果纳入记录。

3．灭菌设备宜选用双扉式灭菌柜，并具有自动监测、记录装置功能，其他灭菌器内部工作状态应用仪表检测，其选型、安装、使用应与生产要求相适应，并定期验证。

4．与药液接触的设备、容器具、管路、阀门、输送泵等应采用优质耐腐蚀材质，管路的安装应尽量减少连（焊）接。过滤器材不得吸附药液组分和释放异物。

禁止使用含有石棉的过滤器材。

5．直接接触兽药的包装材料不得回收使用。

6．批次划分原则：

（1）大、小容量注射剂以同一配液罐一次所配制的药液所生产的均质产品为一批。

（2）粉针剂以同一批原料药在同一连续生产周期内生产的均质产品为一批。

（3）冻干粉针剂以同一批药液使用同一台冻干设备在同一生产周期内生产的均质产品为一批。

7．直接接触兽药的包装材料最后一次精洗用水应符合注射用水质量标准。

8．应采取措施以避免物料、容器和设备最终清洗后的二次污染。

9．直接接触兽药的包装材料、设备和其他物品的清洗、平燥、灭菌到使用时间间隔应有规定。

10．药液从配制到灭菌或除菌过滤的时间间隔应有规定。

11．物料、容器、设备或其他物品需进入无菌作业区时应经过消毒或灭菌处理。

12．成品的无菌检查必须按灭菌柜次取样检验。

13．原料、辅料应按品种、规格、批号分别存放，并按批取样检验。

三、非无菌兽药

非无菌兽药是指法定兽药标准中未列无菌检查项目的制剂。

1．非无菌兽药特定生产环境空气洁净度级别要求：

（1）100000 级：非最终灭菌口服液体兽药的暴露工序；

深部组织创伤外用兽药、眼用兽药的暴露工序；

除直肠用药外的腔道用药的暴露工序。

（2）300000 级：最终灭菌口服液体兽药的暴露工序；

片剂、胶囊剂、颗粒剂等口服固体兽药的暴露工序；

表皮外用兽药的暴露工序；

直肠用药的暴露工序。

2．非无菌兽药一般生产环境基本要求：

厂房内表面建筑需符合非洁净室（区）的标准，门窗应能密闭，并有除尘净化设施或除尘、排湿、排风、降温等设施，人员、物料进出及生产操作和各项卫生管理措施应参照洁净室（区）管理。

该环境适用于以下兽药制剂的生产：

（1）预混剂；

（2）粉剂；

（3）散剂；

（4）浸膏剂与流浸膏。

3．外用杀虫剂、消毒剂生产环境要求：

厂房建筑、设施需符合《规范》要求，远离其他兽药制剂生产线，并具有良好的通风条件和可避免环境污染的设施。

4．直接接触兽药的包装材料最终处理的暴露工序洁净度级别应与其兽药生产环境相同。

5．产尘量大的洁净室（区）经捕尘处理仍不能避免交叉污染时，其空气净化系统不得利用回风。

6．空气洁净度级别相同的区域，产尘量大的操作室应保持相对负压。

7．生产激素类兽药制剂当不可避免与其他兽药交替使用同一设备和空气净化系统时，应采用有效的防护、清洁措施和必要的验证。

8．干燥设备进风口应有过滤装置，进风的洁净度应与兽药生产要求相同，出风口应有防止空气倒流的装置。

9．软膏剂、栓剂等配制和灌装的生产设备、管道应方便清洗和消毒。

10．批次划分原则：

（1）固体、半固体制剂在成型或分装前使用同一台混合设备一次混合量所生产的均质产品为一批。

（2）液体制剂以灌装（封）前经最后混合的药液所生产的均质产品为一批。

11．生产用模具的采购、验收、保管、维护、发放及报废应制定相应管理制度，设专人专柜保管。

12．兽药上直接印字所用油墨应符合食用标准要求。

13．生产过程中应避免使用易碎、易脱屑、易长霉器具；使用筛网时应有防止因筛网断裂而造成污染的措施。

14．液体制剂的配制、滤过、灌封、灭菌等过程应在规定时间内完成。

15．软膏剂、眼膏剂、栓剂生产中的中间产品应规定储存期和储存条件。

16. 配料（外用杀虫剂、消毒剂除外）工艺用水及直接接触兽药的设备、器具和包装材料最后一次洗涤用水应符合纯化水质量标准。

17. 外用杀虫剂、消毒剂工艺用水及直接接触兽药的设备、器具和包装材料最后一次洗涤用水应符合饮用水质量标准。

四、原料药

1. 从事原料药生产的人员应接受原料药生产特定操作的有关知识培训。

2. 易燃、易爆、有毒、有害物质的生产和储存的厂房设施应符合国家的有关规定。

3. 原料药精制、干燥、包装生产环境的空气洁净度级别要求：

（1）法定兽药标准中列有无菌检查项目的原料药，其暴露环境应为 10000 级背景下局部 100 级；

（2）其他原料药的生产暴露环境不低于 300000 级。

（3）外用杀虫剂、消毒剂原料药生产需符合其制剂生产条件的要求。

4. 中间产品的质量检验与生产环境有交叉影响时，其检验场所不应设置在该生产区域内。

5. 原料药生产宜使用密闭设备；密闭的设备、管道可以安置于室外。使用敞口设备或打开设备操作时，应有避免污染措施。

6. 难以精确按批号分开的大批量、大容量原料、溶媒等物料入库时应编号；其收、发、存、用应制定相应的管理制度。

7. 企业可根据工艺要求、物料的特性以及对供应商质量体系的审核情况，确定物料的质量控制项目。

8. 物料因特殊原因需处理使用时，应有审批程序，经企业质量管理负责人批准后发放使用。

9. 批次划分原则：

（1）连续生产的原料药，在一定时间间隔内生产的在规定限度内的均质产品为一批。

（2）间歇生产的原料药，可由一定数量的产品经最后混合所得的在规定限度内的均质产品为一批。混合前的产品必须按同一工艺生产并符合质量标准，且有可追踪的记录。

10. 原料药的生产记录应具有可追踪性，其批生产记录至少从粗品的精制工序开始。连续生产的批生产记录，可为该批产品各工序生产操作和质量监控的记录。

11. 不合格的中间产品，应明确标示并不得流入下道工序；因特殊原因需处理使用时，应按规定的书面程序处理并有记录。

12. 更换品种时，必须对设备进行彻底的清洁。在同一设备连续生产同一品种时，如有影响产品质量的残留物，更换批次时，也应对设备进行彻底的清洁。

13. 难以清洁的特定类型的设备可专用于特定的中间产品、原料药的生产和储存。

14．物料、中间产品和原料药在厂房内或厂房间的流转应有避免混淆和污染的措施。

15．无菌原料药精制工艺用水及直接接触无菌原料药的包装材料的最后洗涤用水应符合注射用水质量标准，其他原料药精制工艺用水应符合纯化水质量标准。

16．应建立发酵用菌种保管、使用、储存、复壮、筛选等管理制度，并有记录。

17．对可以重复使用的包装容器，应根据书面程序清洗干净，并去除原有的标签。

18．原料药留样包装应与产品包装相同或使用模拟包装，保存在与产品标签说明相符的条件下，并按留样管理规定进行观察。

五、生物制品

1．从事生物制品制造的全体人员（包括清洁人员、维修人员）均应根据其生产的制品和所从事的生产操作进行卫生学、微生物学等专业和安全防护培训。

2．生产和质量管理负责人应具有兽医、药学等相关专业知识，并有丰富的实践经验以确保在其生产、质量管理中履行其职责。

3．生物制品生产环境的空气洁净度级别要求：

（1）10000 级背景下的局部 100 级：细胞的制备、半成品制备中的接种、收获及灌装前不经除菌过滤制品的合并，配制，灌封，冻干，加塞，添加稳定剂、佐剂、灭活剂等；

（2）10000 级：半成品制备中的培养过程，包括细胞的培养、接种后鸡胚的孵化、细菌培养及灌装前需经除菌过滤制品的配制、精制，添加稳定剂、佐剂、灭活剂，除菌过滤、超滤等；体外免疫诊断试剂的阳性血清的分装、抗原—抗体分装；

（3）100000 级：鸡胚的孵化、溶液或稳定剂的配制与灭菌、血清等的提取、合并、非低温提取、分装前的巴氏消毒、轧盖及制品最终容器的精洗、消毒等；发酵培养密闭系统与环境（暴露部分需无菌操作）；酶联免疫吸附试剂的包装、配液、分装、干燥；

4．各类制品生产过程中涉及高危致病因子的操作，其空气净化系统等设施还应符合特殊要求。

5．生产过程中使用某些特定活生物体阶段，要求设备专用，并在隔离或封闭系统内进行。

6．操作烈性传染病病原、人畜共患病病原、芽孢菌应在专门的厂房内的隔离或密闭系统内进行，其生产设备须专用，并有符合相应规定的防护措施和消毒灭菌、防散毒设施。对生产操作结束后的污染物品应在原位消毒、灭菌后，方可移出生产区。

7．如设备专用于生产孢子形成体，当加工处理一种制品时应集中生产。在某一设施或一套设施中分期轮换生产芽孢菌制品时，在规定时间内只能生产一种制品。

8．生物制品的生产应避免厂房与设施对原材料、中间体和成品的潜在污染。

9．聚合酶链反应试剂（PCR）的生产和检定必须在各自独立的环境进行，防止扩增时形成的气溶胶造成交叉污染。

10．生产用菌毒种子批和细胞库，应在规定储存条件下，专库存放，并只允许指定的人员进入。

11．以动物血、血清或脏器、组织为原料生产的制品必须使用专用设备，并与其他生物制品的生产严格分开。

12．使用密闭系统生物发酵罐生产的制品可以在同一区域同时生产，如单克隆抗体和重组 DNA 产品等。

13．各种灭活疫苗（包括重组 DNA 产品）、类毒素及细胞提取物的半成品的生产可以交替使用同一生产区，在其灭活或消毒后可以交替使用同一灌装间和灌装、冻干设施，但必须在一种制品生产、分装或冻干后进行有效的清洁和消毒，清洁消毒效果应定期验证。

14．用弱毒（菌）种生产各种活疫苗，可以交替使用同一生产区、同一灌装间或灌装、冻干设施，但必须在一种制品生产、分装或冻干完成后进行有效的清洁和消毒，清洁和消毒的效果应定期验证。

15．操作有致病作用的微生物应在专门的区域内进行，并保持相对负压。

16．有菌（毒）操作区与无菌（毒）操作区应有各自独立的空气净化系统。来自病原体操作区的空气不得再循环或仅在同一区内再循环，来自危险度为二类以上病原体的空气应通过除菌过滤器排放，对外来病原微生物操作区的空气排放应经高效过滤，滤器的性能应定期检查。

17．使用二类以上病原体强污染性材料进行制品生产时，对其排出污物应有有效的消毒设施。

18．用于加工处理活生物体的生产操作区和设备应便于清洁和去除污染，能耐受熏蒸消毒。

19．用于生物制品生产、检验的动物室应分别设置。检验动物应设置安全检验、免疫接种和强毒攻击动物室。动物饲养管理的要求，应符合实验动物管理规定。

20．生物制品生产、检验过程中产生的污水、废弃物、动物粪便、垫草、带毒尸体等应具有相应设施，进行无害化处理。

21．生产用注射用水应在制备后 6 小时内使用；制备后 4 小时内灭菌、72 小时内使用，或者在 80℃以上保温、65℃以上保温循环或 4℃以下存放。

22．管道系统、阀门和通气过滤器应便于清洁和灭菌，封闭性容器（如发酵罐）应用蒸汽灭菌。

23．生产过程中污染病原体的物品和设备均要与未用过的灭菌物品和设备分开，并有明显标志。

24．生物制品生产用的主要原辅料（包括血液制品的原料血浆）必须符合质量标准，并由质量保证部门检验合格签证发放。

25．生物制品生产用物料须向合法和有质量保证的供方采购，应对供应商进行评估并与之签订较固定供需合同，以确保其物料的质量和稳定性。

26．动物源性的原材料使用时要详细记录，内容至少包括动物来源、动物繁殖和饲养条件、动物的健康情况。用于疫苗生产、检验的动物应符合《兽用生物制品规程》规定的“生产、检验用动物暂行标准”。

27．需建立生产用菌毒种的原始种子批、基础种子批和生产种子批系统。种子批系统应有菌毒种原始来源、菌毒种特征鉴定、传代谱系、菌毒种是否为单一纯微生物、生产和培育特征、最适保存条件等完整资料。

28．生产用细胞需建立原始细胞库、基础细胞库和生产细胞库系统，细胞库系统应包括：细胞原始来源（核型分析，致瘤性）、群体倍增数、传代谱系、细胞是否为单一纯化细胞系、制备方法、最适保存条件控制代次等。

29．从事人畜共患病生物制品生产、维修、检验和动物饲养的操作人员、管理人员，应接种相应疫苗并定期进行体检。

30．生产生物制品的洁净区和需要消毒的区域，应选择使用一种以上的消毒方式，定期轮换使用，并进行检测，以防止产生耐药菌株。

31．在生产日内，没有经过明确规定的去污染措施，生产人员不得由操作活微生物或动物的区域进入到操作其他制品或微生物的区域。与生产过程无关的人员不应进入生产控制区，必须进入时，要穿着无菌防护服。

32．从事生产操作的人员应与动物饲养人员分开。

33．生物制品应严格按照《兽用生物制品规程》或农业部批准的《试行规程》规定的工艺方法组织生产。

34．对生物制品原辅材料、半成品及成品应严格按照《兽用生物制品规程》或《兽用生物制品质量标准》的规定进行检验。

35．生物制品生产应按照《兽用生物制品规程》中的“制品组批与分装规定”进行分批和编写批号。

36．生物制品的国家标准品应由中国兽医药品监察所统一制备、标定和分发。生产企业可根据国家标准品制备其工作标准品。

37．生物制品生产企业设立的监察室应直属企业负责人领导，负责对物料、设备质量检验、销售及不良反应的监督与管理，并执行《生物制品企业监察室组织办法》的有关规定。

六、中药制剂

1．主管中兽药生产和质量管理的负责人应具有中药专业知识。

2．中药材、中药饮片验收人员应经相关知识的培训，具备鉴别药材真伪、优劣的技能。

3．用于直接入药的净药材和干膏的配料、粉碎、混合、过筛等生产操作的厂房门窗应能密闭，必要时有良好的除湿、排风、除尘、降温等设施，人员、物料进出及生产操作应参照洁净室（区）管理。

其他中药制剂生产环境及空气洁净度级别要求同无菌兽药、非无菌兽药中的相关要求。

4．中药材储存条件应能保证其产品质量要求，原料库与净料库，毒性药材、贵细药材应分别设置专库或专柜。

5．中药材使用前须按规定进行拣选、整理、剪切、炮制、洗涤等加工。

6．净选药材的厂房内应设拣选工作台。工作台表面应平整、不易产生脱落物。

7．中药材炮制中的蒸、炒、炙、煅等厂房应与其生产规模相适应，并有良好的通风、除尘、除烟、降温等设施。

8．中药材、中药饮片的提取、浓缩等厂房应与其生产规模相适应，并有良好的排风及防止污染和交叉污染等设施。

9．中药材筛选、切制、粉碎等生产操作的厂房应安装捕（吸）尘等设施。

10．与兽药直接接触的工具、容器应表面整洁，易清洗消毒，不易产生脱落物。

11．购入的中药材、中药饮片应有详细记录，每件包装上应附有明显标记，标明品名、规格、数量、产地、来源、采收（加工）日期。毒性药材、易燃易爆等药材外包装上应有明显的规定标志。

12．批的划分原则：

（1）固体制剂在成型或分装前使用同一台混合设备一次混合量所生产的均质产品为一批。如采用分次混合，经验证，在规定限度内所生产一定数量的均质产品为一批。

（2）液体制剂、浸膏剂与流浸膏以灌装（封）前经同一台混合设备最后一次混合的药液所生产的均质产品为一批。

13．生产中所需贵细、毒性药材、中药饮片，应按规定监控投料，并有记录。

14．中药制剂生产过程中应采取以下防止交叉污染和混淆的措施：

（1）中药材不能直接接触地面。

（2）含有毒性药材的兽药生产操作，应有防止交叉污染的特殊措施。

（3）不同的药材不宜同时洗涤。

（4）洗涤及切制后的药材和炮制品不得露天干燥。

15．中药材、中间产品、成品的灭菌方法应以不改变质量为原则。

16．中药材、中药饮片清洗、浸润、提取工艺用水的质量标准应不低于饮用水标准。

附录二　兽药管理条例

中华人民共和国国务院令第 404 号

《兽药管理条例》已于 2004 年 3 月 24 日国务院第 45 次常务会议通过，现予公布，自 2004 年 11 月 1 日起施行。

总　理　温家宝

二〇〇四年四月九日

兽药管理条例

第一章　总　则

第一条　为了加强兽药管理，保证兽药质量，防治动物疾病，促进养殖业的发展，维护人体健康，制定本条例。

第二条　在中华人民共和国境内从事兽药的研制、生产、经营、进出口、使用和监督管理，应当遵守本条例。

第三条　国务院兽医行政管理部门负责全国的兽药监督管理工作。

县级以上地方人民政府兽医行政管理部门负责本行政区域内的兽药监督管理工作。

第四条　国家实行兽用处方药和非处方药分类管理制度。兽用处方药和非处方药分类管理的办法和具体实施步骤，由国务院兽医行政管理部门规定。

第五条　国家实行兽药储备制度。

发生重大动物疫情、灾情或者其他突发事件时，国务院兽医行政管理部门可以紧急调用国家储备的兽药；必要时，也可以调用国家储备以外的兽药。

第二章　新兽药研制

第六条　国家鼓励研制新兽药，依法保护研制者的合法权益。

第七条　研制新兽药，应当具有与研制相适应的场所、仪器设备、专业技术人员、安全管理规范和措施。

研制新兽药，应当进行安全性评价。从事兽药安全性评价的单位，应当经国务院兽医行政管理部门认定，并遵守兽药非临床研究质量管理规范和兽药临床试验质量管理规范。

第八条 研制新兽药，应当在临床试验前向省、自治区、直辖市人民政府兽医行政管理部门提出申请，并附具该新兽药实验室阶段安全性评价报告及其他临床前研究资料；省、自治区、直辖市人民政府兽医行政管理部门应当自收到申请之日起 60 个工作日内将审查结果书面通知申请人。

研制的新兽药属于生物制品的，应当在临床试验前向国务院兽医行政管理部门提出申请，国务院兽医行政管理部门应当自收到申请之日起 60 个工作日内将审查结果书面通知申请人。

研制新兽药需要使用一类病原微生物的，还应当具备国务院兽医行政管理部门规定的条件，并在实验室阶段前报国务院兽医行政管理部门批准。

第九条 临床试验完成后，新兽药研制者向国务院兽医行政管理部门提出新兽药注册申请时，应当提交该新兽药的样品和下列资料：

（一）名称、主要成分、理化性质；

（二）研制方法、生产工艺、质量标准和检测方法；

（三）药理和毒理试验结果、临床试验报告和稳定性试验报告；

（四）环境影响报告和污染防治措施。

研制的新兽药属于生物制品的，还应当提供菌（毒、虫）种、细胞等有关材料和资料。菌（毒、虫）种、细胞由国务院兽医行政管理部门指定的机构保藏。

研制用于食用动物的新兽药，还应当按照国务院兽医行政管理部门的规定进行兽药残留试验并提供休药期、最高残留限量标准、残留检测方法及其制定依据等资料。

国务院兽医行政管理部门应当自收到申请之日起 10 个工作日内，将决定受理的新兽药资料送其设立的兽药评审机构进行评审，将新兽药样品送其指定的检验机构复核检验，并自收到评审和复核检验结论之日起 60 个工作日内完成审查。审查合格的，发给新兽药注册证书，并发布该兽药的质量标准；不合格的，应当书面通知申请人。

第十条 国家对依法获得注册的、含有新化合物的兽药的申请人提交的其自己所取得且未披露的试验数据和其他数据实施保护。

自注册之日起 6 年内，对其他申请人未经已获得注册兽药的申请人同意，使用前款规定的数据申请兽药注册的，兽药注册机关不予注册；但是，其他申请人提交其自己所取得的数据的除外。

除下列情况外，兽药注册机关不得披露本条第一款规定的数据：

（一）公共利益需要；

（二）已采取措施确保该类信息不会被不正当地进行商业使用。

第三章 兽药生产

第十一条 设立兽药生产企业，应当符合国家兽药行业发展规划和产业政策，并具备下列条件：

（一）与所生产的兽药相适应的兽医学、药学或者相关专业的技术人员；

（二）与所生产的兽药相适应的厂房、设施；

（三）与所生产的兽药相适应的兽药质量管理和质量检验的机构、人员、仪器设备；

（四）符合安全、卫生要求的生产环境；

（五）兽药生产质量管理规范规定的其他生产条件。

符合前款规定条件的，申请人方可向省、自治区、直辖市人民政府兽医行政管理部门提出申请，并附具符合前款规定条件的证明材料；省、自治区、直辖市人民政府兽医行政管理部门应当自收到申请之日起 20 个工作日内，将审核意见和有关材料报送国务院兽医行政管理部门。

国务院兽医行政管理部门，应当自收到审核意见和有关材料之日起 40 个工作日内完成审查。经审查合格的，发给兽药生产许可证；不合格的，应当书面通知申请人。申请人凭兽药生产许可证办理工商登记手续。

第十二条 兽药生产许可证应当载明生产范围、生产地点、有效期和法定代表人姓名、住址等事项。

兽药生产许可证有效期为 5 年。有效期届满，需要继续生产兽药的，应当在许可证有效期届满前 6 个月到原发证机关申请换发兽药生产许可证。

第十三条 兽药生产企业变更生产范围、生产地点的，应当依照本条例第十一条的规定申请换发兽药生产许可证，申请人凭换发的兽药生产许可证办理工商变更登记手续；变更企业名称、法定代表人的，应当在办理工商变更登记手续后 15 个工作日内，到原发证机关申请换发兽药生产许可证。

第十四条 兽药生产企业应当按照国务院兽医行政管理部门制定的兽药生产质量管理规范组织生产。

国务院兽医行政管理部门，应当对兽药生产企业是否符合兽药生产质量管理规范的要求进行监督检查，并公布检查结果。

第十五条 兽药生产企业生产兽药，应当取得国务院兽医行政管理部门核发的产品批准文号，产品批准文号的有效期为 5 年。兽药产品批准文号的核发办法由国务院兽医行政管理部门制定。

第十六条 兽药生产企业应当按照兽药国家标准和国务院兽医行政管理部门批准的生产工艺进行生产。兽药生产企业改变影响兽药质量的生产工艺的，应当报原批准部门审核批准。

兽药生产企业应当建立生产记录，生产记录应当完整、准确。

第十七条 生产兽药所需的原料、辅料，应当符合国家标准或者所生产兽药的质量要求。

直接接触兽药的包装材料和容器应当符合药用要求。

第十八条 兽药出厂前应当经过质量检验，不符合质量标准的不得出厂。

兽药出厂应当附有产品质量合格证。

禁止生产假、劣兽药。

第十九条 兽药生产企业生产的每批兽用生物制品，在出厂前应当由国务院兽医行政管理部门指定的检验机构审查核对，并在必要时进行抽查检验；未经审查核对或者抽查检验不合格的，不得销售。

强制免疫所需兽用生物制品，由国务院兽医行政管理部门指定的企业生产。

第二十条 兽药包装应当按照规定印有或者贴有标签，附具说明书，并在显著位置注明“兽用”字样。

兽药的标签和说明书经国务院兽医行政管理部门批准并公布后，方可使用。

兽药的标签或者说明书，应当以中文注明兽药的通用名称、成分及其含量、规格、生产企业、产品批准文号（进口兽药注册证号）、产品批号、生产日期、有效期、适应症或者功能主治、用法、用量、休药期、禁忌、不良反应、注意事项、运输贮存保管条件及其他应当说明的内容。有商品名称的，还应当注明商品名称。

除前款规定的内容外，兽用处方药的标签或者说明书还应当印有国务院兽医行政管理部门规定的警示内容，其中兽用麻醉药品、精神药品、毒性药品和放射性药品还应当印有国务院兽医行政管理部门规定的特殊标志；兽用非处方药的标签或者说明书还应当印有国务院兽医行政管理部门规定的非处方药标志。

第二十一条 国务院兽医行政管理部门，根据保证动物产品质量安全和人体健康的需要，可以对新兽药设立不超过 5 年的监测期；在监测期内，不得批准其他企业生产或者进口该新兽药。生产企业应当在监测期内收集该新兽药的疗效、不良反应等资料，并及时报送国务院兽医行政管理部门。

第四章　兽药经营

第二十二条 经营兽药的企业，应当具备下列条件：

（一）与所经营的兽药相适应的兽药技术人员；

（二）与所经营的兽药相适应的营业场所、设备、仓库设施；

（三）与所经营的兽药相适应的质量管理机构或者人员；

（四）兽药经营质量管理规范规定的其他经营条件。

符合前款规定条件的，申请人方可向市、县人民政府兽医行政管理部门提出申请，并附具符合前款规定条件的证明材料；经营兽用生物制品的，应当向省、自治区、直辖市人民政府兽医行政管理部门提出申请，并附具符合前款规定条件的证明材料。

县级以上地方人民政府兽医行政管理部门，应当自收到申请之日起 30 个工作日内完成审查。审查合格的，发给兽药经营许可证；不合格的，应当书面通知申请人。申请人凭兽药经营许可证办理工商登记手续。

第二十三条 兽药经营许可证应当载明经营范围、经营地点、有效期和法定代表人姓名、住址等事项。

兽药经营许可证有效期为 5 年。有效期届满，需要继续经营兽药的，应当在许可证有效期届满前6个月到原发证机关申请换发兽药经营许可证。

第二十四条 兽药经营企业变更经营范围、经营地点的，应当依照本条例第二十二条的规定申请换发兽药经营许可证，申请人凭换发的兽药经营许可证办理工商变更登记手续；变更企业名称、法定代表人的，应当在办理工商变更登记手续后 15 个工作日内，到原发证机关申请换发兽药经营许可证。

第二十五条 兽药经营企业，应当遵守国务院兽医行政管理部门制定的兽药经营质量管理规范。

县级以上地方人民政府兽医行政管理部门，应当对兽药经营企业是否符合兽药经营质量管理规范的要求进行监督检查，并公布检查结果。

第二十六条 兽药经营企业购进兽药，应当将兽药产品与产品标签或者说明书、产品质量合格证核对无误。

第二十七条 兽药经营企业，应当向购买者说明兽药的功能主治、用法、用量和注意事项。销售兽用处方药的，应当遵守兽用处方药管理办法。

兽药经营企业销售兽用中药材的，应当注明产地。

禁止兽药经营企业经营人用药品和假、劣兽药。

第二十八条 兽药经营企业购销兽药，应当建立购销记录。购销记录应当载明兽药的商品名称、通用名称、剂型、规格、批号、有效期、生产厂商、购销单位、购销数量、购销日期和国务院兽医行政管理部门规定的其他事项。

第二十九条 兽药经营企业，应当建立兽药保管制度，采取必要的冷藏、防冻、防潮、防虫、防鼠等措施，保持所经营兽药的质量。

兽药入库、出库，应当执行检查验收制度，并有准确记录。

第三十条 强制免疫所需兽用生物制品的经营，应当符合国务院兽医行政管理部门的规定。

第三十一条 兽药广告的内容应当与兽药说明书内容相一致，在全国重点媒体发布兽药广告的，应当经国务院兽医行政管理部门审查批准，取得兽药广告审查批准文号。在地方媒体发布兽药广告的，应当经省、自治区、直辖市人民政府兽医行政管理部门审查批准，取得兽药广告审查批准文号；未经批准的，不得发布。

第五章　兽药进出口

第三十二条　首次向中国出口的兽药，由出口方驻中国境内的办事机构或者其委托的中国境内代理机构向国务院兽医行政管理部门申请注册，并提交下列资料和物品：

（一）生产企业所在国家（地区）兽药管理部门批准生产、销售的证明文件；

（二）生产企业所在国家（地区）兽药管理部门颁发的符合兽药生产质量管理规范的证明文件；

（三）兽药的制造方法、生产工艺、质量标准、检测方法、药理和毒理试验结果、临床试验报告、稳定性试验报告及其他相关资料；用于食用动物的兽药的休药期、最高残留限量标准、残留检测方法及其制定依据等资料；

（四）兽药的标签和说明书样本；

（五）兽药的样品、对照品、标准品；

（六）环境影响报告和污染防治措施；

（七）涉及兽药安全性的其他资料。

申请向中国出口兽用生物制品的，还应当提供菌（毒、虫）种、细胞等有关材料和资料。

第三十三条　国务院兽医行政管理部门，应当自收到申请之日起 10 个工作日内组织初步审查。经初步审查合格的，应当将决定受理的兽药资料送其设立的兽药评审机构进行评审，将该兽药样品送其指定的检验机构复核检验，并自收到评审和复核检验结论之日起 60 个工作日内完成审查。经审查合格的，发给进口兽药注册证书，并发布该兽药的质量标准；不合格的，应当书面通知申请人。

在审查过程中，国务院兽医行政管理部门可以对向中国出口兽药的企业是否符合兽药生产质量管理规范的要求进行考查，并有权要求该企业在国务院兽医行政管理部门指定的机构进行该兽药的安全性和有效性试验。

国内急需兽药、少量科研用兽药或者注册兽药的样品、对照品、标准品的进口，按照国务院兽医行政管理部门的规定办理。

第三十四条　进口兽药注册证书的有效期为 5 年。有效期届满，需要继续向中国出口兽药的，应当在有效期届满前 6 个月到原发证机关申请再注册。

第三十五条　境外企业不得在中国直接销售兽药。境外企业在中国销售兽药，应当依法在中国境内设立销售机构或者委托符合条件的中国境内代理机构。

进口在中国已取得进口兽药注册证书的兽用生物制品的，中国境内代理机构应当向国务院兽医行政管理部门申请允许进口兽用生物制品证明文件，凭允许进口兽用生物制品证明文件到口岸所在地人民政府兽医行政管理部门办理进口兽药通关单；进口在中国已取得进口兽药注册证书的其他兽药的，凭进口兽药注册证书到口岸所在地人民政府兽医行政管理部门办理进口兽药通关单。海关凭进口兽药通关单放行。兽药进口管理办法由国务院兽医行政管理部门会同海关总署制定。

兽用生物制品进口后，应当依照本条例第十九条的规定进行审查核对和抽查检验。其他兽药进口后，由当地兽医行政管理部门通知兽药检验机构进行抽查检验。

第三十六条 禁止进口下列兽药：

（一）药效不确定、不良反应大以及可能对养殖业、人体健康造成危害或者存在潜在风险的；

（二）来自疫区可能造成疫病在中国境内传播的兽用生物制品；

（三）经考查生产条件不符合规定的；

（四）国务院兽医行政管理部门禁止生产、经营和使用的。

第三十七条 向中国境外出口兽药，进口方要求提供兽药出口证明文件的，国务院兽医行政管理部门或者企业所在地的省、自治区、直辖市人民政府兽医行政管理部门可以出具出口兽药证明文件。

国内防疫急需的疫苗，国务院兽医行政管理部门可以限制或者禁止出口。

第六章 兽药使用

第三十八条 兽药使用单位，应当遵守国务院兽医行政管理部门制定的兽药安全使用规定，并建立用药记录。

第三十九条 禁止使用假、劣兽药以及国务院兽医行政管理部门规定禁止使用的药品和其他化合物。禁止使用的药品和其他化合物目录由国务院兽医行政管理部门制定公布。

第四十条 有休药期规定的兽药用于食用动物时，饲养者应当向购买者或者屠宰者提供准确、真实的用药记录；购买者或者屠宰者应当确保动物及其产品在用药期、休药期内不被用于食品消费。

第四十一条 国务院兽医行政管理部门，负责制定公布在饲料中允许添加的药物饲料添加剂品种目录。

禁止在饲料和动物饮用水中添加激素类药品和国务院兽医行政管理部门规定的其他禁用药品。

经批准可以在饲料中添加的兽药，应当由兽药生产企业制成药物饲料添加剂后方可添加。禁止将原料药直接添加到饲料及动物饮用水中或者直接饲喂动物。

禁止将人用药品用于动物。

第四十二条 国务院兽医行政管理部门，应当制定并组织实施国家动物及动物产品兽药残留监控计划。

县级以上人民政府兽医行政管理部门，负责组织对动物产品中兽药残留量的检测。兽药残留检测结果，由国务院兽医行政管理部门或者省、自治区、直辖市人民政府兽医行政管理部门按照权限予以公布。

动物产品的生产者、销售者对检测结果有异议的，可以自收到检测结果之日起 7 个工作日内向组织实施兽药残留检测的兽医行政管理部门或者其上级兽医行政管理部门提出申请，由受理申请的兽医行政管理部门指定检验机构进行复检。

兽药残留限量标准和残留检测方法，由国务院兽医行政管理部门制定发布。

第四十三条 禁止销售含有违禁药物或者兽药残留量超过标准的食用动物产品。

第七章 兽药监督管理

第四十四条 县级以上人民政府兽医行政管理部门行使兽药监督管理权。

兽药检验工作由国务院兽医行政管理部门和省、自治区、直辖市人民政府兽医行政管理部门设立的兽药检验机构承担。国务院兽医行政管理部门，可以根据需要认定其他检验机构承担兽药检验工作。

当事人对兽药检验结果有异议的，可以自收到检验结果之日起 7 个工作日内向实施检验的机构或者上级兽医行政管理部门设立的检验机构申请复检。

第四十五条 兽药应当符合兽药国家标准。

国家兽药典委员会拟定的、国务院兽医行政管理部门发布的《中华人民共和国兽药典》和国务院兽医行政管理部门发布的其他兽药质量标准为兽药国家标准。

兽药国家标准的标准品和对照品的标定工作由国务院兽医行政管理部门设立的兽药检验机构负责。

第四十六条 兽医行政管理部门依法进行监督检查时，对有证据证明可能是假、劣兽药的，应当采取查封、扣押的行政强制措施，并自采取行政强制措施之日起 7 个工作日内作出是否立案的决定；需要检验的，应当自检验报告书发出之日起 15 个工作日内作出是否立案的决定；不符合立案条件的，应当解除行政强制措施；需要暂停生产、经营和使用的，由国务院兽医行政管理部门或者省、自治区、直辖市人民政府兽医行政管理部门按照权限作出决定。

未经行政强制措施决定机关或者其上级机关批准，不得擅自转移、使用、销毁、销售被查封或者扣押的兽药及有关材料。

第四十七条 有下列情形之一的，为假兽药：

（一）以非兽药冒充兽药或者以他种兽药冒充此种兽药的；

（二）兽药所含成分的种类、名称与兽药国家标准不符合的。

有下列情形之一的，按照假兽药处理：

（一）国务院兽医行政管理部门规定禁止使用的；

（二）依照本条例规定应当经审查批准而未经审查批准即生产、进口的，或者依照本条例规定应当经抽查检验、审查核对而未经抽查检验、审查核对即销售、进口的；

（三）变质的；

（四）被污染的；

（五）所标明的适应症或者功能主治超出规定范围的。

第四十八条 有下列情形之一的，为劣兽药：

（一）成分含量不符合兽药国家标准或者不标明有效成分的；

（二）不标明或者更改有效期或者超过有效期的；

（三）不标明或者更改产品批号的；

（四）其他不符合兽药国家标准，但不属于假兽药的。

第四十九条 禁止将兽用原料药拆零销售或者销售给兽药生产企业以外的单位和个人。

禁止未经兽医开具处方销售、购买、使用国务院兽医行政管理部门规定实行处方药管理的兽药。

第五十条 国家实行兽药不良反应报告制度。

兽药生产企业、经营企业、兽药使用单位和开具处方的兽医人员发现可能与兽药使用有关的严重不良反应，应当立即向所在地人民政府兽医行政管理部门报告。

第五十一条 兽药生产企业、经营企业停止生产、经营超过 6 个月或者关闭的，由原发证机关责令其交回兽药生产许可证、兽药经营许可证，并由工商行政管理部门变更或者注销其工商登记。

第五十二条 禁止买卖、出租、出借兽药生产许可证、兽药经营许可证和兽药批准证明文件。

第五十三条 兽药评审检验的收费项目和标准，由国务院财政部门会同国务院价格主管部门制定，并予以公告。

第五十四条 各级兽医行政管理部门、兽药检验机构及其工作人员，不得参与兽药生产、经营活动，不得以其名义推荐或者监制、监销兽药。

第八章 法律责任

第五十五条 兽医行政管理部门及其工作人员利用职务上的便利收取他人财物或者谋取其他利益，对不符合法定条件的单位和个人核发许可证、签署审查同意意见，不履行监督职责，或者发现违法行为不予查处，造成严重后果，构成犯罪的，依法追究刑事责任；尚不构成犯罪的，依法给予行政处分。

第五十六条 违反本条例规定，无兽药生产许可证、兽药经营许可证生产、经营兽药的，或者虽有兽药生产许可证、兽药经营许可证，生产、经营假、劣兽药的，或者兽药经营企业经营人用药品的，责令其停止生产、经营，没收用于违法生产的原料、辅料、包装材料及生产、经营的兽药和违法所得，并处违法生产、经营的兽药（包括已出售的和未出售的兽药，下同）货值金额 2 倍以上 5 倍以下罚款，货值金额无法查证核实的，处 10 万元以上 20 万元以下罚款；无兽药生产许可证生产兽药，情节严重的，没收其生产设备；生产、经营假、劣兽药，情节严重的，吊销兽药生产许可证、兽药经营许可证；构成犯罪的，依法追究刑事责任；给他人造成损失的，依法承担赔偿责任。生产、经营企业的主要负责人和直接负责的主管人员终身不得从事兽药的生产、经营活动。

擅自生产强制免疫所需兽用生物制品的，按照无兽药生产许可证生产兽药处罚。

第五十七条 违反本条例规定，提供虚假的资料、样品或者采取其他欺骗手段取得兽药生产许可证、兽药经营许可证或者兽药批准证明文件的，吊销兽药生产许可证、兽药经营许可证或者撤销兽药批准证明文件，并处 5 万元以上 10 万元以下罚款；给他人造成损失的，依法承担赔偿责任。其主要负责人和直接负责的主管人员终身不得从事兽药的生产、经营和进出口活动。

第五十八条 买卖、出租、出借兽药生产许可证、兽药经营许可证和兽药批准证明文件的，没收违法所得，并处 1 万元以上 10 万元以下罚款；情节严重的，吊销兽药生产许可证、兽药经营许可证或者撤销兽药批准证明文件；构成犯罪的，依法追究刑事责任；给他人造成损失的，依法承担赔偿责任。

第五十九条 违反本条例规定，兽药安全性评价单位、临床试验单位、生产和经营企业未按照规定实施兽药研究试验、生产、经营、质量管理规范的，给予警告，责令其限期改正；逾期不改正的，责令停止兽药研究试验、生产、经营活动，并处 5 万元以下罚款；情节严重的，吊销兽药生产许可证、兽药经营许可证；给他人造成损失的，依法承担赔偿责任。

违反本条例规定，研制新兽药不具备规定的条件擅自使用一类病原微生物或者在实验室阶段前未经批准的，责令其停止实验，并处 5 万元以上 10 万元以下罚款；构成犯罪的，依法追究刑事责任；给他人造成损失的，依法承担赔偿责任。

第六十条 违反本条例规定，兽药的标签和说明书未经批准的，责令其限期改正；逾期不改正的，按照生产、经营假兽药处罚；有兽药产品批准文号的，撤销兽药产品批准文号；给他人造成损失的，依法承担赔偿责任。

兽药包装上未附有标签和说明书，或者标签和说明书与批准的内容不一致的，责令其限期改正；情节严重的，依照前款规定处罚。

第六十一条 违反本条例规定，境外企业在中国直接销售兽药的，责令其限期改正，没收直接销售的兽药和违法所得，并处 5 万元以上 10 万元以下罚款；情节严重的，吊销进口兽药注册证书；给他人造成损失的，依法承担赔偿责任。

第六十二条 违反本条例规定，未按照国家有关兽药安全使用规定使用兽药的、未建立用药记录或者记录不完整真实的，或者使用禁止使用的药品和其他化合物的，或者将人用药品用于动物的，责令其立即改正，并对饲喂了违禁药物及其他化合物的动物及其产品进行无害化处理；对违法单位处 1 万元以上 5 万元以下罚款；给他人造成损失的，依法承担赔偿责任。

第六十三条 违反本条例规定，销售尚在用药期、休药期内的动物及其产品用于食品消费的，或者销售含有违禁药物和兽药残留超标的动物产品用于食品消费的，责令其对含有违禁药物和兽药残留超标的动物产品进行无害化处理，没收违法所得，并处3万元以上 10 万元以下罚款；构成犯罪的，依法追究刑事责任；给他人造成损失的，依法承担赔偿责任。

第六十四条 违反本条例规定，擅自转移、使用、销毁、销售被查封或者扣押的兽药及有关材料的，责令其停止违法行为，给予警告，并处5万元以上10万元以下罚款。

第六十五条 违反本条例规定，兽药生产企业、经营企业、兽药使用单位和开具处方的兽医人员发现可能与兽药使用有关的严重不良反应，不向所在地人民政府兽医行政管理部门报告的，给予警告，并处5 000元以上1万元以下罚款。

生产企业在新兽药监测期内不收集或者不及时报送该新兽药的疗效、不良反应等资料的，责令其限期改正，并处1万元以上 5 万元以下罚款；情节严重的，撤销该新兽药的产品批准文号。

第六十六条 违反本条例规定，未经兽医开具处方销售、购买、使用兽用处方药的，责令其限期改正，没收违法所得，并处 5 万元以下罚款；给他人造成损失的，依法承担赔偿责任。

第六十七条 违反本条例规定，兽药生产、经营企业把原料药销售给兽药生产企业以外的单位和个人的，或者兽药经营企业拆零销售原料药的，责令其立即改正，给予警告，没收违法所得，并处 2 万元以上 5 万元以下罚款；情节严重的，吊销兽药生产许可证、兽药经营许可证；给他人造成损失的，依法承担赔偿责任。

第六十八条 违反本条例规定，在饲料和动物饮用水中添加激素类药品和国务院兽医行政管理部门规定的其他禁用药品，依照《饲料和饲料添加剂管理条例》的有关规定处罚；直接将原料药添加到饲料及动物饮用水中，或者饲喂动物的，责令其立即改正，并处1万元以上3万元以下罚款；给他人造成损失的，依法承担赔偿责任。

第六十九条 有下列情形之一的，撤销兽药的产品批准文号或者吊销进口兽药注册证书：

（一）抽查检验连续2次不合格的；

（二）药效不确定、不良反应大以及可能对养殖业、人体健康造成危害或者存在潜在风险的；

（三）国务院兽医行政管理部门禁止生产、经营和使用的兽药。

被撤销产品批准文号或者被吊销进口兽药注册证书的兽药，不得继续生产、进口、经营和使用。已经生产、进口的，由所在地兽医行政管理部门监督销毁，所需费用由违法行为人承担；给他人造成损失的，依法承担赔偿责任。

第七十条 本条例规定的行政处罚由县级以上人民政府兽医行政管理部门决定；其中吊销兽药生产许可证、兽药经营许可证、撤销兽药批准证明文件或者责令停止兽药研究试验的，由原发证、批准部门决定。

上级兽医行政管理部门对下级兽医行政管理部门违反本条例的行政行为，应当责令限期改正；逾期不改正的，有权予以改变或者撤销。

第七十一条 本条例规定的货值金额以违法生产、经营兽药的标价计算；没有标价的，按照同类兽药的市场价格计算。

第九章 附 则

第七十二条 本条例下列用语的含义是：

（一）兽药，是指用于预防、治疗、诊断动物疾病或者有目的地调节动物生理机能的物质（含药物饲料添加剂），主要包括：血清制品、疫苗、诊断制品、微生态制品、中药材、中成药、化学药品、抗生素、生化药品、放射性药品及外用杀虫剂、消毒剂等。

（二）兽用处方药，是指凭兽医处方方可购买和使用的兽药。

（三）兽用非处方药，是指由国务院兽医行政管理部门公布的、不需要凭兽医处方就可以自行购买并按照说明书使用的兽药。

（四）兽药生产企业，是指专门生产兽药的企业和兼产兽药的企业，包括从事兽药分装的企业。

（五）兽药经营企业，是指经营兽药的专营企业或者兼营企业。

（六）新兽药，是指未曾在中国境内上市销售的兽用药品。

（七）兽药批准证明文件，是指兽药产品批准文号、进口兽药注册证书、允许进口兽用生物制品证明文件、出口兽药证明文件、新兽药注册证书等文件。

第七十三条 兽用麻醉药品、精神药品、毒性药品和放射性药品等特殊药品，依照国家有关规定管理。

第七十四条 水产养殖中的兽药使用、兽药残留检测和监督管理以及水产养殖过程中违法用药的行政处罚，由县级以上人民政府渔业主管部门及其所属的渔政监督管理机构负责。

第七十五条 本条例自 2004 年 11 月 1 日起施行。

附录三　兽药注册分类和注册要求*

中华人民共和国农业部公告

第 442 号

根据《兽药管理条例》和《兽药注册办法》的规定，我部制定了《兽用生物制品注册分类及注册资料要求》、《化学药品注册分类及注册资料要求》、《中兽药、天然药物分类及注册资料要求》、《兽医诊断制品注册分类及注册资料要求》、《兽用消毒剂分类及注册资料要求》、《兽药变更注册事项及申报资料要求》和《进口兽药再注册申报资料项目》，现予以发布，自 2005 年 1 月 1 日起施行。

二〇〇四年十二月二十二日

Ⅰ　兽用生物制品注册分类及注册资料要求

第一部分　预防用兽用生物制品

一、新制品注册分类

第一类　未在国内外上市销售的制品。

第二类 已在国外上市销售但未在国内上市销售的制品。

第三类　对已在国内上市销售的制品使用的菌（毒、虫）株、抗原、主要原材料或生产工艺等有根本改变的制品。

1. 已在国内上市销售但采用新的菌（毒、虫）株生产的制品；
2. 已在国内上市销售但保护性抗原谱、DNA、多肽序列等不同的制品；
3. 已在国内上市销售但表达体系或细胞基质不同的制品；
4. 由已在国内上市销售的非纯化或全细胞（细菌、病毒等）疫苗改为纯化或组分疫苗；
5. 采用国内已上市销售的疫苗制备的联苗；
6. 已在国内上市销售但改变靶动物、给药途径、剂型、免疫剂量的疫苗；

---

* 本教材只引用了兽药注册分类和注册要求的其中 2 项。

7．已在国内上市销售但改变佐剂、保护剂或其他重要生产工艺的疫苗。

二、新制品注册资料项目

（一）一般资料

1．生物制品的名称。

2．证明性文件。

3．制造及检验试行规程（草案）、质量标准及其起草说明，附各项主要检验的标准操作程序。

4．说明书、标签和包装设计样稿。

（二）生产与检验用菌（毒、虫）种的研究资料

5．生产用菌（毒、虫）种来源和特性。

6．生产用菌（毒、虫）种种子批建立的有关资料。

7．生产用菌（毒、虫）种基础种子的全面鉴定报告。

8．生产用菌（毒、虫）种最高代次范围及其依据。

9．检验用强毒株代号和来源。

10．检验用强毒株纯净、毒力、含量测定、血清学鉴定等试验的详细方法和结果。

（三）生产用细胞的研究资料

11．来源和特性：生产用细胞的代号、来源、历史（包括细胞系的建立、鉴定和传代等），主要生物学特性、核型分析等研究资料。

12．细胞库：生产用细胞原始细胞库、基础细胞库建库的有关资料，包括各细胞库的代次、制备、保存及生物学特性、核型分析、外源因子检验、致癌/致肿瘤试验等。

13．代次范围及其依据。

（四）主要原辅材料选择的研究资料

14．来源、检验方法和标准、检验报告等。

（五）生产工艺的研究资料

15．主要制造用材料、组分、配方、工艺流程等。

16．制造用动物或细胞的主要标准。

17．构建的病毒或载体的主要性能指标（稳定性、生物安全）。

18．疫苗原液生产工艺的研究。

（六）产品的质量研究资料

19．成品检验方法的研究及其验证资料。

20．与同类制品的比较研究报告。

21．用于实验室试验的产品检验报告。

22．实验室产品的安全性研究报告。

23．实验室产品的效力研究报告。

24．至少 3 批产品的稳定性（保存期）试验报告。

（七）中间试制研究资料

25．由中间试制单位出具的中间试制报告。

（八）临床试验研究资料

26．临床试验研究资料。

27．临床试验期间进行的有关改进工艺、完善质量标准等方面的工作总结及试验研究资料。

三、新制品注册资料的说明

（一）一般资料

1．新制品的名称包括通用名、英文名、汉语拼音和商品名。通用名应符合“兽用生物制品命名原则”的规定。必要时，应提出命名依据。

2．证明性文件包括：

（1）申请人合法登记的证明文件、中间试制单位的《兽药生产许可证》、《兽药 GMP 合格证》、基因工程产品的安全审批书、实验动物合格证、实验动物使用许可证、临床试验批准文件等证件的复印件；

（2）申请的新制品或使用的配方、工艺等专利情况及其权属状态的说明，以及对他人的专利不构成侵权的保证书；

（3）研究中使用了一类病原微生物的，应当提供批准进行有关实验室试验的批准性文件复印件；

（4）直接接触制品的包装材料和容器合格证明的复印件。

3．制造及检验试行规程（草案）、质量标准，应参照有关要求进行书写。起草说明中应详细阐述各项主要标准的制定依据和国内外生产使用情况。各项检验的标准操作程序应详细并具有可操作性。

4．说明书、标签和包装设计样稿，应按照国家有关规定进行书写和制作。

（二）生产与检验用菌（毒、虫）种的研究资料

1．生产用菌（毒、虫）种来源和特性：原种的代号、来源、历史（包括分离、鉴定、选育或构建过程等），感染滴度，血清学特性或特异性，细菌的形态、培养特性、生化特性，病毒对细胞的适应性等研究资料。

2．生产用菌（毒、虫）种种子批：生产用菌（毒、虫）种原始种子批、基础种子批建立的有关资料，包括各种子批的传代方法、数量、代次、制备、保存方法。

3．生产用菌（毒、虫）种基础种子的全面鉴定报告（附各项检验的详细方法），包括：外源因子检测、鉴别检验、感染滴度、免疫原性、血清学特性或特异性、纯粹或纯

净性、毒力稳定性、安全性、免疫抑制特性等。

4．检验用强毒株包括试行规程（草案）中规定的强毒株以及研制过程中使用的各个强毒株。对已有国家标准强毒株的，应使用国家标准强毒株。

（三）生产用菌（毒、虫）种和生产用细胞研究资料的免报

细菌类疫苗一般可免报资料项目 11、12、13。DNA 疫苗和合成肽疫苗一般可免报资料项目 5、6、7、8 和 11、12、13。

（四）主要原辅材料选择的研究资料

对生产中使用的原辅材料，如国家标准中已经收载，则应采用相应的国家标准，如国家标准中尚未收载，则建议采用相应的国际标准。牛源材料符合国家有关规定的资料。

（五）生产工艺的研究资料

资料项目 18 中应包括优化生产工艺的主要技术参数：

1．细菌（病毒或寄生虫等）的接种量、培养或发酵条件、灭活或裂解工艺的条件（可能不适用）；

2．活性物质的提取和纯化；

3．对动物体有潜在毒性物质的去除（可能不适用）；

4．联苗中各活性组分的配比和抗原相容性研究资料；

5．乳化工艺研究（可能不适用）；

6．灭活剂、灭活方法、灭活时间和灭活检验方法的研究（可能不适用）。

（六）产品的质量研究资料

1．资料项目 20 仅适用于第三类制品。根据（毒、虫）株、抗原、主要原材料或生产工艺改变的不同情况，可能包括下列各项中的一项或数项中部分或全部内容：

（1）与原制品的安全性、效力、免疫期、保存期比较研究报告；

（2）与已上市销售的其他同类疫苗的安全性、效力、免疫期、保存期比较研究报告；

（3）联苗与各单苗的效力、保存期比较研究报告。

2．资料项目 22 应包括：

（1）用于实验室安全试验的实验室产品的批数、批号、批量，试验负责人和执行人，试验时间和地点，主要试验内容和结果；

（2）对非靶动物、非使用日龄动物的安全试验（可能不适用）；

（3）疫苗的水平传播试验（可能不适用）；

（4）对最小使用日龄靶动物、各种接种途径的一次单剂量接种的安全试验；

（5）对靶动物单剂量重复接种的安全性；

（6）至少 3 批制品对靶动物一次超剂量接种的安全性；

（7）对怀孕动物的安全性（可能不适用）；

（8）疫苗接种对靶动物免疫学功能的影响（可能不适用）；

（9）对靶动物生产性能的影响（可能不适用）；

（10）根据疫苗的使用动物种群、疫苗特点、免疫剂量、免疫程序等，提供有关的制品毒性试验研究资料。必要时提供休药期的试验报告。

3．资料项目23应包括：

（1）用于实验室效力试验的实验室产品的批数、批号、批量，试验负责人和执行人，试验时间和地点，主要试验内容和结果；

（2）至少3批制品通过每种接种途径对每种靶动物接种的效力试验；

（3）抗原含量与靶动物免疫攻毒保护结果相关性的研究（可能不适用）；

（4）血清学效力检验与靶动物免疫攻毒保护结果相关性的研究（可能不适用）；

（5）实验动物效力检验与靶动物效力检验结果相关性的研究（可能不适用）；

（6）不同血清型或亚型间的交叉保护试验研究（可能不适用）；

（7）免疫持续期试验；

（8）子代通过母源抗体获得被动免疫力的效力和免疫期试验（可能不适用）；

（9）接种后动物体内抗体消长规律的研究；

（10）免疫接种程序的研究资料。

（七）中间试制报告

中间试制报告应由中间试制单位出具，应包括以下内容：

1．中间试制的生产负责人和质量负责人、试制时间和地点；

2．生产产品的批数（连续5～10批）、批号、批量；

3．每批中间试制产品的详细生产和检验报告；

4．中间试制中发现的问题等。

（八）临床试验研究资料

1．应按照有关技术指导原则的要求提出拟进行的临床试验的详细方案，并报告已经进行的临床试验的详细情况。

2．临床试验中应使用至少 3 批经检验合格的中间试制产品进行较大范围、不同品种的使用对象动物试验，进一步观察制品的安全性和效力。

3．临床试验中每种靶动物的数量应符合下列要求：

大动物	1 000头
中小动物	10 000头（只）
禽类	20 000羽（只）
鱼	20 000尾

注：（1）第一类制品的临床试验动物数量应加倍；
（2）数量较少、饲养分散的特殊动物的数量可酌情减少；
（3）大动物系指牛、马、骡、驴、骆驼等；

（4）中小动物系指猪、羊、犬、狐、鹿、麝、兔、猪、貂、獭等；
（5）禽类系指鸡、鸭、鹅、鸽等。

四、新制品注册资料项目表

资料分类	资料项目	注册分类及资料项目要求		
		第一类	第二类	第三类
一般资料	1	+	+	+
	2	+	+	+
	3	+	+	+
	4	+	+	+
生产与检验用菌（毒、虫）种的研究资料	5	+	+	+
	6	+	+	+
	7	+	+	+
	8	+	+	+
	9	+	+	+
	10	+	+	+
生产用细胞的研究资料	11	+	+	+
	12	+	+	+
	13	+	+	+
主要原辅材料选择的研究资料	14	+	+	+
生产工艺的研究资料	15	+	+	+
	16	+	+	+
	17	+	+	+
	18	+	+	+
产品的质量研究资料	19	+	+	+
	20	+	+	+
	21	+	+	+
	22	+	+	+
	23	+	+	+
	24	+	+	+
中间试制研究资料	25	+	+	+
临床试验研究资料	27	+	+	+
	28	+	+	+

注：“+”指必须报送的资料。

五、进口注册资料的项目及其说明

（一）进口注册的申报资料项目

1．一般资料。

（1）生物制品名称；

（2）证明性文件；

（3）生产纲要、质量标准，附各项主要检验的标准操作程序；

（4）说明书、标签和包装设计样稿。

2．生产用菌（毒、虫）种的研究资料。

3．检验用强毒株的研究资料。

4．生产用细胞的研究资料。

5．主要原辅材料的来源、检验方法和标准、检验报告等。牛源材料符合有关规定的资料。

6．生产工艺的研究资料。

7．产品的质量研究资料。

8．至少3批产品的生产和检验报告。

9．临床试验报告。

（二）进口注册资料的说明

1．申请进口注册时，应报送资料项目1～9。

2．证明性文件包括：

（1）生产企业所在国家（地区）政府和有关机构签发的企业注册证、产品许可证、GMP合格证复印件和产品自由销售证明。上述文件必须经公证或认证后，再经中国使领馆确认；

（2）由境外企业驻中国代表机构办理注册事务的，应当提供《外国企业常驻中国代表机构登记证》复印件；

（3）由境外企业委托中国代理机构代理注册事务的，应当提供委托文书及其公证文件，中国代理机构的《营业执照》复印件；

（4）申请的制品或使用的处方、工艺等专利情况及其权属状态说明，以及对他人的专利不构成侵权的保证书；

（5）该制品在其他国家注册情况的说明，并提供证明性文件或注册编号。

3．用于申请进口注册的试验数据，应为申报单位在中国境外获得的试验数据。未经许可，不得为进口注册在中国境内进行试验。

4．全部申报资料应当使用中文并附原文，原文非英文的资料应翻译成英文，原文和英文附后作为参考。中、英文译文应当与原文内容一致。

5．进口注册资料的其他要求与国内新制品注册资料的相应要求一致。

第二部分　治疗用兽用生物制品

一、新制品注册分类

第一类　未在国内外上市销售的制品。

第二类　已在国外上市销售但未在国内上市销售的制品。

第三类　对已在国内上市销售的制品使用的菌（毒、虫）株、抗原、主要原材料或生产工艺等有根本改变的制品。

1. 已在国内上市销售但采用新的菌（毒、虫）株、抗原或工艺生产的血清或抗体；

2. 已在国内上市销售但采用新的杂交瘤细胞株生产的单克隆抗体；

3. 已在国内上市销售但采用新的方法生产的干扰素；

4. 已在国内上市销售但使用新的菌株生产的微生态制剂；

5. 已在国内上市销售但改变靶动物、给药途径、剂型的制品。

注：通过免疫学方法有目的地调节动物生理机能的制品，亦作为治疗用兽用生物制品管理。

二、新制品注册资料项目

（一）一般资料

1. 生物制品的名称。

2. 证明性文件。

3. 制造及检验试行规程（草案）、质量标准及其起草说明，附各项主要检验的标准操作程序。

4. 说明书、标签和包装设计样稿。

（二）生产用原材料研究资料

5. 生产用动物、生物组织或细胞、原料血浆的来源、收集及质量控制等研究资料。

6. 生产用细胞的来源、构建（或筛选）过程及鉴定等研究资料。

7. 菌（毒、虫）种、细胞种子库的建立、检验、保存及传代稳定性资料。

8. 生产用其他原材料的来源及质量标准。

（三）检验用强毒株的研究资料

9. 代号和来源。

10. 纯净、毒力、含量测定、血清学鉴定等试验的详细方法和结果。

（四）生产工艺研究资料

11. 原液或原料生产工艺的研究资料。

12. 制品配方及工艺的研究资料。

13. 辅料的来源和质量标准。

（五）制品质量研究资料

14. 成品检验方法的研究及其验证资料。

15. 与同类制品的比较研究报告。

16. 用于实验室试验的产品检验报告。

17. 至少 3 批实验室产品的安全性研究报告。

18. 至少 3 批实验室产品的疗效研究报告。

19. 至少 3 批产品的稳定性（保存期）试验报告。

（六）中间试制报告

20．由中间试制单位出具的中间试制报告。

（七）临床试验研究资料

21．临床试验研究资料。

22．临床试验期间进行的有关改进工艺、完善质量标准等方面的工作总结及试验研究资料。

三、新制品注册资料的说明

（一）一般资料

1．新制品的名称包括通用名、英文名、汉语拼音和商品名。通用名应符合“兽用生物制品命名原则”的规定。必要时，应提出命名依据。

2．证明性文件包括：

（1）申请人合法登记的证明文件、中间试制单位的《兽药生产许可证》、《兽药 GMP 证书》、基因工程产品的安全审批书、实验动物合格证、实验动物使用许可证等证件的复印件；

（2）申请的新制品或使用的配方、工艺等专利情况及其权属状态的说明，以及对他人的专利不构成侵权的保证书；

（3）研究中使用了一类病原微生物的，应当提供批准进行有关实验室试验的批准性文件复印件；

（4）直接接触制品的包装材料和容器合格证明的复印件。

3．制造及检验试行规程（草案）、质量标准，应参照有关要求进行书写。起草说明中应详细阐述各项主要标准的制定依据和国内外生产使用情况。各项检验的标准操作程序应详细并具有可操作性。

4．说明书、标签和包装设计样稿，应按照国家有关规定进行书写和制作。

（二）生产用原材料研究资料

制品的生产中涉及到菌（毒、虫）种或细胞株时，则应按照“预防用兽用生物制品”申报资料中的有关要求提交生产用菌（毒、虫）种或生产用细胞的研究资料。

（三）检验用强毒株的研究资料

检验用强毒株包括试行规程（草案）中规定的强毒株以及研制过程中使用的各个强毒株。对已有国家标准强毒株的，应使用国家标准强毒株。

（四）原液或原料生产工艺的研究资料

1．细菌（病毒或寄生虫等）的接种量、培养或发酵条件、灭活或裂解工艺的条件（可能不适用）。

2．活性物质的提取和纯化。

3．制品中可能存在对动物有潜在毒性的物质时，应提供生产工艺去除效果的验证资料，制定产品中的限量标准并提供依据。

4．各活性组分的配比和相容性研究资料。

（五）辅料的来源和质量标准

对生产中使用的辅料，如国家标准中已经收载，则应采用相应的国家标准，如国家标准中尚未收载，则建议采用相应的国际标准。

（六）制品质量研究资料

1．资料项目 15 仅适用于第三类制品。根据（毒、虫）株、抗原、细胞、主要原材料或生产工艺改变的不同情况，可能包括下列各项中的一项或数项中部分或全部内容：

（1）与原制品的安全性、疗效等的比较研究报告；

（2）与已上市销售的其他同类制品的安全性、疗效等的比较研究报告。

2．资料项目 17 应包括：

（1）用于实验室安全试验的实验室产品的批数、批号、批量，试验负责人和执行人，试验时间和地点，主要试验内容和结果；

（2）对最小使用日龄靶动物、各种使用途径的一次单剂量使用的安全试验；

（3）对靶动物单剂量重复使用的安全性；

（4）至少 3 批产品对靶动物一次超剂量使用的安全性；

（5）对怀孕动物的安全性（可能不适用）；

（6）根据制品的使用动物种群、制品特点、使用剂量、使用程序等，提供有关的毒性试验研究资料。

3．资料项目 18 应包括：

（1）用于实验室疗效试验的实验室产品的批数、批号、批量，试验负责人和执行人，试验时间和地点，主要试验内容和结果；

（2）至少 3 批产品通过每种使用途径对每种靶动物使用的疗效试验；

（3）使用程序的研究资料。

（七）中间试制报告

中间试制报告应由中间试制单位出具，应包括以下内容：

1．中间试制的生产负责人和质量负责人、试制时间和地点；

2．生产产品的批数（连续 5～10 批）、批号、批量；

3．每批中间试制产品的详细生产和检验报告；

4．中间试制中发现的问题等。

（八）临床试验研究资料

1．应按照有关技术指导原则的要求提出拟进行的临床试验的详细方案，并报告已经进行的临床试验的详细情况；

2．临床试验中应使用至少 3 批经检验合格的中间试制产品进行较大范围、不同品种的使用对象动物试验，进一步观察制品的安全性和效力；

3．临床试验中每种靶动物的数量应符合下列要求：

大动物	1 000头
中小动物	10 000头（只）
禽类	20 000羽（只）
鱼	20 000尾

注：（1）第一类制品的临床试验动物数量应加倍；
（2）数量较少、饲养分散的特殊动物的数量可酌情减少；
（3）大动物系指牛、马、骡、驴、骆驼等；
（4）中小动物系指猪、羊、犬、狐、鹿、麝、兔、猪、貂、獭等；
（5）禽类系指鸡、鸭、鹅、鸽等。

四、新制品注册资料项目表

资料分类	资料项目	注册分类及资料项目要求		
		第一类	第二类	第三类
一般资料	1	+	+	+
	2	+	+	+
	3	+	+	+
	4	+	+	+
生产用原材料研究资料	5	+	+	+
	6	+	+	+
	7	+	+	+
	8	+	+	+
检验用强毒株研究资料	9	+	+	+
	10	+	+	+
生产工艺研究资料	11	+	+	+
	12	+	+	+
	13	+	+	+
制品质量研究资料	14	+	+	+
	15	+	+	+
	16	+	+	+
	17	+	+	+
	18	+	+	+
	19	+	+	+
中间试制研究资料	20	+	+	+
临床试验研究资料	21	+	+	+
	22	+	+	+

注：“+”指必须报送的资料。

五、进口注册资料项目及其说明

（一）进口注册的申报资料项目

1．一般资料。

（1）生物制品的名称；

（2）证明性文件；

（3）生产纲要、质量标准，附各项主要检验的标准操作程序；

（4）说明书、标签和包装设计样稿。

2．生产用原材料研究资料。

3．检验用强毒株的研究资料。

4．原液或原料生产工艺的研究资料。

5．制品配方及工艺的研究资料，辅料的来源和质量标准。

6．制品质量研究资料。

7．至少3批产品的生产和检验报告。

8．临床试验报告。

（二）进口注册资料的说明

1．申请进口注册时，应报送资料项目1～8。

2．证明性文件包括：

（1）生产企业所在国家（地区）政府和有关机构签发的企业注册证、产品许可证、GMP合格证复印件和产品自由销售证明。上述文件必须经公证或认证后，再经中国使领馆确认；

（2）由境外企业驻中国代表机构办理注册事务的，应当提供《外国企业常驻中国代表机构登记证》复印件；

（3）由境外企业委托中国代理机构代理注册事务的，应当提供委托文书及其公证文件，中国代理机构的《营业执照》复印件；

（4）申请的制品或使用的处方、工艺等专利情况及其权属状态说明，以及对他人的专利不构成侵权的保证书；

（5）该制品在其他国家注册情况的说明，并提供证明性文件或注册编号。

3．用于申请进口注册的试验数据，应为申报单位在中国境外获得的试验数据。未经许可，不得为进口注册在中国境内进行试验。

4．全部申报资料应当使用中文并附原文，原文非英文的资料应翻译成英文，原文和英文附后作为参考。中、英文译文应当与原文内容一致。

5．进口注册资料的其他要求与国内制品申报资料的相应要求一致。

II　兽医诊断制品注册分类及注册资料要求

一、注册分类

第一类　未在国内外上市销售的诊断制品。

第二类　已在国外上市销售但未在国内上市销售的诊断制品。

第三类　与我国已批准上市销售的同类诊断制品相比，在敏感性、特异性等方面有根本改进的诊断制品。

二、注册资料项目

（一）一般资料

1．诊断制品的名称。

2．证明性文件。

3．制造及检验试行规程（草案）、质量标准及其起草说明，附各项主要检验的标准操作程序。

4．说明书、标签和包装设计样稿。

（二）生产用菌（毒、虫）种的研究资料

5．来源和特性。

6．种子批。

（三）生产用细胞的研究资料

7．来源和特性。

8．细胞库。

（四）主要原辅材料的来源、检验方法和标准、检验报告等

（五）生产工艺研究资料

9．主要制造用材料、组分、配方、工艺流程等资料。

10．诊断制品生产工艺的研究资料。

（六）对照品（抗原、血清等）的制备、检验等研究资料

（七）制品的质量研究资料

11．成品检验方法的研究和验证资料。

12．诊断方法的建立和最适条件确定的研究资料。

13．用于实验室试验的制品生产和检验报告。

14．敏感性研究报告。

15．特异性研究报告。

16．至少3批诊断制品的批间和批内可重复性试验报告。

17．至少3批诊断制品的保存期试验报告。

18．符合率（与其他诊断方法的比较）试验报告。

19．人工接种动物的抗体（或抗原）消长规律的研究。

20．与已批准上市销售的同类诊断制品进行比较的研究。

21．用国际标准诊断试剂标化的研究。

（八）中间试制前的研究工作总结报告

（九）中间试制报告

（十）临床试验报告

（十一）临床试验期间进行的有关改进工艺、完善质量标准等方面的工作总结及试验研究资料。

三、注册资料说明

（一）一般资料

1．诊断制品的名称包括通用名、英文名、汉语拼音和商品名。通用名应符合“兽用生物制品命名原则”的规定。必要时，应提出命名依据。

2．证明性文件包括：

（1）申请人合法登记的证明文件、实验动物合格证、实验动物使用许可证等证件的复印件；

（2）申请的诊断制品或使用的配方、工艺等专利情况及其权属状态的说明，以及对他人的专利不构成侵权的保证书；

（3）研究中使用了一类病原微生物的，应当提供批准进行有关实验室试验的批准性文件复印件；

3．制造及检验试行规程（草案）、质量标准，应参照有关要求进行书写。起草说明中应详细阐述各项主要标准的制定依据和国内外生产使用情况。各项检验的标准操作程序应详细并具有可操作性。

4．说明书、标签和包装设计样稿，应按照国家有关规定进行书写和制作。

（二）生产用菌（毒、虫）种的研究资料

1．来源和特性：原种的代号、来源、历史，含量，血清学特性或特异性，纯粹或纯净性，毒力或安全性，细菌的形态、培养特性、生化特性等研究资料；

2．种子批：基础种子批建立的有关资料，包括传代方法、代次范围、制备、保存条件和时间、外源因子检测、鉴别检验、含量、血清学特性或特异性、纯粹或纯净性等。

（三）生产用细胞的研究资料

1．来源和特性：生产用细胞的代号、来源、历史（包括杂交瘤细胞株的建立、鉴定和传代等），主要生物学特性、外源因子检验等研究资料；

2．细胞库：主细胞库建库的有关资料，包括代次、制备、保存及生物学特性、外源因子检验等研究资料。

（四）主要原辅材料的来源、检验方法和标准、检验报告等。

对生产中使用的原辅材料，如国家标准中已经收载，则应采用相应的国家标准，如国家标准中尚未收载，则建议采用相应的国际标准。

（五）生产工艺研究资料

1．细菌（病毒或寄生虫等）的接种量、培养或发酵条件、灭活或裂解工艺的条件（可能不适用）；

2．活性物质的提取和纯化；

3．某些特殊原材料的制备（可能不适用）；

4．灭活剂、灭活方法、灭活时间和灭活检验方法的研究（可能不适用）；

5．制品的制备流程；

6．试剂盒的组装。

（六）对照品（抗原、血清等）的制备、检验等研究资料

应包括制品检验和制品使用过程中必须使用的对照品、参比品等的研究、制备和检验等资料。

（七）制品的质量研究资料

应包括用于各项实验室试验的制品批数、批号、批量，试验负责人和执行人，试验时间和地点，详细试验内容和结果。

（八）中间试制前的研究工作总结报告

应对中间试制前的各项试验内容进行简要而系统的总结。

（九）中间试制报告

中间试制报告应由中间试制单位出具，应包括：

1．中间试制的生产负责人和质量负责人、试制时间和地点；

2．生产产品的批数（连续5～10批）、批号、批量；

3．每批中间试制产品的详细生产和检验报告；

4．中间试制中发现的问题等。

（十）临床试验报告

应按照有关技术指导原则的要求详细报告已经进行的临床试验的详细情况。临床试验中使用的制品数量应不少于1 000头（只、羽、尾）份。

四、进口注册资料项目及其说明

（一）进口注册资料项目

1．一般资料。

（1）证明性文件；

（2）生产纲要、质量标准，附各项主要检验的标准操作程序；

（3）说明书、标签和包装设计样稿。

2．生产用菌（毒、虫）种的研究资料。

3．生产用细胞的研究资料。

4．主要原辅材料的来源、检验方法和标准、检验报告等。

5．生产工艺研究资料。

6．对照品（抗原、血清等）的制备、检验等研究资料。

7．制品的质量研究资料。

8．至少3批产品的生产和检验报告。

9．临床试验报告。

（二）进口注册资料的说明

1．申请进口注册时，应报送资料项目1～9。

2．证明性文件包括：

（1）生产企业所在国家（地区）政府和有关机构签发的企业注册证、产品许可证、GMP合格证复印件和产品自由销售证明。上述文件必须经公证或认证后，再经中国使领馆确认；

（2）由境外企业驻中国代表机构办理注册事务的，应当提供《外国企业常驻中国代表机构登记证》复印件；

（3）由境外企业委托中国代理机构代理注册事务的，应当提供委托文书及其公证文件，中国代理机构的《营业执照》复印件；

（4）申请的制品或使用的处方、工艺等专利情况及其权属状态说明，以及对他人的专利不构成侵权的保证书；

（5）该制品在其他国家注册情况的说明，并提供证明性文件或注册编号。

3．用于申请进口注册的试验数据，应为申报单位在中国境外获得的试验数据。未经许可，不得为进口注册在中国境内进行试验。

4．全部申报资料应当使用中文并附原文，原文非英文的资料应翻译成英文，原文和英文附后作为参考。中、英文译文应当与原文内容一致。

5．进口注册申报资料的其他要求与国内新制品申报资料的相应要求一致。

中华人民共和国国务院令

第424号

《病原微生物实验室生物安全管理条例》已于2004年11月5日国务院第69次常务会议通过，现予公布，自公布之日起施行。

总　理　温家宝

二○○四年十一月十二日

病原微生物实验室生物安全管理条例

第一章　总　则

第一条　为了加强病原微生物实验室（以下称实验室）生物安全管理，保护实验室工作人员和公众的健康，制定本条例。

第二条　对中华人民共和国境内的实验室及其从事实验活动的生物安全管理，适用本条例。

本条例所称病原微生物，是指能够使人或者动物致病的微生物。

本条例所称实验活动，是指实验室从事与病原微生物菌（毒）种、样本有关的研究、教学、检测、诊断等活动。

第三条　国务院卫生主管部门主管与人体健康有关的实验室及其实验活动的生物安全监督工作。

国务院兽医主管部门主管与动物有关的实验室及其实验活动的生物安全监督工作。

国务院其他有关部门在各自职责范围内负责实验室及其实验活动的生物安全管理工作。

县级以上地方人民政府及其有关部门在各自职责范围内负责实验室及其实验活动的生物安全管理工作。

第四条　国家对病原微生物实行分类管理，对实验室实行分级管理。

第五条　国家实行统一的实验室生物安全标准。实验室应当符合国家标准和要求。

第六条　实验室的设立单位及其主管部门负责实验室日常活动的管理，承担建立健全安全管理制度，检查、维护实验设施、设备，控制实验室感染的职责。

第二章　病原微生物的分类和管理

第七条　国家根据病原微生物的传染性、感染后对个体或者群体的危害程度，将病原微生物分为四类：

第一类病原微生物，是指能够引起人类或者动物非常严重疾病的微生物，以及我国尚未发现或者已经宣布消灭的微生物。

第二类病原微生物，是指能够引起人类或者动物严重疾病，比较容易直接或者间接在人与人、动物与人、动物与动物间传播的微生物。

第三类病原微生物，是指能够引起人类或者动物疾病，但一般情况下对人、动物或者环境不构成严重危害，传播风险有限，实验室感染后很少引起严重疾病，并且具备有效治疗和预防措施的微生物。

第四类病原微生物，是指在通常情况下不会引起人类或者动物疾病的微生物。

第一类、第二类病原微生物统称为高致病性病原微生物。

第八条　人间传染的病原微生物名录由国务院卫生主管部门商国务院有关部门后制定、调整并予以公布；动物间传染的病原微生物名录由国务院兽医主管部门商国务院有关部门后制定、调整并予以公布。

第九条　采集病原微生物样本应当具备下列条件：

（一）具有与采集病原微生物样本所需要的生物安全防护水平相适应的设备；

（二）具有掌握相关专业知识和操作技能的工作人员；

（三）具有有效地防止病原微生物扩散和感染的措施；

（四）具有保证病原微生物样本质量的技术方法和手段。

采集高致病性病原微生物样本的工作人员在采集过程中应当防止病原微生物扩散和感染，并对样本的来源、采集过程和方法等作详细记录。

第十条　运输高致病性病原微生物菌（毒）种或者样本，应当通过陆路运输；没有陆路通道，必须经水路运输的，可以通过水路运输；紧急情况下或者需要将高致病性病原微生物菌（毒）种或者样本运往国外的，可以通过民用航空运输。

第十一条　运输高致病性病原微生物菌（毒）种或者样本，应当具备下列条件：

（一）运输目的、高致病性病原微生物的用途和接收单位符合国务院卫生主管部门或者兽医主管部门的规定；

（二）高致病性病原微生物菌（毒）种或者样本的容器应当密封，容器或者包装材料还应当符合防水、防破损、防外泄、耐高（低）温、耐高压的要求；

（三）容器或者包装材料上应当印有国务院卫生主管部门或者兽医主管部门规定的生物危险标识、警告用语和提示用语。

运输高致病性病原微生物菌（毒）种或者样本，应当经省级以上人民政府卫生主管部门或者兽医主管部门批准。在省、自治区、直辖市行政区域内运输的，由省、自治区、直辖市人民政府卫生主管部门或者兽医主管部门批准；需要跨省、自治区、直辖市运输或者运往国外的，由出发地的省、自治区、直辖市人民政府卫生主管部门或者兽医主管部门进行初审后，分别报国务院卫生主管部门或者兽医主管部门批准。

出入境检验检疫机构在检验检疫过程中需要运输病原微生物样本的，由国务院出入境检验检疫部门批准，并同时向国务院卫生主管部门或者兽医主管部门通报。

通过民用航空运输高致病性病原微生物菌（毒）种或者样本的，除依照本条第二款、第三款规定取得批准外，还应当经国务院民用航空主管部门批准。

有关主管部门应当对申请人提交的关于运输高致性病原微生物菌（毒）种或者样本的申请材料进行审查，对符合本条第一款规定条件的，应当即时批准。

第十二条 运输高致病性病原微生物菌（毒）种或者样本，应当由不少于 2 人的专人护送，并采取相应的防护措施。

有关单位或者个人不得通过公共电（汽）车和城市铁路运输病原微生物菌（毒）种或者样本。

第十三条 需要通过铁路、公路、民用航空等公共交通工具运输高致病性病原微生物菌（毒）种或者样本的，承运单位应当凭本条例第十一条规定的批准文件予以运输。

承运单位应当与护送人共同采取措施，确保所运输的高致病性病原微生物菌（毒）种或者样本的安全，严防发生被盗、被抢、丢失、泄漏事件。

第十四条 国务院卫生主管部门或者兽医主管部门指定的菌（毒）种保藏中心或者专业实验室（以下称保藏机构），承担集中储存病原微生物菌（毒）种和样本的任务。

保藏机构应当依照国务院卫生主管部门或者兽医主管部门的规定，储存实验室送交的病原微生物菌（毒）种和样本，并向实验室提供病原微生物菌（毒）种和样本。

保藏机构应当制定严格的安全保管制度，作好病原微生物菌（毒）种和样本进出和储存的记录，建立档案制度，并指定专人负责。对高致病性病原微生物菌（毒）种和样本应当设专库或者专柜单独储存。

保藏机构储存、提供病原微生物菌（毒）种和样本，不得收取任何费用，其经费由同级财政在单位预算中予以保障。

保藏机构的管理办法由国务院卫生主管部门会同国务院兽医主管部门制定。

第十五条 保藏机构应当凭实验室依照本条例的规定取得的从事高致病性病原微生物相关实验活动的批准文件，向实验室提供高致病性病原微生物菌（毒）种和样本，并予以登记。

第十六条 实验室在相关实验活动结束后，应当依照国务院卫生主管部门或者兽医主管部门的规定，及时将病原微生物菌（毒）种和样本就地销毁或者送交保藏机构保管。

保藏机构接受实验室送交的病原微生物菌（毒）种和样本，应当予以登记，并开具接收证明。

第十七条 高致病性病原微生物菌（毒）种或者样本在运输、储存中被盗、被抢、丢失、泄漏的，承运单位、护送人、保藏机构应当采取必要的控制措施，并在 2 小时内分别向承运单位的主管部门、护送人所在单位和保藏机构的主管部门报告，同时向所在地的县级人民政府卫生主管部门或者兽医主管部门报告，发生被盗、被抢、丢失的，还应当向公安机关报告；接到报告的卫生主管部门或者兽医主管部门应当在 2 小时内向本级人民政府报告，并同时向上级人民政府卫生主管部门或者兽医主管部门和国务院卫生主管部门或者兽医主管部门报告。

县级人民政府应当在接到报告后 2 小时内向设区的市级人民政府或者上一级人民政府报告；设区的市级人民政府应当在接到报告后 2 小时内向省、自治区、直辖市人民政府报告。省、自治区、直辖市人民政府应当在接到报告后 1 小时内，向国务院卫生主管部门或者兽医主管部门报告。

任何单位和个人发现高致病性病原微生物菌（毒）种或者样本的容器或者包装材料，应当及时向附近的卫生主管部门或者兽医主管部门报告；接到报告的卫生主管部门或者兽医主管部门应当及时组织调查核实，并依法采取必要的控制措施。

第三章 实验室的设立与管理

第十八条 国家根据实验室对病原微生物的生物安全防护水平，并依照实验室生物安全国家标准的规定，将实验室分为一级、二级、三级、四级。

第十九条 新建、改建、扩建三级、四级实验室或者生产、进口移动式三级、四级实验室应当遵守下列规定：

（一）符合国家生物安全实验室体系规划并依法履行有关审批手续；

（二）经国务院科技主管部门审查同意；

（三）符合国家生物安全实验室建筑技术规范；

（四）依照《中华人民共和国环境影响评价法》的规定进行环境影响评价并经环境保护主管部门审查批准；

（五）生物安全防护级别与其拟从事的实验活动相适应。

前款规定所称国家生物安全实验室体系规划，由国务院投资主管部门会同国务院有关部门制定。制定国家生物安全实验室体系规划应当遵循总量控制、合理布局、资源共享的原则，并应当召开听证会或者论证会，听取公共卫生、环境保护、投资管理和实验室管理等方面专家的意见。

第二十条 三级、四级实验室应当通过实验室国家认可。

国务院认证认可监督管理部门确定的认可机构应当依照实验室生物安全国家标准以

及本条例的有关规定，对三级、四级实验室进行认可；实验室通过认可的，颁发相应级别的生物安全实验室证书。证书有效期为5年。

第二十一条 一级、二级实验室不得从事高致病性病原微生物实验活动。三级、四级实验室从事高致病性病原微生物实验活动，应当具备下列条件：

（一）实验目的和拟从事的实验活动符合国务院卫生主管部门或者兽医主管部门的规定；

（二）通过实验室国家认可；

（三）具有与拟从事的实验活动相适应的工作人员；

（四）工程质量经建筑主管部门依法检测验收合格。

国务院卫生主管部门或者兽医主管部门依照各自职责对三级、四级实验室是否符合上述条件进行审查；对符合条件的，发给从事高致病性病原微生物实验活动的资格证书。

第二十二条 取得从事高致病性病原微生物实验活动资格证书的实验室，需要从事某种高致病性病原微生物或者疑似高致病性病原微生物实验活动的，应当依照国务院卫生主管部门或者兽医主管部门的规定报省级以上人民政府卫生主管部门或者兽医主管部门批准。实验活动结果以及工作情况应当向原批准部门报告。

实验室申报或者接受与高致病性病原微生物有关的科研项目，应当符合科研需要和生物安全要求，具有相应的生物安全防护水平，并经国务院卫生主管部门或者兽医主管部门同意。

第二十三条 出入境检验检疫机构、医疗卫生机构、动物防疫机构在实验室开展检测、诊断工作时，发现高致病性病原微生物或者疑似高致病性病原微生物，需要进一步从事这类高致病性病原微生物相关实验活动的，应当依照本条例的规定经批准同意，并在取得相应资格证书的实验室中进行。

专门从事检测、诊断的实验室应当严格依照国务院卫生主管部门或者兽医主管部门的规定，建立健全规章制度，保证实验室生物安全。

第二十四条 省级以上人民政府卫生主管部门或者兽医主管部门应当自收到需要从事高致病性病原微生物相关实验活动的申请之日起15日内作出是否批准的决定。

对出入境检验检疫机构为了检验检疫工作的紧急需要，申请在实验室对高致病性病原微生物或者疑似高致病性病原微生物开展进一步实验活动的，省级以上人民政府卫生主管部门或者兽医主管部门应当自收到申请之时起2小时内作出是否批准的决定；2小时内未作出决定的，实验室可以从事相应的实验活动。

省级以上人民政府卫生主管部门或者兽医主管部门应当为申请人通过电报、电传、传真、电子数据交换和电子邮件等方式提出申请提供方便。

第二十五条 新建、改建或者扩建一级、二级实验室，应当向设区的市级人民政府卫生主管部门或者兽医主管部门备案。设区的市级人民政府卫生主管部门或者兽医主管部门应当每年将备案情况汇总后报省、自治区、直辖市人民政府卫生主管部门或者兽医主管部门。

第二十六条 国务院卫生主管部门和兽医主管部门应当定期汇总并互相通报实验室数量和实验室设立、分布情况，以及取得从事高致病性病原微生物实验活动资格证书的三级、四级实验室及其从事相关实验活动的情况。

第二十七条 已经建成并通过实验室国家认可的三级、四级实验室应当向所在地的县级人民政府环境保护主管部门备案。环境保护主管部门依照法律、行政法规的规定对实验室排放的废水、废气和其他废物处置情况进行监督检查。

第二十八条 对我国尚未发现或者已经宣布消灭的病原微生物，任何单位和个人未经批准不得从事相关实验活动。

为了预防、控制传染病，需要从事前款所指病原微生物相关实验活动的，应当经国务院卫生主管部门或者兽医主管部门批准，并在批准部门指定的专业实验室中进行。

第二十九条 实验室使用新技术、新方法从事高致病性病原微生物相关实验活动的，应当符合防止高致病性病原微生物扩散、保证生物安全和操作者人身安全的要求，并经国家病原微生物实验室生物安全专家委员会论证；经论证可行的，方可使用。

第三十条 需要在动物体上从事高致病性病原微生物相关实验活动的，应当在符合动物实验室生物安全国家标准的三级以上实验室进行。

第三十一条 实验室的设立单位负责实验室的生物安全管理。

实验室的设立单位应当依照本条例的规定制定科学、严格的管理制度，并定期对有关生物安全规定的落实情况进行检查，定期对实验室设施、设备、材料等进行检查、维护和更新，以确保其符合国家标准。

实验室的设立单位及其主管部门应当加强对实验室日常活动的管理。

第三十二条 实验室负责人为实验室生物安全的第一责任人。

实验室从事实验活动应当严格遵守有关国家标准和实验室技术规范、操作规程。实验室负责人应当指定专人监督检查实验室技术规范和操作规程的落实情况。

第三十三条 从事高致病性病原微生物相关实验活动的实验室的设立单位，应当建立健全安全保卫制度，采取安全保卫措施，严防高致病性病原微生物被盗、被抢、丢失、泄漏，保障实验室及其病原微生物的安全。实验室发生高致病性病原微生物被盗、被抢、丢失、泄漏的，实验室的设立单位应当依照本条例第十七条的规定进行报告。

从事高致病性病原微生物相关实验活动的实验室应当向当地公安机关备案，并接受公安机关有关实验室安全保卫工作的监督指导。

第三十四条 实验室或者实验室的设立单位应当每年定期对工作人员进行培训，保证其掌握实验室技术规范、操作规程、生物安全防护知识和实际操作技能，并进行考核。工作人员经考核合格的，方可上岗。

从事高致病性病原微生物相关实验活动的实验室，应当每半年将培训、考核其工作人员的情况和实验室运行情况向省、自治区、直辖市人民政府卫生主管部门或者兽医主管部门报告。

第三十五条 从事高致病性病原微生物相关实验活动应当有 2 名以上的工作人员共同进行。

进入从事高致病性病原微生物相关实验活动的实验室的工作人员或者其他有关人员，应当经实验室负责人批准。实验室应当为其提供符合防护要求的防护用品并采取其他职业防护措施。从事高致病性病原微生物相关实验活动的实验室，还应当对实验室工作人员进行健康监测，每年组织对其进行体检，并建立健康档案；必要时，应当对实验室工作人员进行预防接种。

第三十六条 在同一个实验室的同一个独立安全区域内，只能同时从事一种高致病性病原微生物的相关实验活动。

第三十七条 实验室应当建立实验档案，记录实验室使用情况和安全监督情况。实验室从事高致病性病原微生物相关实验活动的实验档案保存期，不得少于 20 年。

第三十八条 实验室应当依照环境保护的有关法律、行政法规和国务院有关部门的规定，对废水、废气以及其他废物进行处置，并制定相应的环境保护措施，防止环境污染。

第三十九条 三级、四级实验室应当在明显位置标示国务院卫生主管部门和兽医主管部门规定的生物危险标识和生物安全实验室级别标志。

第四十条 从事高致病性病原微生物相关实验活动的实验室应当制定实验室感染应急处置预案，并向该实验室所在地的省、自治区、直辖市人民政府卫生主管部门或者兽医主管部门备案。

第四十一条 国务院卫生主管部门和兽医主管部门会同国务院有关部门组织病原学、免疫学、检验医学、流行病学、预防兽医学、环境保护和实验室管理等方面的专家，组成国家病原微生物实验室生物安全专家委员会。该委员会承担从事高致病性病原微生物相关实验活动的实验室的设立与运行的生物安全评估和技术咨询、论证工作。

省、自治区、直辖市人民政府卫生主管部门和兽医主管部门会同同级人民政府有关部门组织病原学、免疫学、检验医学、流行病学、预防兽医学、环境保护和实验室管理等方面的专家，组成本地区病原微生物实验室生物安全专家委员会。该委员会承担本地区实验室设立和运行的技术咨询工作。

第四章　实验室感染控制

第四十二条 实验室的设立单位应当指定专门的机构或者人员承担实验室感染控制工作，定期检查实验室的生物安全防护、病原微生物菌（毒）种和样本保存与使用、安全操作、实验室排放的废水和废气以及其他废物处置等规章制度的实施情况。

负责实验室感染控制工作的机构或者人员应当具有与该实验室中的病原微生物有关的传染病防治知识，并定期调查、了解实验室工作人员的健康状况。

第四十三条　实验室工作人员出现与本实验室从事的高致病性病原微生物相关实验活动有关的感染临床症状或者体征时，实验室负责人应当向负责实验室感染控制工作的机构或者人员报告，同时派专人陪同及时就诊；实验室工作人员应当将近期所接触的病原微生物的种类和危险程度如实告知诊治医疗机构。接诊的医疗机构应当及时救治；不具备相应救治条件的，应当依照规定将感染的实验室工作人员转诊至具备相应传染病救治条件的医疗机构；具备相应传染病救治条件的医疗机构应当接诊治疗，不得拒绝救治。

第四十四条　实验室发生高致病性病原微生物泄漏时，实验室工作人员应当立即采取控制措施，防止高致病性病原微生物扩散，并同时向负责实验室感染控制工作的机构或者人员报告。

第四十五条　负责实验室感染控制工作的机构或者人员接到本条例第四十三条、第四十四条规定的报告后，应当立即启动实验室感染应急处置预案，并组织人员对该实验室生物安全状况等情况进行调查；确认发生实验室感染或者高致病性病原微生物泄漏的，应当依照本条例第十七条的规定进行报告，并同时采取控制措施，对有关人员进行医学观察或者隔离治疗，封闭实验室，防止扩散。

第四十六条　卫生主管部门或者兽医主管部门接到关于实验室发生工作人员感染事故或者病原微生物泄漏事件的报告，或者发现实验室从事病原微生物相关实验活动造成实验室感染事故的，应当立即组织疾病预防控制机构、动物防疫监督机构和医疗机构以及其他有关机构依法采取下列预防、控制措施：

（一）封闭被病原微生物污染的实验室或者可能造成病原微生物扩散的场所；

（二）开展流行病学调查；

（三）对病人进行隔离治疗，对相关人员进行医学检查；

（四）对密切接触者进行医学观察；

（五）进行现场消毒；

（六）对染疫或者疑似染疫的动物采取隔离、扑杀等措施；

（七）其他需要采取的预防、控制措施。

第四十七条　医疗机构或者兽医医疗机构及其执行职务的医务人员发现由于实验室感染而引起的与高致病性病原微生物相关的传染病病人、疑似传染病病人或者患有疫病、疑似患有疫病的动物，诊治的医疗机构或者兽医医疗机构应当在 2 小时内报告所在地的县级人民政府卫生主管部门或者兽医主管部门；接到报告的卫生主管部门或者兽医主管部门应当在 2 小时内通报实验室所在地的县级人民政府卫生主管部门或者兽医主管部门。接到通报的卫生主管部门或者兽医主管部门应当依照本条例第四十六条的规定采取预防、控制措施。

第四十八条 发生病原微生物扩散，有可能造成传染病暴发、流行时，县级以上人民政府卫生主管部门或者兽医主管部门应当依照有关法律、行政法规的规定以及实验室感染应急处置预案进行处理。

第五章 监督管理

第四十九条 县级以上地方人民政府卫生主管部门、兽医主管部门依照各自分工，履行下列职责：

（一）对病原微生物菌（毒）种、样本的采集、运输、储存进行监督检查；

（二）对从事高致病性病原微生物相关实验活动的实验室是否符合本条例规定的条件进行监督检查；

（三）对实验室或者实验室的设立单位培训、考核其工作人员以及上岗人员的情况进行监督检查；

（四）对实验室是否按照有关国家标准、技术规范和操作规程从事病原微生物相关实验活动进行监督检查。

县级以上地方人民政府卫生主管部门、兽医主管部门，应当主要通过检查反映实验室执行国家有关法律、行政法规以及国家标准和要求的记录、档案、报告，切实履行监督管理职责。

第五十条 县级以上人民政府卫生主管部门、兽医主管部门、环境保护主管部门在履行监督检查职责时，有权进入被检查单位和病原微生物泄漏或者扩散现场调查取证、采集样品，查阅复制有关资料。需要进入从事高致病性病原微生物相关实验活动的实验室调查取证、采集样品的，应当指定或者委托专业机构实施。被检查单位应当予以配合，不得拒绝、阻挠。

第五十一条 国务院认证认可监督管理部门依照《中华人民共和国认证认可条例》的规定对实验室认可活动进行监督检查。

第五十二条 卫生主管部门、兽医主管部门、环境保护主管部门应当依据法定的职权和程序履行职责，做到公正、公平、公开、文明、高效。

第五十三条 卫生主管部门、兽医主管部门、环境保护主管部门的执法人员执行职务时，应当有2名以上执法人员参加，出示执法证件，并依照规定填写执法文书。

现场检查笔录、采样记录等文书经核对无误后，应当由执法人员和被检查人、被采样人签名。被检查人、被采样人拒绝签名的，执法人员应当在自己签名后注明情况。

第五十四条 卫生主管部门、兽医主管部门、环境保护主管部门及其执法人员执行职务，应当自觉接受社会和公民的监督。公民、法人和其他组织有权向上级人民政府及其卫生主管部门、兽医主管部门、环境保护主管部门举报地方人民政府及其有关主管部门不依照规定履行职责的情况。接到举报的有关人民政府或者其卫生主管部门、兽医主管部门、环境保护主管部门，应当及时调查处理。

第五十五条 上级人民政府卫生主管部门、兽医主管部门、环境保护主管部门发现属于下级人民政府卫生主管部门、兽医主管部门、环境保护主管部门职责范围内需要处理的事项的，应当及时告知该部门处理；下级人民政府卫生主管部门、兽医主管部门、环境保护主管部门不及时处理或者不积极履行本部门职责的，上级人民政府卫生主管部门、兽医主管部门、环境保护主管部门应当责令其限期改正；逾期不改正的，上级人民政府卫生主管部门、兽医主管部门、环境保护主管部门有权直接予以处理。

第六章 法律责任

第五十六条 三级、四级实验室未依照本条例的规定取得从事高致病性病原微生物实验活动的资格证书，或者已经取得相关资格证书但是未经批准从事某种高致病性病原微生物或者疑似高致病性病原微生物实验活动的，由县级以上地方人民政府卫生主管部门、兽医主管部门依照各自职责，责令停止有关活动，监督其将用于实验活动的病原微生物销毁或者送交保藏机构，并给予警告；造成传染病传播、流行或者其他严重后果的，由实验室的设立单位对主要负责人、直接负责的主管人员和其他直接责任人员，依法给予撤职、开除的处分；有资格证书的，应当吊销其资格证书；构成犯罪的，依法追究刑事责任。

第五十七条 卫生主管部门或者兽医主管部门违反本条例的规定，准予不符合本条例规定条件的实验室从事高致病性病原微生物相关实验活动的，由作出批准决定的卫生主管部门或者兽医主管部门撤销原批准决定，责令有关实验室立即停止有关活动，并监督其将用于实验活动的病原微生物销毁或者送交保藏机构，对直接负责的主管人员和其他直接责任人员依法给予行政处分；构成犯罪的，依法追究刑事责任。

因违法作出批准决定给当事人的合法权益造成损害的，作出批准决定的卫生主管部门或者兽医主管部门应当依法承担赔偿责任。

第五十八条 卫生主管部门或者兽医主管部门对符合法定条件的实验室不颁发从事高致病性病原微生物实验活动的资格证书，或者对出入境检验检疫机构为了检验检疫工作的紧急需要，申请在实验室对高致病性病原微生物或者疑似高致病性病原微生物开展进一步检测活动，不在法定期限内作出是否批准决定的，由其上级行政机关或者监察机关责令改正，给予警告；造成传染病传播、流行或者其他严重后果的，对直接负责的主管人员和其他直接责任人员依法给予撤职、开除的行政处分；构成犯罪的，依法追究刑事责任。

第五十九条 违反本条例规定，在不符合相应生物安全要求的实验室从事病原微生物相关实验活动的，由县级以上地方人民政府卫生主管部门、兽医主管部门依照各自职责，责令停止有关活动，监督其将用于实验活动的病原微生物销毁或者送交保藏机构，并给予警告；造成传染病传播、流行或者其他严重后果的，由实验室的设立单位对主要负责人、直接负责的主管人员和其他直接责任人员，依法给予撤职、开除的处分；构成犯罪的，依法追究刑事责任。

第六十条 实验室有下列行为之一的，由县级以上地方人民政府卫生主管部门、兽医主管部门依照各自职责，责令限期改正，给予警告；逾期不改正的，由实验室的设立单位对主要负责人、直接负责的主管人员和其他直接责任人员，依法给予撤职、开除的处分；有许可证件的，并由原发证部门吊销有关许可证件：

（一）未依照规定在明显位置标示国务院卫生主管部门和兽医主管部门规定的生物危险标识和生物安全实验室级别标志的；

（二）未向原批准部门报告实验活动结果以及工作情况的；

（三）未依照规定采集病原微生物样本，或者对所采集样本的来源、采集过程和方法等未作详细记录的；

（四）新建、改建或者扩建一级、二级实验室未向设区的市级人民政府卫生主管部门或者兽医主管部门备案的；

（五）未依照规定定期对工作人员进行培训，或者工作人员考核不合格允许其上岗，或者批准未采取防护措施的人员进入实验室的；

（六）实验室工作人员未遵守实验室生物安全技术规范和操作规程的；

（七）未依照规定建立或者保存实验档案的；

（八）未依照规定制定实验室感染应急处置预案并备案的。

第六十一条 经依法批准从事高致病性病原微生物相关实验活动的实验室的设立单位未建立健全安全保卫制度，或者未采取安全保卫措施的，由县级以上地方人民政府卫生主管部门、兽医主管部门依照各自职责，责令限期改正；逾期不改正，导致高致病性病原微生物菌（毒）种、样本被盗、被抢或者造成其他严重后果的，由原发证部门吊销该实验室从事高致病性病原微生物相关实验活动的资格证书；造成传染病传播、流行的，该实验室设立单位的主管部门还应当对该实验室的设立单位的直接负责的主管人员和其他直接责任人员，依法给予降级、撤职、开除的处分；构成犯罪的，依法追究刑事责任。

第六十二条 未经批准运输高致病性病原微生物菌（毒）种或者样本，或者承运单位经批准运输高致病性病原微生物菌（毒）种或者样本未履行保护义务，导致高致病性病原微生物菌（毒）种或者样本被盗、被抢、丢失、泄漏的，由县级以上地方人民政府卫生主管部门、兽医主管部门依照各自职责，责令采取措施，消除隐患，给予警告；造成传染病传播、流行或者其他严重后果的，由托运单位和承运单位的主管部门对主要负责人、直接负责的主管人员和其他直接责任人员，依法给予撤职、开除的处分；构成犯罪的，依法追究刑事责任。

第六十三条 有下列行为之一的，由实验室所在地的设区的市级以上地方人民政府卫生主管部门、兽医主管部门依照各自职责，责令有关单位立即停止违法活动，监督其将病原微生物销毁或者送交保藏机构；造成传染病传播、流行或者其他严重后果的，由其所在单位或者其上级主管部门对主要负责人、直接负责的主管人员和其他直接责任人员，依法给予撤职、开除的处分；有许可证件的，并由原发证部门吊销有关许可证件；构成犯罪的，依法追究刑事责任：

（一）实验室在相关实验活动结束后，未依照规定及时将病原微生物菌（毒）种和样本就地销毁或者送交保藏机构保管的；

（二）实验室使用新技术、新方法从事高致病性病原微生物相关实验活动未经国家病原微生物实验室生物安全专家委员会论证的；

（三）未经批准擅自从事在我国尚未发现或者已经宣布消灭的病原微生物相关实验活动的；

（四）在未经指定的专业实验室从事在我国尚未发现或者已经宣布消灭的病原微生物相关实验活动的；

（五）在同一个实验室的同一个独立安全区域内同时从事两种或者两种以上高致病性病原微生物的相关实验活动的。

第六十四条　认可机构对不符合实验室生物安全国家标准以及本条例规定条件的实验室予以认可，或者对符合实验室生物安全国家标准以及本条例规定条件的实验室不予认可的，由国务院认证认可监督管理部门责令限期改正，给予警告；造成传染病传播、流行或者其他严重后果的，由国务院认证认可监督管理部门撤销其认可资格，有上级主管部门的，由其上级主管部门对主要负责人、直接负责的主管人员和其他直接责任人员依法给予撤职、开除的处分；构成犯罪的，依法追究刑事责任。

第六十五条　实验室工作人员出现该实验室从事的病原微生物相关实验活动有关的感染临床症状或者体征，以及实验室发生高致病性病原微生物泄漏时，实验室负责人、实验室工作人员、负责实验室感染控制的专门机构或者人员未依照规定报告，或者未依照规定采取控制措施的，由县级以上地方人民政府卫生主管部门、兽医主管部门依照各自职责，责令限期改正，给予警告；造成传染病传播、流行或者其他严重后果的，由其设立单位对实验室主要负责人、直接负责的主管人员和其他直接责任人员，依法给予撤职、开除的处分；有许可证件的，并由原发证部门吊销有关许可证件；构成犯罪的，依法追究刑事责任。

第六十六条　拒绝接受卫生主管部门、兽医主管部门依法开展有关高致病性病原微生物扩散的调查取证、采集样品等活动或者依照本条例规定采取有关预防、控制措施的，由县级以上人民政府卫生主管部门、兽医主管部门依照各自职责，责令改正，给予警告；造成传染病传播、流行以及其他严重后果的，由实验室的设立单位对实验室主要负责人、直接负责的主管人员和其他直接责任人员，依法给予降级、撤职、开除的处分；有许可证件的，并由原发证部门吊销有关许可证件；构成犯罪的，依法追究刑事责任。

第六十七条 发生病原微生物被盗、被抢、丢失、泄漏，承运单位、护送人、保藏机构和实验室的设立单位未依照本条例的规定报告的，由所在地的县级人民政府卫生主管部门或者兽医主管部门给予警告；造成传染病传播、流行或者其他严重后果的，由实验室的设立单位或者承运单位、保藏机构的上级主管部门对主要负责人、直接负责的主管人员和其他直接责任人员，依法给予撤职、开除的处分；构成犯罪的，依法追究刑事责任。

第六十八条 保藏机构未依照规定储存实验室送交的菌（毒）种和样本，或者未依照规定提供菌（毒）种和样本的，由其指定部门责令限期改正，收回违法提供的菌（毒）种和样本，并给予警告；造成传染病传播、流行或者其他严重后果的，由其所在单位或者其上级主管部门对主要负责人、直接负责的主管人员和其他直接责任人员，依法给予撤职、开除的处分；构成犯罪的，依法追究刑事责任。

第六十九条 县级以上人民政府有关主管部门，未依照本条例的规定履行实验室及其实验活动监督检查职责的，由有关人民政府在各自职责范围内责令改正，通报批评；造成传染病传播、流行或者其他严重后果的，对直接负责的主管人员，依法给予行政处分；构成犯罪的，依法追究刑事责任。

第七章　附　则

第七十条 军队实验室由中国人民解放军卫生主管部门参照本条例负责监督管理。

第七十一条 本条例施行前设立的实验室，应当自本条例施行之日起 6 个月内，依照本条例的规定，办理有关手续。

第七十二条 本条例自公布之日起施行。

附录五　动物病原微生物分类名录

中华人民共和国农业部令

第53号

《动物病原微生物分类名录》业经2005年5月13日农业部第10次常务会议审议通过，现予公布，自公布之日起施行。

部　长　杜青林

二〇〇五年五月二十四日

动物病原微生物分类名录

根据《病原微生物实验室生物安全管理条例》第七条、第八条的规定，对动物病原微生物分类如下：

一、一类动物病原微生物

口蹄疫病毒、高致病性禽流感病毒、猪水泡病病毒、非洲猪瘟病毒、非洲马瘟病毒、牛瘟病毒、小反刍兽疫病毒、牛传染性胸膜肺炎丝状支原体、牛海绵状脑病病原、痒病病原。

二、二类动物病原微生物

猪瘟病毒、鸡新城疫病毒、狂犬病病毒、绵羊痘/山羊痘病毒、蓝舌病病毒、兔病毒性出血症病毒、炭疽芽孢杆菌、布氏杆菌。

三、三类动物病原微生物

多种动物共患病病原微生物：低致病性流感病毒、伪狂犬病病毒、破伤风梭菌、气肿疽梭菌、结核分支杆菌、副结核分支杆菌、致病性大肠杆菌、沙门氏菌、巴氏杆菌、致病性链球菌、李氏杆菌、产气荚膜梭菌、嗜水气单胞菌、肉毒梭状芽孢杆菌、腐败梭菌和其他致病性梭菌、鹦鹉热衣原体、放线菌、钩端螺旋体。

牛病病原微生物：牛恶性卡他热病毒、牛白血病病毒、牛流行热病毒、牛传染性鼻气管炎病毒、牛病毒腹泻/粘膜病病毒、牛生殖器弯曲杆菌、日本血吸虫。

绵羊和山羊病病原微生物：山羊关节炎/脑脊髓炎病毒、梅迪/维斯纳病病毒、传染性脓疱皮炎病毒。

猪病病原微生物：日本脑炎病毒、猪繁殖与呼吸综合征病毒、猪细小病毒、猪圆环病毒、猪流行性腹泻病毒、猪传染性胃肠炎病毒、猪丹毒杆菌、猪支气管败血波氏杆菌、猪胸膜肺炎放线杆菌、副猪嗜血杆菌、猪肺炎支原体、猪密螺旋体。

马病病原微生物：马传染性贫血病毒、马动脉炎病毒、马病毒性流产病毒、马鼻炎病毒、鼻疽假单胞菌、类鼻疽假单胞菌、假皮疽组织胞浆菌、溃疡性淋巴管炎假结核棒状杆菌。

禽病病原微生物：鸭瘟病毒、鸭病毒性肝炎病毒、小鹅瘟病毒、鸡传染性法氏囊病病毒、鸡马立克氏病病毒、禽白血病/肉瘤病毒、禽网状内皮组织增殖病病毒、鸡传染性贫血病毒、鸡传染性喉气管炎病毒、鸡传染性支气管炎病毒、鸡减蛋综合征病毒、禽痘病毒、鸡病毒性关节炎病毒、禽传染性脑脊髓炎病毒、副鸡嗜血杆菌、鸡毒支原体、鸡球虫。

兔病病原微生物：兔粘液瘤病病毒、野兔热土拉杆菌、兔支气管败血波氏杆菌、兔球虫。

水生动物病病原微生物：流行性造血器官坏死病毒、传染性造血器官坏死病毒、马苏大麻哈鱼病毒、病毒性出血性败血症病毒、锦鲤疱疹病毒、斑点叉尾鮰病毒、病毒性脑病和视网膜病毒、传染性胰脏坏死病毒、真鲷虹彩病毒、白鲟虹彩病毒、中肠腺坏死杆状病毒、传染性皮下和造血器官坏死病毒、核多角体杆状病毒、虾产卵死亡综合征病毒、鳖鳃腺炎病毒、Taura 综合征病毒、对虾白斑综合征病毒、黄头病病毒、草鱼出血病毒、鲤春病毒血症病毒、鲍球形病毒、鲑鱼传染性贫血病毒。

蜜蜂病病原微生物：美洲幼虫腐臭病幼虫杆菌、欧洲幼虫腐臭病蜂房蜜蜂球菌、白垩病蜂球囊菌、蜜蜂微孢子虫、跗腺螨、雅氏大蜂螨。

其他动物病病原微生物：犬瘟热病毒、犬细小病毒、犬腺病毒、犬冠状病毒、犬副流感病毒、猫泛白细胞减少综合征病毒、水貂阿留申病病毒、水貂病毒性肠炎病毒。

四、四类动物病原微生物

四类动物病原微生物是指危险性小、低致病力、实验室感染机会少的兽用生物制品、疫苗生产用的各种弱毒病原微生物以及不属于第一、二、三类的各种低毒力的病原微生物。

附录六　高致病性动物病原微生物实验室生物安全管理审批办法

中华人民共和国农业部令

第52号

《高致病性动物病原微生物实验室生物安全管理审批办法》已于2005年5月13日农业部第10次常务会议审议通过，现予公布，自公布之日起施行。

部　长　杜青林

二〇〇五年五月二十日

高致病性动物病原微生物实验室生物安全管理审批办法

第一章　总　则

第一条　为了规范高致病性动物病原微生物实验室生物安全管理的审批工作，根据《病原微生物实验室生物安全管理条例》，制定本办法。

第二条　高致病性动物病原微生物的实验室资格、实验活动和运输的审批，适用本办法。

第三条　本办法所称高致病性动物病原微生物是指来源于动物的、《动物病原微生物分类名录》中规定的第一类、第二类病原微生物。

《动物病原微生物分类名录》由农业部商国务院有关部门后制定、调整并予以公布。

第四条　农业部主管全国高致病性动物病原微生物实验室生物安全管理工作。

县级以上地方人民政府兽医行政管理部门负责本行政区域内高致病性动物病原微生物实验室生物安全管理工作。

第二章　实验室资格审批

第五条　实验室从事高致病性动物病原微生物实验活动，应当取得农业部颁发的《高致病性动物病原微生物实验室资格证书》。

第六条　实验室申请《高致病性动物病原微生物实验室资格证书》，应当具备下列条件：

（一）依法从事动物疫病的研究、检测、诊断，以及菌（毒）种保藏等活动；

（二）符合农业部颁发的《兽医实验室生物安全管理规范》；

（三）取得国家生物安全三级或者四级实验室认可证书；

（四）从事实验活动的工作人员具备兽医相关专业大专以上学历或中级以上技术职称，受过生物安全知识培训；

（五）实验室工程质量经依法检测验收合格。

第七条 符合前条规定条件的，申请人应当向所在地省、自治区、直辖市人民政府兽医行政管理部门提出申请，并提交下列材料：

（一）高致病性动物病原微生物实验室资格申请表一式两份；

（二）实验室管理手册；

（三）国家实验室认可证书复印件；

（四）实验室设立单位的法人资格证书复印件；

（五）实验室工作人员学历证书或者技术职称证书复印件；

（六）实验室工作人员生物安全知识培训情况证明材料；

（七）实验室工程质量检测验收报告复印件。

省、自治区、直辖市人民政府兽医行政管理部门应当自收到申请之日起 10 日内，将初审意见和有关材料报送农业部。

农业部收到初审意见和有关材料后，组织专家进行评审，必要时可到现场核实和评估。农业部自收到专家评审意见之日起 10 日内作出是否颁发《高致病性动物病原微生物实验室资格证书》的决定；不予批准的，及时告知申请人并说明理由。

第八条 《高致病性动物病原微生物实验室资格证书》有效期为 5 年。有效期届满，实验室需要继续从事高致病性动物病原微生物实验活动的，应当在届满 6 个月前，按照本办法的规定重新申请《高致病性动物病原微生物实验室资格证书》。

第三章　实验活动审批

第九条 一级、二级实验室不得从事高致病性动物病原微生物实验活动。三级、四级实验室需要从事某种高致病性动物病原微生物或者疑似高致病性动物病原微生物实验活动的，应当经农业部或者省、自治区、直辖市人民政府兽医行政管理部门批准。

第十条 三级、四级实验室从事某种高致病性动物病原微生物或者疑似高致病性动物病原微生物实验活动的，应当具备下列条件：

（一）取得农业部颁发的《高致病性动物病原微生物实验室资格证书》，并在有效期内；

（二）实验活动限于与动物病原微生物菌（毒）种、样本有关的研究、检测、诊断和菌（毒）种保藏等。

农业部对特定高致病性动物病原微生物或疑似高致病性动物病原微生物实验活动的实验单位有明确规定的，只能在规定的实验室进行。

第十一条 符合前条规定条件的，申请人应当向所在地省、自治区、直辖市人民政府兽医行政管理部门提出申请，并提交下列材料：

（一）高致病性动物病原微生物实验活动申请表一式两份；

（二）高致病性动物病原微生物实验室资格证书复印件；

（三）从事与高致病性动物病原微生物有关的科研项目的，还应当提供科研项目立项证明材料。

从事我国尚未发现或者已经宣布消灭的动物病原微生物有关实验活动的，或者从事国家规定的特定高致病性动物病原微生物病原分离和鉴定、活病毒培养、感染材料核酸提取、动物接种试验等有关实验活动的，省、自治区、直辖市人民政府兽医行政管理部门应当自收到申请之日起 7 日内，将初审意见和有关材料报送农业部。农业部自收到初审意见和有关材料之日起 8 日内作出是否批准的决定；不予批准的，及时通知申请人并说明理由。

从事前款规定以外的其他高致病性动物病原微生物或者疑似高致病性动物病原微生物实验活动的，省、自治区、直辖市人民政府兽医行政管理部门应当自收到申请之日起15日内作出是否批准的决定，并自批准之日起 10 日内报农业部备案；不予批准的，应当及时通知申请人并说明理由。

第十二条　实验室申报或者接受与高致病性动物病原微生物有关的科研项目前，应当向农业部申请审查，并提交以下材料：

（一）高致病性动物病原微生物科研项目生物安全审查表一式两份；

（二）科研项目建议书；

（三）科研项目研究中采取的生物安全措施。

农业部自收到申请之日起20日内作出是否同意的决定。

科研项目立项后，需要从事与高致病性动物病原微生物有关的实验活动的，应当按照本办法第十条、第十一条的规定，经农业部或者省、自治区、直辖市人民政府兽医行政管理部门批准。

第十三条　出入境检验检疫机构、动物防疫机构在实验室开展检测、诊断工作时，发现高致病性动物病原微生物或疑似高致病性动物病原微生物，需要进一步从事这类高致病性动物病原微生物病原分离和鉴定、活病毒培养、感染材料核酸提取、动物接种试验等相关实验活动的，应当按照本办法第十条、第十一条的规定，经农业部或者省、自治区、直辖市人民政府兽医行政管理部门批准。

第十四条　出入境检验检疫机构为了检验检疫工作的紧急需要，申请在实验室对高致病性动物病原微生物或疑似高致病性动物病原微生物开展病原分离和鉴定、活病毒培养、感染材料核酸提取、动物接种试验等进一步实验活动的，应当具备下列条件，并按照本办法第十一条的规定提出申请。

（一）实验目的仅限于检疫；

（二）实验活动符合法定检疫规程；

（三）取得农业部颁发的《高致病性动物病原微生物实验室资格证书》，并在有效期内。

农业部或者省、自治区、直辖市人民政府兽医行政管理部门自收到申请之时起 2 小时内作出是否批准的决定；不批准的，通知申请人并说明理由。2 小时内未作出决定的，出入境检验检疫机构实验室可以从事相应的实验活动。

第十五条 实验室在实验活动期间，应当按照《病原微生物实验室生物安全管理条例》的规定，做好实验室感染控制、生物安全防护、病原微生物菌（毒）种保存和使用、安全操作、实验室排放的废水和废气以及其他废物处置等工作。

第十六条 实验室在实验活动结束后，应当及时将病原微生物菌（毒）种、样本就地销毁或者送交农业部指定的保藏机构保藏，并将实验活动结果以及工作情况向原批准部门报告。

第四章 运输审批

第十七条 运输高致病性动物病原微生物菌（毒）种或者样本的，应当经农业部或者省、自治区、直辖市人民政府兽医行政管理部门批准。

第十八条 运输高致病性动物病原微生物菌（毒）种或者样本的，应当具备下列条件：

（一）运输的高致病性动物病原微生物菌（毒）种或者样本仅限用于依法进行的动物疫病的研究、检测、诊断、菌（毒）种保藏和兽用生物制品的生产等活动；

（二）接收单位是研究、检测、诊断机构的，应当取得农业部颁发的《高致病性动物病原微生物实验室资格证书》，并取得农业部或者省、自治区、直辖市人民政府兽医行政管理部门颁发的从事高致病性动物病原微生物或者疑似高致病性动物病原微生物实验活动批准文件；接收单位是兽用生物制品研制和生产单位的，应当取得农业部颁发的生物制品批准文件；接收单位是菌（毒）种保藏机构的，应当取得农业部颁发的指定菌（毒）种保藏的文件；

（三）盛装高致病性动物病原微生物菌（毒）种或者样本的容器或者包装材料应当符合农业部制定的《高致病性动物病原微生物菌（毒）种或者样本运输包装规范》。

第十九条 符合前条规定条件的，申请人应当向出发地省、自治区、直辖市人民政府兽医行政管理部门提出申请，并提交以下材料：

（一）运输高致病性动物病原微生物菌（毒）种（样本）申请表一式两份；

（二）前条第二项规定的有关批准文件复印件；

（三）接收单位同意接收的证明材料，但送交菌（毒）种保藏的除外。

在省、自治区、直辖市人民政府行政区域内运输的，省、自治区、直辖市人民政府兽医行政管理部门应当对申请人提交的申请材料进行审查，符合条件的，即时批准，发给《高致病性动物病原微生物菌（毒）种、样本准运证书》；不予批准的，应当即时告知申请人。

需要跨省、自治区、直辖市运输或者运往国外的，由出发地省、自治区、直辖市人民政府兽医行政管理部门进行初审，并将初审意见和有关材料报送农业部。农业部应当对初审意见和有关材料进行审查，符合条件的，即时批准，发给《高致病性动物病原微生物菌（毒）种、样本准运证书》；不予批准的，应当即时告知申请人。

第二十条　申请人凭《高致病性动物病原微生物菌（毒）种、样本准运证书》运输高致病性动物病原微生物菌（毒）种或者样本；需要通过铁路、公路、民用航空等公共交通工具运输的，凭《高致病性动物病原微生物菌（毒）种、样本准运证书》办理承运手续；通过民航运输的，还需经过国务院民用航空主管部门批准。

第二十一条　出入境检验检疫机构在检疫过程中运输动物病原微生物样本的，由国务院出入境检验检疫部门批准，同时向农业部通报。

第五章　附　则

第二十二条　对违反本办法规定的行为，依照《病原微生物实验室生物安全管理条例》第五十六条、第五十七条、第五十八条、第五十九条、第六十条、第六十二条、第六十三条的规定予以处罚。

第二十三条　本办法规定的《高致病性动物病原微生物实验室资格证书》、《从事高致病性动物病原微生物实验活动批准文件》和《高致病性动物病原微生物菌（毒）种、样本准运证书》由农业部印制。

《高致病性动物病原微生物实验室资格申请表》、《高致病性动物病原微生物实验活动申请表》、《运输高致病性动物病原微生物菌（毒）种、样本申请表》和《高致病性动物病原微生物科研项目生物安全审查表》可以从中国农业信息网（http://www.agri.gov.cn）下载。

第二十四条　本办法自公布之日起施行。

中华人民共和国农业部令

第44号

《兽药注册办法》已于2004年11月15日经农业部第33次常务会议审议通过，现予以发布，自2005年1月1日起施行。

部　长　杜青林

二○○四年十一月二十四日

兽药注册办法

第一章　总则

第一条　为保证兽药安全、有效和质量可控，规范兽药注册行为，根据《兽药管理条例》，制定本办法。

第二条　在中华人民共和国境内从事新兽药注册和进口兽药注册，应当遵守本办法。

第三条　农业部负责全国兽药注册工作。

农业部兽药审评委员会负责新兽药和进口兽药注册资料的评审工作。

中国兽医药品监察所和农业部指定的其他兽药检验机构承担兽药注册的复核检验工作。

第二章　新兽药注册

第四条　新兽药注册申请人应当在完成临床试验后，向农业部提出申请，并按《兽药注册资料要求》提交相关资料。

第五条　联合研制的新兽药，可以由其中一个单位申请注册或联合申请注册，但不得重复申请注册；联合申请注册的，应当共同署名作为该新兽药的申请人。

第六条　申请新兽药注册所报送的资料应当完整、规范，数据必须真实、可靠。引用文献资料应当注明著作名称、刊物名称及卷、期、页等；未公开发表的文献资料应当提供资料所有者许可使用的证明文件；外文资料应当按照要求提供中文译本。

申请新兽药注册时，申请人应当提交保证书，承诺对他人的知识产权不构成侵权并对可能的侵权后果负责，保证自行取得的试验数据的真实性。

申报资料含有境外兽药试验研究资料的，应当附具境外研究机构提供的资料项目、页码情况说明和该机构经公证的合法登记证明文件。

第七条 有下列情形之一的新兽药注册申请，不予受理：

（一）农业部已公告在监测期，申请人不能证明数据为自己取得的兽药；

（二）经基因工程技术获得，未通过生物安全评价的灭活疫苗、诊断制品之外的兽药；

（三）申请材料不符合要求，在规定期间内未补正的；

（四）不予受理的其他情形。

第八条 农业部自收到申请之日起 10 个工作日内，将决定受理的新兽药注册申请资料送农业部兽药审评委员会进行技术评审，并通知申请人提交复核检验所需的连续 3 个生产批号的样品和有关资料，送指定的兽药检验机构进行复核检验。

申请的新兽药属于生物制品的，必要时，应对有关种毒进行检验。

第九条 农业部兽药审评委员会应当自收到资料之日起 120 个工作日内提出评审意见，报送农业部。

评审中需要补充资料的，申请人应当自收到通知之日起 6 个月内补齐有关数据；逾期未补正的，视为自动撤回注册申请。

第十条 兽药检验机构应当在规定时间内完成复核检验，并将检验报告书和复核意见送达申请人，同时报农业部和农业部兽药审评委员会。

初次样品检验不合格的，申请人可以再送样复核检验一次。

第十一条 农业部自收到技术评审和复核检验结论之日起 60 个工作日内完成审查；必要时，可派员进行现场核查。审查合格的，发给《新兽药注册证书》，并予以公告，同时发布该新兽药的标准、标签和说明书。不合格的，书面通知申请人。

第十二条 新兽药注册审批期间，新兽药的技术要求由于相同品种在境外获准上市而发生变化的，按原技术要求审批。

第三章 进口兽药注册

第十三条 首次向中国出口兽药，应当由出口方驻中国境内的办事机构或由其委托的中国境内代理机构向农业部提出申请，填写《兽药注册申请表》，并按《兽药注册资料要求》提交相关资料。

申请向中国出口兽用生物制品的，还应当提供菌（毒、虫）种、细胞等有关材料和资料。

第十四条 申请兽药制剂进口注册，必须提供用于生产该制剂的原料药和辅料、直接接触兽药的包装材料和容器合法来源的证明文件。原料药尚未取得农业部批准的，须同时申请原料药注册，并应当报送有关的生产工艺、质量指标和检验方法等研究资料。

第十五条 申请进口兽药注册所报送的资料应当完整、规范，数据必须真实、可靠。

引用文献资料应当注明著作名称、刊物名称及卷、期、页等；外文资料应当按照要求提供中文译本。

第十六条 农业部自收到申请之日起 10 个工作日内组织初步审查，经初步审查合格的，予以受理，书面通知申请人。

予以受理的，农业部将进口兽药注册申请资料送农业部兽药审评委员会进行技术评审，并通知申请人提交复核检验所需的连续 3 个生产批号的样品和有关资料，送指定的兽药检验机构进行复核检验。

第十七条 有下列情形之一的进口兽药注册申请，不予受理：

（一）农业部已公告在监测期，申请人不能证明数据为自己取得的兽药；

（二）经基因工程技术获得，未通过生物安全评价的灭活疫苗、诊断制品之外的兽药；

（三）我国规定的一类疫病以及国内未发生疫病的活疫苗；

（四）来自疫区可能造成疫病在中国境内传播的兽用生物制品；

（五）申请资料不符合要求，在规定期间内未补正的；

（六）不予受理的其他情形。

第十八条 进口兽药注册的评审和检验程序适用本办法第九条和第十条的规定。

第十九条 申请进口注册的兽用化学药品，应当在中华人民共和国境内指定的机构进行相关临床试验和残留检测方法验证；必要时，农业部可以要求进行残留消除试验，以确定休药期。

申请进口注册的兽药属于生物制品的，农业部可以要求在中华人民共和国境内指定的机构进行安全性和有效性试验。

第二十条 农业部自收到技术评审和复核检验结论之日起 60 个工作日内完成审查；必要时，可派员进行现场核查。审查合格的，发给《进口兽药注册证书》，并予以公告；中国香港、澳门和台湾地区的生产企业申请注册的兽药，发给《兽药注册证书》。审查不合格的，书面通知申请人。

农业部在批准进口兽药注册的同时，发布经核准的进口兽药标准和产品标签、说明书。

第二十一条 农业部对申请进口注册的兽药进行风险分析，经风险分析存在安全风险的，不予注册。

第四章　兽药变更注册

第二十二条 已经注册的兽药拟改变原批准事项的，应当向农业部申请兽药变更注册。

第二十三条 申请人申请变更注册时，应当填写《兽药变更注册申请表》，报送有关资料和说明。涉及兽药产品权属变化的，应当提供有效证明文件。

进口兽药的变更注册，申请人还应当提交生产企业所在国家（地区）兽药管理机构批准变更的文件。

第二十四条 农业部对决定受理的不需进行技术审评的兽药变更注册申请，自收到申请之日起30个工作日内完成审查。审查合格的，批准变更注册。

需要进行技术审评的兽药变更注册申请，农业部将受理的材料送农业部兽药审评委员会评审，并通知申请人提交复核检验所需的连续 3 个生产批号的样品和有关资料，送指定的兽药检验机构进行复核检验。

第二十五条 兽药变更注册申请的评审、检验的程序、时限和要求适用本办法新兽药注册和进口兽药注册的规定。

申请修改兽药标准变更注册的，兽药检验机构应当进行标准复核。

第二十六条 农业部自收到技术评审和复核检验结论之日起 30 个工作日内完成审查，审查合格的，批准变更注册。审查不合格的，书面告知申请人。

第五章 进口兽药再注册

第二十七条 《进口兽药注册证书》和《兽药注册证书》的有效期为 5 年。有效期届满需要继续进口的，申请人应当在有效期届满6个月前向农业部提出再注册申请。

第二十八条 申请进口兽药再注册时，应当填写《兽药再注册申请表》，并按《兽药注册资料要求》提交相关资料。

第二十九条 农业部在受理进口兽药再注册申请后，应当在20个工作日内完成审查。符合规定的，予以再注册。不符合规定的，书面通知申请人。

第三十条 有下列情形之一的，不予再注册：

（一）未在有效期届满6个月前提出再注册申请的；

（二）未按规定提交兽药不良反应监测报告的；

（三）经农业部安全再评价被列为禁止使用品种的；

（四）经考查生产条件不符合规定的；

（五）经风险分析存在安全风险的；

（六）我国规定的一类疫病以及国内未发生疫病的活疫苗；

（七）来自疫区可能造成疫病在中国境内传播的兽用生物制品；

（八）其他依法不予再注册的。

第三十一条 不予再注册的，由农业部注销其《进口兽药注册证书》或《兽药注册证书》，并予以公告。

第六章 兽药复核检验

第三十二条 申请兽药注册应当进行兽药复核检验，包括样品检验和兽药质量标准复核。

第三十三条 从事兽药复核检验的兽药检验机构，应当符合兽药检验质量管理规范。

第三十四条 申请人应当向兽药检验机构提供兽药复核检验所需要的有关资料和样

品，提供检验用标准物质和必需材料。

申请兽药注册所需的 3 批样品，应当在取得《兽药 GMP 证书》的车间生产。每批的样品应为拟上市销售的 3 个最小包装，并为检验用量的 3～5 倍。

第三十五条 兽药检验机构进行兽药质量标准复核时，除进行样品检验外，还应当根据该兽药的研究数据、国内外同类产品的兽药质量标准和国家有关要求，对该兽药的兽药质量标准、检验项目和方法等提出复核意见。

第三十六条 兽药检验机构在接到检验通知和样品后，应当在 90 个工作日内完成样品检验，出具检验报告书；需用特殊方法检验的兽药应当在 120 个工作日内完成。

需要进行样品检验和兽药质量标准复核的，兽药检验机构应当在 120 个工作日内完成；需用特殊方法检验的兽药应当在 150 个工作日内完成。

第七章　兽药标准物质的管理

第三十七条 中国兽医药品监察所负责标定和供应国家兽药标准物质。

中国兽医药品监察所可以组织相关的省、自治区、直辖市兽药监察所、兽药研究机构或兽药生产企业协作标定国家兽药标准物质。

第三十八条 申请人在申请新兽药注册和进口兽药注册时，应当向中国兽医药品监察所提供制备该兽药标准物质的原料，并报送有关标准物质的研究资料。

第三十九条 中国兽医药品监察所对兽药标准物质的原料选择、制备方法、标定方法、标定结果、定值准确性、量值溯源、稳定性及分装与包装条件等资料进行全面技术审核；必要时，进行标定或组织进行标定，并做出可否作为国家兽药质量标准物质的推荐结论，报国家兽药典委员会审查。

第四十条 农业部根据国家兽药典委员会的审查意见批准国家兽药质量标准物质，并发布兽药标准物质清单及质量标准。

第八章　罚则

第四十一条 申请人提供虚假的资料、样品或者采取其他欺骗手段申请注册的，农业部对该申请不予批准，对申请人给予警告，申请人在一年内不得再次申请该兽药的注册。

申请人提供虚假的资料、样品或者采取其他欺骗手段取得兽药注册证明文件的，按《兽药管理条例》第五十七条的规定给予处罚，申请人在三年内不得再次申请该兽药的注册。

第四十二条 其他违反本办法规定的行为，依照《兽药管理条例》的有关规定进行处罚。

第九章　附则

第四十三条 属于兽用麻醉药品、兽用精神药品、兽医医疗用毒性药品、放射性药品的新兽药和进口兽药注册申请，除按照本办法办理外，还应当符合国家其他有关规定。

第四十四条 根据动物防疫需要，农业部对国家兽医参考实验室推荐的强制免疫用疫苗生产所用菌（毒）种的变更实行备案制，不需进行变更注册。

第四十五条 本办法自2005年1月1日起施行。

参考文献

[1] 姜平．兽医生物制品学，2 版．北京：中国农业出版社，2003.

[2] 邢钊，汪德刚，包文奇．兽医生物制品实用技术．北京：中国农业大学出版社，2000.

[3] 王明俊．兽医生物制品学．北京：中国农业出版社，1997.

[4] 张振兴，姜平．实用兽医生物制品技术．北京：中国农业科技出版社，1996.

[5] 刘宝全．兽医生物制品学．北京：中国农业出版社，1995.

[6] 王涛．家禽免疫失败的原因及控制．中国农学通报．1997，13（2）.

[7] 中华人民共和国农业部．兽用生物制品质量标准．北京：中国农业科技出版社，2001.